白丝带丛书 04
White Ribbon Series
主编 方刚 Chief Editor Fang Gang

亲密关系如何伤害我们
性别暴力的 94 个案例

陈亚亚 主编
Chen Yaya　Chief Editor

How Do We Get Hurt in Intimate Relations
Ninety-four Cases on Gender-based Violence

中国社会科学出版社

图书在版编目（CIP）数据

亲密关系如何伤害我们：性别暴力的94个案例 / 陈亚亚主编. — 北京：中国社会科学出版社，2015.11

（白丝带丛书）

ISBN 978 - 7 - 5161 - 6785 - 4

Ⅰ. ①亲… Ⅱ. ①陈… Ⅲ. ①家庭问题－暴力－案例－中国 Ⅳ. ①D669.1

中国版本图书馆CIP数据核字(2015)第192187号

出 版 人	赵剑英
责任编辑	武 云　郭晓娟
责任校对	付 婷
责任印制	李寡寡
出　　版	中国社会科学出版社
社　　址	北京鼓楼西大街甲 158 号
邮　　编	100720
网　　址	http://www.csspw.cn
发 行 部	010 - 84083685
门 市 部	010 - 84029450
经　　销	新华书店及其他书店
印刷装订	三河市君旺印务有限公司
版　　次	2015 年 11 月第 1 版
印　　次	2015 年 11 月第 1 次印刷
开　　本	710×1000　1/16
印　　张	24.5
字　　数	410 千字
定　　价	69.00 元

凡购买中国社会科学出版社图书，如有质量问题请与本社营销中心联系调换

电话：010 - 84083683

版权所有　侵权必究

中国白丝带志愿者
China White Ribbon Volunteers

　　本书的写作与出版由联合国人口基金资助。但其内容和观点仅代表作者个人见解，不代表上述资助方观点。

　　This book is published with the financial support from the United Nations Population Fund (UNFPA) China Office. However, the views expressed in the book are only those of the authors and do not necessarily represent the views of the funding agency.

联合国人口基金

本书参与写作者（以姓氏笔画为序）：

丁少星　小　冰　王大为　王　玲　王陆雷　王维新　邓丽丹　方　刚
田　斌　孙泽鹏　孙楚歆　刘亚威　刘国静　朱雪琴　闫　嫕　朱昕奕
李　雯　李玥滢　孟庆豪　陈亚亚　张一曼　张若昕　张新蕊　张凌华
张智慧　余伊宁　林夕媛　金建水　周洪超　耿　军　俞欣元　俞园春
耿肖莹　谢伟峰　康　悦　陶凤娇　高　垒　徐　立　黄家钰　曾嘉炜
龚　晗　葛春燕　颜　宾　薛　芮

白丝带热线历年咨询师（以姓氏笔画为序）：

丁少星　王大为　王维新　方　刚　冯旭晶　许　雷　关小川　李　敏
刘燕平　张凌华　张智慧　孟　育　金建水　周洪超　俞长模　梁　宏
程加禾　董晓莹　谢伟峰　葛春燕

白丝带热线技术督导：

陶勑恒　李洪涛　朱雪琴

白丝带丛书 总序

促进性别平等，男性不再缺席

促进性别平等，是21世纪重要的国际议题。

在推进性别平等的过程中，国际社会越来越重视男性参与的力量。

1994年，"男性参与"的概念在开罗国际人口与发展大会《行动纲领》中首次被提出；在1995年的北京世界妇女大会上得到进一步强化，《北京宣言》第25条明确呼吁："鼓励男子充分参加所有致力于平等的行动。"

2004年，联合国妇女地位委员会第48届会议呼吁政府、联合国组织、公民社会从不同层面及不同领域，包括教育、健康服务、培训、媒体及工作场所，推广行动以提升男人和男孩为推进社会性别平等作出贡献。

2005年8月31日通过的《北京+10宣言》第25条也写道："关注男性的社会性别属性，承认其在男女平等关系中的地位和作用，承认其态度、能力对实现性别平等至关重要，鼓励并支持他们充分平等参与推进性别平等的各项活动。"

2009年，联合国妇女地位委员会第53届会议上进一步呼吁男女平等地分担责任，尤其是照护者的责任，以实现普遍可及的社会性别平等。

同年，联合国秘书长潘基文成立了"联合起来制止针对妇女暴力运动男性领导人网络，突显了对男性参与社会性别平等运动"的重视。我于2012年受潘基文秘书长之邀成为"男性领导人网络"成员，也是该网络目前唯一的中国成员。

在男性参与促进性别平等的运动中，"白丝带"运动是重要的力量。

"白丝带"运动最早起源于加拿大。1989年12月6日，加拿大蒙特利尔一所大学的14名女生被一名年轻男子枪杀，凶手认为妇女权益运动毁了他的前途。受此悲剧的触动，以迈克·科夫曼博士为首的一群加拿大男性于1991年发起"白丝带"运动，以表示哀悼的白丝带为标志。

"白丝带"邀请男性宣誓绝不实施对女性的暴力，同时绝不为这种暴力行为开脱，也不对其保持沉默。"白丝带"提倡以友善的态度和行为对待妇女，在必要的时候，以安全的方式制止对女性的暴力。

至今，先后有80多个国家和地区以不同形式开展了"白丝带"运动，从而成为全球最大的男性反对对妇女暴力的运动。

在中国，从2001年起便有男性进行"白丝带"运动的倡导工作，但这些工作略显零散且缺少持续性。2013年，在联合国人口基金驻华代表处的支持下，我发起成立了"中国白丝带志愿者网络"。中国"白丝带"运动的新纪元开始了。

在我的理想中，"白丝带"运动不仅是男性终止针对妇女暴力的运动，更应该扩展为男性参与全面促进社会性别多元平等的运动。

"中国白丝带志愿者网络"成立以来，开展了一系列可持续的、系统的工作，包括：男性参与促进社会性别平等，特别是反对针对妇女暴力的宣传倡导；性别暴力受暴者的心理辅导、施暴者行为改变的辅导，包括热线咨询、团体辅导、网络咨询、当面咨询多种形式；针对青少年的性与性别多元平等的教育，包括学校教育和夏令营的形式；男性气质与反暴力的学术研究；等等。

我们也非常重视"中国白丝带志愿者网络"的发展和志愿者培训，以及国内外的学术和社会运动经验的交流。电影演员冯远征及其妻子梁丹妮受邀担任网络的形象代言人。

在促进性别平等的运动中，男性长期失声、缺席。这不仅有碍于促进对女性及其他性别弱势族群的维权，同样也阻碍着男性的自我成长。男性成为性别平等的一分子，由成为"白丝带"志愿者开始！

我们的理想是："中国白丝带志愿者网络"的工作成为中国男性参与性别平等运动的样板，同时也成为国际男性参与运动中最重要的一支力量。为此，我们还要不断努力。

方 刚

联合国秘书长"联合起来制止针对妇女暴力运动"男性领导人网络　成员
中国白丝带志愿者网络　召集人
北京林业大学性与性别研究所　所长

白丝带志愿者网站：http://www.whiteribbon.cn
白丝带邮箱：bsd4000110391@163.com
白丝带热线：4000 110 391 （每天8：00-22：00）
白丝带微信公众号：baisidai2013

前言

"白丝带终止性别暴力男性热线（4000 110 391）"由方刚老师创办于2010年。作为一位多年从事男性气质研究和男性参与工作的学者，他自掏腰包办了这条热线，进行了最早的值机咨询师培训。热线在11月25日全球反对针对妇女暴力日开通，希望以此促进男性参与促进性别平等、反对性别暴力。热线的第一位求助者，便是一位渴望改变的施暴男性。

2010年至2012年，热线主要由四名男性志愿者轮流值机，包括方刚老师本人在内都是纯义务工作。其实，热线存在本身便是一种倡导，体现男性在反对性别暴力的工作中不再缺席。

2013年，联合国人口基金驻华代表处开始资助热线，培训了来自全国各地的四十多名值机咨询师，并且在热线基础上成立了"中国白丝带志愿者网络"。从此，"白丝带"的工作不再只是热线，还覆盖了宣传倡导、学校教育、咨询辅导等更广泛的领域。

2013年以来，热线每年接电600个左右。咨询师将交流三十分钟以上、属于性别暴力范畴、有一定成效的咨询电话，认定为"完整咨询"。截至本书完稿时，"完整咨询"总计达到300个以上。

本书收入的94个案例主要选自这300多个"完整咨询"，选择案例的标准是尽可能呈现性别暴力的不同类型、侧面。

本书主要的写作目标是：帮助公众更清楚地认识性别暴力，了解性别暴力的多种表现形式和危害性，培养公众对常见的性别暴力"说不"的理念与能力。不少案例具有性别暴力的一些共同点，如对暴力的错误认知、暴力的循环性，以及施暴者较深地受到原生家庭的影响等，我们在分析的时候避免了重复。

这些个案大多经过当事人的授权同意。对于无法联系到当事人的案例，我们进行了不同程度的改写，如去掉来电人的个人信息以及特殊细节，以免泄露其隐私，对其造成伤害。改写均建立在尊重现实的基础上，即性别暴力对亲密关系、人类良知、社会平等与秩序的伤害并没有被夸大，从这个角度来看，这些案例也可以被认为是"真实"的。

本书编写历时两年多。2013年，方刚老师便组织志愿者整理、分析案例，到2014年底完成书中三十余篇案例，先后在《中国妇女报》《家家乐》杂志开设专栏连载。2015年，我接手此书编写，在众多"白丝带"志愿者的支持下，历经辛苦，最终完成此书。

编写这本书，让我对性别暴力、家庭暴力有了更深的认识，也掌握了一些处理亲密关系的技巧。在编书过程中，我还非常意外地遇到一位认识多年的朋友的求助，涉及其同居男友对她的暴力，希望我提供建议。这更加让我相信，这本书的出版，对于公众了解相关知识，帮助处理自身以及身边朋友、亲人的暴力，都是非常有价值的。

然而，我也有一点遗憾，涉及男性、性少数、被污名者（如第三者）的暴力，尤其是性暴力，还很少有人求助，这可能是未来努力的方向。我们反对性别暴力，不应局限于男性对女性施暴、异性恋关系、家庭成员间的暴力，而应涵盖更广泛的内容，反对任何暴力形式，对所有受暴者和施暴者都伸出援手，才可能消除暴力，重建亲密关系，达到社会和谐。

最后感谢这本书的所有参与者，如整理分析案例的志愿者、提供个案的志愿者、热线的咨询师等。我们尽可能地列出了参与者的姓名，但可能还有遗漏，在此表示歉意。幸好，"白丝带"志愿者是我们所有人光荣的名字！

陈亚亚

2015年6月10日

目 录

第一辑　丈夫对妻子的暴力：受暴妻子的来电

丈夫是个被宠坏的孩子 004
以自我为中心的丈夫 009
"怕离婚"成了软肋 012
家庭暴力背后的公公 017
我不能和陌生男人说话 021
我老公有改变的希望吗？ 025
曾被家暴的婆婆不支持我 029
父母说我"活该被打" 034
父母支持我离婚 036
倒插门女婿的暴力行为 040
自残也是暴力吗？ 043
好邻居积极干预家暴并支持我 046
老公吃低保还酗酒和家暴 049
阴柔男子的家庭暴力 053

海归家庭"水土不服" 056
老公总怀疑我不尊重他 058
"性失贞"引发的暴力 062
无原则的"爱心"不可取 065
越窗而逃的妻子 067
一提离婚分财产他就打人 072
家庭主妇离婚难 074
他每次打我还振振有词 080
成天污言秽语骂人的丈夫 084
别等她受暴杀夫 088
家庭主妇如何拯救施暴丈夫 093
我感觉自己被困住了 096
同在事业单位不好离婚? 099

第二辑　丈夫对妻子的暴力：施暴丈夫的来电

"唠叨"背后的权力关系 106
我遗传了父母的暴躁脾气? 110
我动手打了妻子，她不原谅我 113
内心委屈的"忏悔者" 115
我忍不住要掐她的脖子 119
妻子拒绝做爱属于暴力吗? 122
我渴望改变自己 125
我只是拍了她一下 135
刑满回家之后的日子 141
妻子总是无端猜疑我 147
夫妻各自谈家暴 156
我有一个施暴的朋友 160

第三辑　妻子对丈夫的暴力

息事宁人的受暴男..166
妻子一有情绪就动手..169
家暴导致的性功能障碍..171
施暴妻子不肯离婚..173
当年的受暴女孩成了施暴妻子..............................175
妻子得不到关爱就施暴..178
老婆逼我去打女同事..181
丈母娘毁了我的婚姻..186
从丈夫冷暴力到互相施暴......................................192
大打出手的夫妻..196
儿子说我是"暴力女"..200
受暴十年后，丈夫开始施暴..................................204

第四辑　亲子关系暴力

家庭暴力我自己管..214
妈妈受暴后转而打我..216
父亲施暴导致众叛亲离..218
在家只打老婆和女儿的父亲..................................221
父亲的家暴至今仍影响我......................................226
一个残障受暴孩子的诉求......................................232
丈夫通过打人来"教育"孩子..............................237
儿子成了老公的眼中钉..239
离婚后我虐待孩子..243
有虐狗倾向会导致虐子吗？..................................247
我对母亲精神暴力的回击......................................249
弟弟将父母视为仇人..252

想杀父母的男子 257
我与奶奶之间的冲突 259
被殴打致残的继母 263

第五辑　恋爱关系暴力

一提分手男友就打人 270
男友说宁愿杀死我也不分手 272
男友说话太难听导致互殴 276
女权主义者的"直男癌"男友 281
优秀男友经常对我施暴 287
我的男友以赌博为生 294
年轻女孩的婚前恐惧症 298
是暴力还是一种偏好？ 300
情侣四年不再做爱 302
我爱人被两个女人纠缠 306

第六辑　涉及性少数的暴力

虐恋成为男友威胁我的把柄 312
女同性恋伴侣的分手暴力 317
男同性恋伴侣的分手暴力 321
军人老公是同志？ 324
父亲对同性恋儿子的精神暴力 328

第七辑　性暴力

暴力传承与性侵的困扰 334
小孩子的"性骚扰" 337
虐恋是正常的性偏好 341

遭遇性骚扰我依然纯洁 343
小时候亲戚对我的性侵犯 347
父亲曾经对我性骚扰 350
性生活不和谐？不，这是性暴力！ 353
高一女生遭遇性侵之后 355
我和强奸犯同流合污了？ 359
拒绝性骚扰≠不够开放 362
如何避免再次猥亵妇女 366
性侵还是艳遇？ 370
她对我是性骚扰吗？ 373

第一辑

丈夫对妻子的暴力：受暴妻子的来电

这一辑主要收录受暴妻子来电，一共有二十七个案例，受暴者年龄从二十多岁到五十多岁不等，遭遇的暴力类型有肢体暴力、精神暴力（言语暴力）、性暴力和经济控制等，个别还涉及性别气质暴力。可见家庭暴力分布之广，表现形式之多样化。

这些暴力中绝大多数涉及对暴力的错误认知，如认为施暴者压力大、醉酒和自控力差，或受暴者有过错是施暴原因等。然而，家暴的真正根源是不平等的社会性别关系，比如丈夫认为妻子应该服从自己的权威，当妻子不符合这种角色规范时，丈夫就有权力"教育"她。这些错误认知深植于传统的社会性别制度中，是家暴广泛存在且难以消除的根源。

这些暴力中不少是高风险类型，如丈夫威胁要杀死妻子或其家人，有的暴力持续几十年，非常严重。受暴者大多感觉求助无门，这不单是因为常见的错误认知（如"家暴是家务事"）阻碍了她们向外界求助，更主要是因为社会支持系统的匮乏与薄弱使她们难以获得必要的支援，这也反映出反家暴工作任重而道远。

令人欣慰的是，受暴妻子正在觉醒，她们不想再忍受暴力，有的下定决心要脱离暴力环境，有的重新开始工作、找回自己的事业。她们的坚强不息提醒我们，每一个人都有反对暴力的义务。只有当人人抱有坚定信念，勇于站出来支持受暴者，她们才有可能抵制暴力，施暴者才会在人民群众的汪洋大海中无所遁形，暴力才会最终消失。

丈夫是个被宠坏的孩子

基本信息
来电人：女性，约二十五岁，开店
丈夫：约三十岁，无业

暴力状况

我和丈夫结婚几年了。他现在的车以及很多家具都是我给他买的，花了十几万，家里欠了好几万的债没还清。他这几年没工作，成天喝酒、打牌、打游戏，我开店养着他，他的衣服和烟都是我给买，照顾他吃喝，还给他零花钱。而我一个二十多岁的女人，自己的衣服都舍不得买，他还总是打我骂我。

我们一直没有孩子，他看男科，发现精子成活率低。我知道他有病，怕他情绪有负担，就借钱给他看病。他起初遵医嘱不再抽烟喝酒，精子成活率一度有所提高，我还怀了孕，但他找茬儿打我，把我气得流产了。之后我就不再借钱给他看病，病至今也没好。

第一次他打我，是因为他出去打牌，欠了六百多，找我借钱，我说没有。他知道那几天营业额在我手里，我手里有钱。因为他乱花钱，我问他钱花在哪里了，他急了，一边用脏话大骂我，一边动手打我。最近两个月，他打了我三次。

他酗酒时，说心里烦，还对我说："我喝酒，你别说话！"我一劝他，他就发火打我。有一次他打得我离开家，半夜在街上流浪。他有时还威胁我。前些天，他把我的车借给一个没有驾照的朋友，我想如果出了事故，车主是我，我得担责任，于是要打电话报警备案。他威胁我说："你敢报警，我就弄死你全家。"

分析

这个屡次对妻子动用暴力的男人，其行为不能简单地归因于"自暴自弃"或者是因为患有男科病影响了"男人的自尊"。一个有力反证是，即使在他病情见好，已经让妻子怀孕的时候，依然打妻子，这表明动辄暴力是他的顽固恶习之一。

此后这个男人酗酒、自暴自弃，还不许妻子劝说他，家暴更为频繁。他在被触怒时，从动手打人，到"我弄死你全家"的威胁，都说明他习惯用暴力来解决问题，一次次发作甚至成瘾。这表明他极度自卑，内心深处非常脆弱，以酗酒和暴力等方式来逃避现实。当然，这些都不是家暴的合理借口。

特别值得注意的是，妻子长期以来对他包容、迁就，为他筹钱买车、看病，供他吃喝消费；一次次被打被骂，却依然陪伴着他……但这些都没有换来丈夫的良心发现，得到的是循环往复甚至变本加厉的家暴。这表明忍让甚至超额付出并不是制止家暴的有效途径，只会把施暴者惯得更坏。

暴力背景

虽然他不是父母亲生的孩子，是收养的，但从小他家人都很溺爱他。他打骂我之后，如果我向他父母和家人诉苦、说理，他家里人反而会护他，说他不舍得打我，还对我说："你别以为我们家孩子没脾气，我们家孩子脾气大着呢，天天让着你……"

但现在，他家人知道他靠不住，都疏远他了，也不肯给他钱，还说："养他三十多年，他没往家里交一分钱，看病还花钱。"我想和他离婚，但他家里人说如果离婚就把他赶出家门。这让我很同情他，怕一旦离婚，他没地方去，如果出了什么问题，我很过意不去。

分析

男人从小被溺爱，直到三十多岁，当妻子挨打向他家人诉苦时，家人依然百般为他开脱。他几乎从没有为暴力行为付出过代价，总有家人替他撑腰，因此也就没有形成对自己行为负责的意识。简而言之，他是一个被宠坏的"孩子"。家人对他的溺爱是畸形的，他没有得到真正的爱，也没有学会爱人与被爱。

后来家人发现他靠不住，便索性疏远他。从溺爱他到抛弃他，这"冰火两重天"的变化，让原本就没有形成自尊的他变得自卑、敏感易怒；同时，他早已形成的暴力习气也没有得到矫正，导致他破罐破摔，更加无节制地放纵。但无论如何，他已经是成年人，必须为自己的行为负责，妻子没有义务单方面为他付出。

暴力处理

我说他，他觉得烦了，就打我。有时他打完我，就离家出走，好几天不回家。我动员亲友到处找他，如果找到他，就求着他回家。

我不想让我父母知道这些，虽然我们两家离得很近。他打我时，如果我报警，警察恐怕根本不会管。前面借车的那件事，我打电话报警，他威胁我，警察也并不怎么重视。

分析

因为一言不合，觉得心烦，就动手打人，这显然是歪理。殴打老婆后，反而像受了委屈一样离家出走，这是一种责任推诿。施暴者将自己的角色"反转"为受了委屈的孩子，妻子设法找他、求他回家，等于主动原谅他，让他觉得自己没有错，不该承担任何责任。

和这样的丈夫尽早离婚，可谓"苦海无边，回头是岸"，这是最好的选择。但受暴者一直没有下定决心，甚至不肯告诉父母，但长期的忍让与逃避，只会把已被宠坏的丈夫惯得更坏，导致现状不断恶化。此外，警察对家暴缺乏敏感性、不重视，会让受暴者更加孤立无援。中国针对家暴，从相关立法的缺失，到警察缺乏执法能力，种种问题都亟待解决。

男性气质

刚开始时，因为生不出孩子，他怀疑我有病，让我去看病。最后发现什么病都没有，他才肯去看病，果然问题在他身上。

他对自己没有任何要求，没有责任心、不务正业。我养着他，家务也都是我做，他对我做的饭满意就吃，不满意就不吃。他结交了好多酒肉朋友，兜里有多少钱就花掉多少，花完就再和我要，从不考虑我的感受。

分析

生育能力长期以来被视为"男性气质"乃至"男人尊严"的关键,这种情结让许多男人对男科疾病讳疾忌医,有了问题首先把"责任"(包括伴随这种"责任"的屈辱)推给女方。"大男子主义"色厉内荏的本质与内在的荒谬,亦由此可见。

一般来说,社会对男人的要求是:有事业、负责、成功、出人头地……这些成为众多男人与生俱来的身心重负,同时也必然会让一些男人沦为这场残酷竞争的输家。一些男人自感没有希望在残酷竞争中胜出,便会索性走上另一极端:自甘堕落、自轻自贱、不负责任地混日子。

"成功男人"与"毫无责任心的混混",在很大程度上都是同一座权力金字塔的砖头,同一个等级体系的螺丝钉,虽然扮演的角色不同,但都是父权制下的必然产物。两极之间任何一方的"尊贵"或者"卑贱",都由另一方的存在、反衬,才得以彰显。

这个被宠坏的丈夫在社会竞争中退缩了,变得"没有任何要求",但在妻子面前一直称王称霸。他无责任心的背后,是不愿意对妻子平等相待。此外,抽烟酗酒、挥金如土乃至动用暴力,都属于符合社会预期的男性气质的一部分。他虽然放弃了事业,但在酒场、赌场上都可以找到做男人的感觉。这种男性气质得以彰显的"面子",无疑是一种易于成瘾的精神鸦片。

目前诉求

我现在很后悔,为他付出那么多,欠了那么多债。我们俩现在很少沟通,没话说,顶多问一句"吃什么饭"之类。我感觉他就是心理变态,我已考虑要和他离婚,协议书都准备好了。现在我和他的钱分开,我不想再管他了。他现在不在家,要不等他回来,我也让他拨打"白丝带热线"试试看吧。

分析

"没话说"的背后,是感情的严重裂痕,甚至早就没有感情可言。受暴者开始为自己长期的超额付出感到后悔,这是觉醒的开始。对丈夫的评价是"心理变态",用词虽然不确切,但这表明她对丈夫已经不再抱有什么希望,而且充满怨恨。

长期受暴的妻子已不打算继续惯着丈夫,开始为自己考虑新的出路,而等丈夫回来让他拨打白丝带热线,几乎是给丈夫最后的机会。如果这位丈夫肯拨打热线,真正悔改,夫妻关系或许还有修复的一线希望。否则,这个被宠坏的、内心没有长大的丈夫,很快就要被抛弃了。

整理与分析:高垒

以自我为中心的丈夫

基本信息

来电人：女性，婚龄一年多

暴力状况

我和我丈夫生孩子之前感情很好，孩子生下来后，麻烦一直不断。因为孩子的照顾问题，和婆家关系不太好。他也一直记着我妈妈的仇，觉得我妈妈对他不尊重。

我有乳腺炎，情绪一直不好，有点产后抑郁。我老公说带我出去旅游，还有他姐姐和他姐姐的一个同事，一共四个人。在车上我们发生矛盾，出了车站，因为天气有点冷，他姐姐让他把衣服给我。我当时还在气头上，就是不穿。他就死把衣服按在我身上，有点掐我脖子的感觉，我就挣了下，我的包可能抡到他的头了，这下把他惹急了，他把我摁在马路上，打了好几下。然后他姐姐和那个同事拉他，他就先回家了。

我受了这么大委屈，就给父母打电话。我父母去找他，他就说："我没有错，你闺女先拿包撸我，我才打她，我得还手。她在外面这么不给我留面子，我就得打她。"我爸听他这么说，怕他再打我，就说收拾东西回家。这时候我妈过去指着他说："你不是打我闺女吗，你怎么不把她打死呢！"他立马火了，蹿出来说："你指我干吗？你们都欺负我！"然后把我妈摁地上，打了一顿，把我妈头发都揪下一大撮来。一看这情况，他妈妈赶紧把他拉着，他姐姐也拉着他。

后来，我们就回家了，已经过去三天了，没有任何消息。现在我也是很乱，不知道要不要继续与他生活下去。我怕这种人有暴力倾向。现在可能是激怒他，他打我；以后我不小心说错一句话，他也会打我。我父母对我说："你现在有两条路：第一条路，你可以离婚；第二条路，你回去跟他过。但你要注意你的脾气，可能一辈子都得忍气吞声。"

我考虑到孩子，还得跟他过下去，可是如果他真有暴力倾向，那么我没办法跟这个人过下去了。我老公心理是不是有问题？是不是有暴力倾向？我现在就是比较纠结这件事情。在这件事发生之前，他也有对我好的方面，在我乳腺炎的时候，为了给我治好病，他也是带我到处去看，这次旅游也是为了带我散心。

分析

这是来电人第一次受到暴力侵害，对于如何处理，还比较茫然。但是来电人有很好的保护自己的意识，在受到侵害后没有忍气吞声，而是认真在考虑两人的未来，丈夫是不是有暴力倾向？自己要怎么选择？这点是非常难得的，值得鼓励和肯定。

丈夫平时有关心妻子的一面，两人也有较好的感情基础，所以即使是发生了这样严重的暴力事件，来电人也还是希望婚姻能继续，这是可以理解的。但正因为是第一次发生暴力，态度更需要坚决，不能就此容忍，否则他会觉得这不是什么大事，还会继续施以暴力，导致恶性循环。

暴力责任

他都不认错，还觉得他是对的，他要是有悔改的意思，应该会给我来电话、来我们家，可是现在没有任何消息。

之前他就特别拧，他认为对的事，就一定要那么做。他自尊心很强，容不得别人说他，尤其是我妈妈对他说点什么，他会一直记在心里，认为我妈妈不尊重他。其实我们双方家庭条件相近，我妈妈也没有看不起他。我觉得他就是不成熟、不理智，小孩子气，特别容易记仇，一旦记了仇还是记一辈子那种人。

分析

来电人已经认识到了，丈夫心理上不成熟，对自己该承担的责任没有意识，缺少处理家庭矛盾的能力，有时候就像个小孩子一样任性。但无论如何，丈夫是个成年人，不能因为心理不成熟和孩子气就拒绝成长，拒绝承担他应尽的责任。这样的人不但不能做一个合格的丈夫，也不可能做一个合格的父亲，会对婚姻生活带来很大的负面影响。

暴力背景

他是独生子，婆婆是特别宠孩子、溺爱孩子的那种人。婆婆就觉得我们俩是小孩，都不懂事、不成熟，在这怄气。而且我婆婆教育他也是白教育，任何人说他都不会听。他爸爸就更不要提了，什么都不管。

分析

丈夫是独生子，从小受到母亲的溺爱，父亲也不太管教他，导致他任性、以自我为中心，凡事只考虑自己的感受。当自己的意愿得不到实现时，就倾向于使用暴力，强行让他人低头。这种人要改变是非常困难的，如果强逼他认错，即使一时压制住他的气焰，但他没能真正认识到自己的错误，怨气很容易被触发，还会再发生暴力。

如果希望维系婚姻，需要跟他进行深入地沟通。来电人可以尝试通过他的父母、姐姐、其他亲友来影响他，给他一点时间，引导他意识到自身的问题，认同反家庭暴力的基本原则。如果他确实有改变的意愿，不妨给他一个机会，帮助他一起成长。倘若以后还有类似情况发生，首先保护自己，不跟他正面冲突，及时离开现场，保存证据。

如果做了这些努力，丈夫也没有想要改变自己的意愿，当事人应该及早做出决断。在考虑何去何从的时候，需要对家暴的反复性、逐渐升级以及对孩子的负面影响有深刻的认识，才不至于选择错误，导致更糟糕的结果。

整理与分析：陶凤娇、陈亚亚

"怕离婚"成了软肋

基本信息
来电人：女性，二十八岁，硕士学历，公务员
丈夫：硕士学历

暴力状况
我和我先生之间吵架，他会动手打我。他每次都跟我说对不起，我每次给他机会，原谅他，但动手的时候都忍不住，把我打得很严重。这才结婚没多久，想到小孩还这么小，就觉得很难过。

谈恋爱的时候也吵过，说过一些很绝情的话，他会用脑袋撞地、撞墙，我心疼就说算了。结婚以后第一次动手，应该是回他家，要走好几段楼梯，我穿高跟鞋，脚疼，下楼时想穿拖鞋。婆婆不高兴，让我穿高跟鞋。他帮他妈说话，但我还是穿了拖鞋，后来就吵架了，他把我推倒在地。

我怀孕时也被推倒过，他用菜刀威胁，要砍什么什么。印象最深的一次是我坐月子期间，他很用劲地掐我脖子，卡我呼吸道，打我脑袋，踢我。如果我抱着小孩，他会硬从我怀里把小孩抢走，给我一个很冷淡的表情，还说什么"你不配啊"、"我的孩子不需要妈妈"之类的话。

有一次打到我不停出鼻血，看了一个月的医生。当时我们是在车上，打出血后，有一个瞬间我打开门想喊救命。他把我拖回去，反锁了车门。他拿走我手机，不让我呼救，我哭了，全身都是血。他怕自己的行为曝光，打我的时候每次都抢我手机，把我包包、钥匙扔掉，不让我去捡，困我在房间里，不让他父母知道。

昨天晚上他又打了我。当时我把小孩穿不了的衣服收起来，婆婆说是不是因

为衣服是她买的，不喜欢想扔了，我解释没有，她不相信还在说，我也火了。我先生正好推门进来，先说了他妈妈，但看到我态度也不好，就呼了我一巴掌。当时孩子在我怀里哭，我说你怎么可以当着小孩的面这样，他从我怀里抢走孩子，把我推倒。打完他又后悔，想要拥抱我，我很伤心地拒绝，他就又开始变得很暴躁。

我父母知道他打我，也很生气，但是觉得他可以改，说他有好的一面。他们认为离婚不可以接受，不希望我们离婚，觉得都会过去的，担心我们分开了，养育一个小孩有很多不方便。而且我先生说他会用手段让我拿不到小孩的监护权，还不让我看。我们家也相信这点，我妈妈说如果离婚不要跟他抢小孩，因为他狠起来特别狠。

他对我妈妈不尊重。我妈妈本来对他很好，各方面都很支持他，但他现在顶撞我妈妈，因为他妈妈说我妈妈不好。于是他对我妈妈就很烦躁，说话不礼貌，一点也不觉得自己有问题，不觉得自己需要改正，这让我很心寒。

我觉得家庭的事情还是要内部解决，很多时候我寄希望于他会改变，因为他本质不坏。我们双方都有工作，如果要离婚，可能会造成不好的影响。我一直心里很犹豫，但是他让我觉得自己很没有尊严，我没办法容忍他这样对我。昨天我在想这个婚姻应该要早点结束，大家都还很年轻。而且这样的家庭让人没有办法好好去投入工作。

分析

男方恋爱时就有暴力倾向，只不过当时是伤害他自己，没有引起当事人的注意。婚后生育了小孩，家庭关系复杂，矛盾重重，暴力也逐渐升级，达到了很严重的地步。女方虽然有离婚的想法，但身边缺乏支持系统，甚至自己父母也不支持，深感孤立无援。另一方面，两人的感情并没有完全破裂，女方还有家庭和好的期望，加之小孩的牵绊，难以决绝地选择离婚，于是陷入这样的困境中，不知道何去何从。

暴力背景

我婆婆较强势，挑剔嫌弃公公的亲戚，夫妻经常吵架，关系不太好，公公受不了会离家出走。现在家里吵架，公公大多是沉默，有时候也叫我们不要吵，但起到的作用不大。

我先生跟他妈妈也动过手。那次是他妈妈一直无理取闹，就发生了冲突。他妈妈哭了四个小时，说他有老婆了就不要妈妈，闹着要离家出走。我先生曾经哭着跟他妈妈说，童年给他带来许多家庭的不愉快，为什么现在还要来影响他的家庭。

分析

男方从小目睹父母之间的暴力，习得了用暴力来解决争端的方式。当前家庭矛盾中母亲是关键，男方也在一定程度上认识到了母亲有问题，但由于母亲长期以来的情感操控和强势地位，男方没有能力与其抗衡，也可能是受到传统孝道思想的影响，无法反对母亲，于是积累的负面情绪难以发泄，转而向更弱势的一方（妻子）进行施暴。

暴力责任

我们当时认识不到一年就结婚了，认识基础比较浅。我很后悔，太早要小孩，这是一个牵绊。平时没什么的时候，他还是蛮爱我、关心我的。有些温馨的画面还在记忆中，不好的画面都忘记了，不去想了。有时候我会怀疑，是不是感情还不够，他不够爱我。

每次吵架都是一些小事，主要是他妈妈的问题。他母亲有点无理取闹，老是觉得自己很能干，看别人很多问题。比如我生孩子请月嫂，婆婆也在，月子期间吵了很多次。我妈妈来看我，也经常跟婆婆冲突，一些小问题都要激化到很严重的地步。很多时候他妈妈做得不好，他也知道，但我不能说，说了他不爱听，就会动手。

他有时不承认自己动手，甚至说自己没有错。他当孩子面打人，小孩哭得很可怜，他还怪我，说是我的错。曾经我父母过去跟他说，他也是不接受，只是沉默，认为错怪他。他说我活该被他打，因为我会恶狠狠地瞪回他，他觉得我应该是低头顺眼的、温顺的，看我很倔强就会动手。

分析

过早结婚往往会留下隐患，因为了解不够，就稀里糊涂成了一家人，又生了小孩，在经济等各方面被捆绑在一起，难以解脱。该案例中，两个人的感情虽然还在，但由于暴力的原因，已经有了很深的裂痕，导致女方开始怀疑这段感情，持续下去婚姻的前景不妙。

家庭矛盾起因是常见的婆媳矛盾，因为生孩子后住到一起导致矛盾升级。男方本来应该起到润滑剂的作用，但他的暴力却加深了双方的矛盾，也使得夫妻关系恶化。更糟糕的是，男方不能认识到自己的错误，一味将暴力的责任推给女方，这种态度的根源是一种落后的性别观念，即认为妻子应该逆来顺受，这是缺乏性别平等理念的一种表现。

暴力处理

我先生希望我们能和睦。他父母喜欢宝宝，也希望能享受天伦之乐。我也不希望离婚。其实我很爱我的丈夫和孩子，希望给孩子一个完整的家庭。孩子很可爱，不想给他留下遗憾。我有亲戚离婚，看到过单亲小孩的痛苦，所以我很怕离婚。而且我也怕有舆论压力。很多时候我想我要大度一点，发生这种事情，很多时候是女人要先忍让。

我不敢把打人的事情跟别人去分享，但他那些暴力的语言，我会跟他身边比较要好的朋友讲，希望通过身边的人去改变他。曾经有朋友很委婉地去劝过他，他恨死我了，说没有这种事。我父亲能影响到他，因为他只尊重比较成功的人，但是我父亲说了几次不能动手，没有觉得他听进去了。

我曾经事后想去谈，是否我们能换一种方式沟通，但都没办法谈下去。有时在一起吵架，想冷静一下分开房间，都不行，他强迫我按照他的意思来。以前他打我，我会咬他、扯他。但他是运动员，力气很大，我没法跑。他们说你不要还手，现在我就不还手，任由他怎么样。他（打人）稍微弱了一点，但不明显。

分析

两人都希望家庭和睦，不想离婚，但男方不愿意面对家暴的问题，也看不出有改变的意愿，这样下去情形不可能好转。男方对待不同的人，会采取不同态度，如对同事和女方家长是回避，对女方则是强迫、暴力，明显地看人下菜碟。这说明他并不是没有自控力，而是只对自己的老婆没有自控力，这是基于他对夫妻关系不平等的认识而造成的。

男性气质

他爱孩子、有责任心、爱家、刻苦,愿意承担家里的一些事情。对其他人很绅士,但是男尊女卑的思想严重。

分析

婚姻中共同承担经济责任、养育孩子是理所当然的。女方更多在家庭中付出,其贡献往往被忽略,得不到应有的承认,导致在家庭中地位低、没有话语权、得不到尊重,这是家暴的诱发因素。家暴是没有责任心的体现,在孩子面前施暴,更是不爱孩子的表现,而这些问题的根源就是当事人说的男尊女卑,是男方不尊重女方的结果,这种状况必须改变。

目前述求

找妇联帮忙的话,她们会找我丈夫谈,他那么好面子的人,反应可能挺大的。报警没办法取证,他可能不承认。我也想找他领导,但是怕这样会没有回转余地,因为他太好面子。有没有其他方式来改变我先生?我打电话,相信你们会对我有保障,作为一个个案去切入。你们是否可以给他打个电话?

分析

来电人不想离婚,应该多尝试一些解决问题的途径,但不必对某个途径抱有太大的期待,因为期望越大,失望也就越大。同时也要认识到,婚姻能否持续,靠单方面的努力是不够的,需要双方一起付出。这无关男人的面子,而是他必须承担的责任,可以建议男方来电寻求帮助,或者在当地找咨询师进行心理辅导。

可能是因为长期被家暴,又缺乏社会支持,来电人对自己的能力产生了怀疑。这需要咨询师给予更多鼓励,让她提升自信。如果女方有太多顾虑,优柔寡断,对方会觉得你不敢离婚,就会变本加厉。凡事预则立不预则废,做好最坏的打算(离婚),才能在跟丈夫交涉时,赢得一定的主动权,更平等地进行沟通。

整理与分析:陈亚亚

家庭暴力背后的公公

基本信息
来电人：女性，二十八岁
丈夫：三十岁

暴力状况
总共发生家庭暴力五次，均是老公打我。第一次是在怀孕期间，我们工资卡是各自拿的，因为怀孕需要营养，我问老公要工资卡，他不给，我生气就把桌上的东西扔了，进屋关门。老公开门进到屋里，把门反锁后开始打我，公公婆婆当时就在门外。

他打得我躺在地上站不起来，看我不行了才停手。当时我怀孕已经四五个月，肚子疼得非常厉害，老公让我去医院做检查，我没有去，后来孩子也没事。生完小孩后，打得一次比一次严重，一般都打在脸、头、背部。坐完月子我一百斤，四个月不到，现在只有八十八斤，精神上、身体上都很有压力。

最近一次是在昨天发生。前天我带孩子很累，特别害怕被打，就去同事家里住了一晚。第二天上一天班，晚上回家给孩子喂奶时，公公不让我喂，并说："你想来就来，想走就走，你还想带不想带小孩呀！"当时老公在上夜班，公公便给老公打电话，叫老公回来，意思是让老公打我。

我就叫了我同事过来，想让他们帮帮忙。老公回家时看到同事在楼下，以为是来打架的。其实同事自始至终并没有出手，但公公把同事往房子外面推的时候，把同事脖子掐得特别严重。本来我想报警，同事不让报。

分析

第一次家暴发生的起因是经济，但深究下去，体现了家庭中的权力结构，即在一个家庭中谁占主导地位，谁对家庭经济更有决定权。此家庭中双方经济原本相对独立，但在面对共同事务时，男性没有表现出应有的对家庭、对孩子的责任，可能他觉得怀孕生子是女性的事，与自己不相干，这是对家庭责任的逃避。

男方进行肢体暴力时，有两次处在女性怀孕阶段，不仅对女性，也对孩子造成了伤害。虽然来电人表示自己受伤不重，不足以到验伤程度，但长期精神压力造成的伤害肯定是巨大的，比如体重的迅速减轻，证明已极大地损害到了身体健康。

来电人对家庭暴力产生了恐惧心理，因为害怕被打而去同事家住，这种做法是正确的。因为面对家庭暴力，第一应该做到的是保护自己的安全。然而从后续来看，同事的支持起到的效果有限，可能还需要更多社会力量的干预，比如不能轻易放弃报警这个途径。

另外，来电人在发生矛盾时，也要注意克制情绪，比如当老公拒绝给她钱时，她"生气地把桌上的东西扔了"，这种态度在不安全的环境中会进一步激化矛盾，给自己带来不可知的风险。当然，这完全不成为老公随后施暴的理由。

暴力背景

我和公公的矛盾很大，很多事情都起因于和公公的矛盾。比如公公总是喜欢进入我们的房间，夏天我穿的衣服比较少，但公公还是会进来。我和老公说了没有用，和公公说了也没有用，该进我的房间还是会进。我对此很不高兴，一直压着火。另外，我和公公对小孩的教养方式不一样，矛盾就变得更大。

公公没有打过我，就是看着老公打我。之前一次被打的时候，我报警了。警察过来之后，我说老公把我往死里打，公公当着警察的面说："如果是我，我就打死你了。"

婆婆是个老好人，只要公公喊一下，就吓得不敢说话。我从没见过脾气这么好的人，不管公公怎么骂她，从来不说一句话。老公打我时，她吓得不敢劝架。婆婆和公公一致认为，女的当妈就该受罪，男的不会带小孩就不该带，所以小孩应该我来带。他们还说："上海男的是不做饭的，我们这里都是女的做饭。"可我觉得男女应该平等的。

老公比较听话，我让他做什么他就做什么。他知道我对公公有意见，我的火不能对公公发，只能发在他身上。他平时对我还可以，有时我还觉得对不起他。我觉得他打我是正常的，每个人都有脾气，我老公就是火气太大了才打我的。

分析

已婚女性通常难处理婆媳关系，而本案例中矛盾发生在公公和媳妇之间。原因是公公将自身定位在一种高高的权威上，对女性日常生活不尊重，如对女性私人空间的侵犯等。尤其是公公自己不动手，却让来电人的老公去打。可以看出公公认为老婆应该被老公打，丈夫有管教、打骂自己妻子的权利，但其实没有任何人有权利对他人实施暴力。

婆婆无疑也长期承受着来自公公的家庭暴力，从婆婆的表现来看，是一种长期压抑的生活状态。中国很多家庭强调和为贵，为了家庭和睦，自身权利受损而不自知，更不会反抗，这种现象需要改变。此外，公公婆婆都有着深刻的性别刻板印象和性别偏见，尤其作为女性的婆婆对此默认和接受，完全没有意识到这是对自己权利的侵犯。

来电人认为，老公打她是因为火气太大，这是对家暴的错误认识，有替施暴者开脱之嫌。家庭暴力的实质是家庭成员中一个人对另一个人的控制，而不仅仅是一时情绪波动引起的。

暴力处理

我给市、区妇联打过电话，她们说这样的事要先报警。有一次发生家暴，我报警了，警察过来之后，立场站在公公那边，劝劝就完了。

我和老公共同探讨过解决方案，但现在搬出去不可能，外面租房太贵了。我们打算自己攒钱买房，够首付了就搬出去。

有了小孩子之后，我就是为了小孩子活的。我不想和老公离婚，但是我想让老公知道到底是谁的错。我想知道有没有调解机构可以进行调解？

分析

或许妇联对于家暴的处理有自己的程序，但是对于寻求帮助的人来说，直接将责任推给其他机构，是不是没有尽到应有的义务呢？此外，很多警察缺乏性别意识，将家庭暴力当作私人事务，觉得劝劝就算尽到了责任，这也是需要改进的。

来电人想买房独立出去生活，这是一个好的选择，可以避免家庭矛盾的升级，但暂时难以如愿。婚姻生活发展到一定阶段，会以孩子为重心，尤其在孩子很小时，但这并不是将小孩作为自己生活全部的理由。来电人说自己"为了小孩活"，这是很多女性面对家庭矛盾时讲的话，以此来安慰自己，叫自己忍耐，但这样并不能解决暴力问题。

社会对女性的角色期待是抚养子女，所以很多女性将其作为自己必须完成的使命。然而，抚养孩子是整个家庭的责任，女性不需要也不应该把这当成自己独自承担的责任，更不必为此忍辱负重，牺牲正常生活。而且让小孩在暴力环境中长大，也是对他的一种伤害。

男性气质

老公比较孝顺爸妈，从不反抗。他爸爸脾气火爆，他非常听他爸爸的话。第一次我被打了之后，我曾经提议搬出去住，但我老公不愿意，觉得搬出去受不了这个苦，因为爸爸妈妈有房子，他不想离开他爸妈。

分析

案例中的丈夫处在不同关系中时，其男性气质是不一样的，充分显示了男性气质的可变性和多样性。面对父母时，其男性气质表现出从属性的特点，比较软弱、顺从、缺乏独立自主意志，不能脱离对父母的依赖。在与妻子交往中，大部分时间也处在从属性气质中，但这样一个特别听老婆话的男人在打老婆时，又体现出社会上普遍认同的支配性男性气质，一种强调控制、强硬、力量的男性气质。平常均是从属性的男性气质，在表现与之对立的支配性气质时，可能会有更大强度的补偿性反弹。

整理与分析：周洪超

我不能和陌生男人说话

基本信息
来电人：女性，婚龄五年
孩子：四岁

暴力状况
我跟我丈夫结婚五年，受尽家暴。他以前是拿拳头砸墙、砸玻璃、砸门，用木凳子砸东西，现在是打人。第一次暴力发生在我怀孕三个半月时，他跟我吵架，刮了我一巴掌，很大力地一脚踩在我胸口，把我按在枕头上。我去医院检查，医生说孩子受到一点点震动，没什么大碍。生完小孩第二个月他也有打我，每年会打我三四次。

这次他打我，是打得最狠的一次。那天晚上我很忙，因为做事手指流血，他就在旁边看电视、打游戏。我想让他理我一下，就拿遥控器在他脸上晃了下。他很生气，把我推倒在地，拳打脚踢，说忍我很久了。我叫他妹妹来劝和，他把妹妹也推倒在地。他拿皮带勒我的颈，导致脖子整个脱位。我去看医生，医生说会一直疼三个月，住院期间他也没有来看我。现在我手脚都是瘀青，已经影响到劳动能力了。

他平常很正常的，有外人在不说话、不动粗，但是一吵架就对我拳打脚踢。他打完从来不道歉，还对我说："你这个贱女人，活该被打，今天我打你，明天我可以杀死你。"我把他这句话录音了，他发现后，就把我所有东西都摔坏了。

前天我出门，因为下大雨车被淹，我浑身都湿了，让他过来接我。他就很暴躁，说我很烦。回去他开车，我坐副驾驶位，他故意转弯，好像想撞死我，又打了我头一拳。我手机拍视频拍到他，他看到又想把我手机砸坏，我哀求他不要砸。他砸坏了我很多手机，只要我跟男人通话、聊微信，他就会很生气砸我手机，我不理解他为什么这么敏感。

分析

来电人是个很独立的女性，却在5年的婚姻生活中，一直受到家暴，且越来越严重。她之前选择容忍，应该是没有意识到问题的严重性，在这次被打后，觉得再也无法忍受，选择向外人求助。对于来电人终于开始寻找途径改变这样的生活，应该给予充分的肯定。此外，发生冲突时丈夫威胁要杀死她，说明暴力的危险等级较高，需要采取防范措施。

暴力处理

他打了我五年，我都没有报警，不想把事情闹大。我现在不知道怎么做，也不想走到离婚这步。因为如果离婚，女儿肯定要放弃。我跟他沟通，他就说我不对，说我脾气大，但是我跟他说话，他也不理我啊。最坏的打算是我一分钱不要，女儿也不要，就这样跑了算了，但我不想这样，因为我要对孩子负责，孩子太小，还需要妈妈。

他妈妈知道他打过我很多次，但他妈妈说我脾气暴躁，她儿子脾气很好，就是被我惹的，说我语言攻击他，他才打我。

他妹妹也知道他打我，我想过让他妹妹作证。我跟他妹妹说，你也离过婚，也是女人，当时你老公也打你，你帮一帮我，出一下证，我去报警。她就对我说，她不会去，你不要说这么多了。我觉得她不会帮我。

分析

来电人没有报警，一直选择忍受，原因是不想把事情闹大，不想离婚。此外，她还担心由于自己财力不足，小孩抚养权会判给丈夫，离婚会让自己失去女儿。但是来电人现在也发现，忍耐不能解决问题，如果与丈夫不达成非暴力的共识，婚姻是难以维系的。

来电人婆婆认为是来电人脾气不好，招惹到丈夫才被打，这是对家暴的错误认知，家人不应该为施暴者的行为开脱。来电人曾想让丈夫的妹妹帮忙作证，被拒绝了。但这不是来电人不报警的理由，完全可以自己报警，或者找自己的亲人朋友把照片拍下来，去医院验伤，留下证据。只要做到充分准备，由于对方有家暴，一般会成功争取到孩子的抚养权。

亲子关系

女儿睡觉的时候，他就会打我。不过这次他打我，我女儿看到了。我妈妈问我女儿爸爸妈妈是不是吵架，女儿说，我看到爸爸打妈妈，打到妈妈哭。

他妹妹现在住在我家，还有一个小孩，比我女儿大两岁，在一起住。女儿经常看到我们吵架，现在变得很刁蛮，脾气很暴躁，经常跟那个孩子打架。

分析

丈夫注意到了不在小孩面前打人，应该是害怕对小孩造成不良影响，但这在家庭中是很难避免的。比如这次打人就让小孩目睹了，亲眼看到父亲把母亲打哭，这对小孩而言是一个很大的伤害。孩子目前脾气暴躁，喜欢和别的孩子打架，可能是受到了暴力环境的影响，需要想办法改善。

男性气质

我有很多工作，以兼职为主，比如做过英语翻译，因为经常接触外国人，他不喜欢，我就辞了。他不喜欢我接触男人，比如我在家做蛋糕卖，是女人订的，但是来取蛋糕的是她老公，我老公就会怀疑说，你跟这个男的是什么关系？他太在意这方面了，经常说这些话，搞得我很压抑。

我有能力，可以赚钱养活自己。我帮人化妆，我会做蛋糕，我英语口语流利，我还会西班牙语，都是我自学的。但是他不欣赏我，觉得我学什么西班牙语，是不是想出走啊，搞得我不敢去学了。以前我会去一些西班牙语角的活动，每次去他都板着脸不开心，老说我去见那些外国人怎么怎么不好，后面我也不敢去了。

分析

来电人与其丈夫的主要矛盾之一在于丈夫总是担忧和怀疑来电人会与其他男人有染、会出轨。这种担忧的心理应该是病态的，这种无端的嫉妒不断地侵蚀丈夫的心，导致他不能够以理性的思维看待事情，失去了基本的判断能力，引发了家庭的战争。

这种病态心理其实是一种大男子主义思维模式的体现，丈夫将妻子视为自己的私人物品，而不是有自主能力的独立个人，认为妻子必须一切都听自己的，不能跟其他男人有任何接触，否则就是有外心，想逃离家庭。

当前诉求

其他女人会羡慕我，住着这么漂亮的房子，开着小车，还有一个女儿，但平时做家务、带小孩都是我一个人，他回家就是看电视、打游戏。我一直被他打，不开心，觉得太累了。他对这个婚姻也没激情，我们性生活几乎没有。

我现在想尽快离开他，觉得跟这个男人是白跟了，但是如果他还有救，能够让他以后保证不打我，我还是想要一个幸福完整的家庭。我想知道你们能否给他做心理咨询，让他意识到打老婆是不对的。

分析

丈夫不理解妻子的辛劳，在家不愿做家务、带小孩，这是一种男权思想的体现。长期家暴导致夫妻关系淡漠，连性生活也几乎没有了，这样的婚姻可谓死水一潭，让来电人感觉不到持续下去的动力，产生了离婚的念头，可见大男子主义和家暴都是婚姻的杀手。

需要提醒来电人的是，留在有家暴的环境中，对孩子成长不利。帮助施暴者改变并不是受暴者的义务，目前我国没有法规可以强迫施暴者去接受心理疏导，如果施暴者自己不配合，就很难起到作用。建议来电人与丈夫沟通，看能否说服丈夫主动寻求心理援助。

整理与分析：陶凤娇、陈亚亚、黄家钰

我老公有改变的希望吗？

基本信息

来电人：女性，三十岁，本科学历，全职妈妈，婚龄两年
丈夫：三十三岁，初中学历，创业
孩子：十个月

暴力状况

我老公平时很好，所有家务活都干，孩子也照顾。他自己开公司，很努力，会赚钱，不赌不嫖，下班就回家。但他不太会排解工作上的压力，回来后心情不好，有时小孩哭就会打小孩。有时他会像更年期的妈妈一样，一直数落我，我不说话过一段就好了。可是我一个人带小孩，在上海没多少朋友，还要讨好公婆，也有压力，有时就会回话，于是冲突就开始了。他这样很多次，好的时候两个月一次，情况差了，一个月有一两次。

我是做财务的，后来生了小孩，就临时做全职妈妈。我们家财务是我控制，他是做风险投资的，对钱没什么概念。他向我拿钱买东西时，我希望有一个预算，如果超出预算，我会制止，他就会拍桌子，把电脑、打印机扔在地上，小孩哭了会打他。他发泄完，就会一直道歉说："我以后再也不打你了，再也不动小孩了，再也不怎么样了。"

他第一次施暴是在去年，当时我们在准备婚礼。一天在商场里面起了冲突，我想走，就说："我生气了，我走了，不跟你好了。"我转身时他就在后面踢我，用吐沫吐我的脸，像小孩一样。在我怀孕时，他也有过暴力行为。他会说："你去打掉好了。"我想顺产，做了很多身体调理，但是最后羊水感染，只好剖腹产。他就怪我，跟我发火，但没打人。给孩子报户口时，因为我的关系，办理手续麻烦一点，他又冲我发火。

最近一次暴力行为是前天。我在娘家，他开车接我，我亲戚想搭车，他拒绝说急着有事，要去谈客户。我说我们是顺道的，多拐一个岔口，也就几分钟。上车后他脸色不好，车开得很快，等到亲戚下车，就转过头来打我。因为在高速路上，怕影响安全，我没有再说话。路上客户打电话给他，我事后知道是客户问他在哪里，说可能没有时间等，就把钱打在他卡上。

然后他开车到服务站，让我先下车吃东西。我奇怪："不是去见客户吗？"他转过身来就骂："都是因为你，客户现在不付钱了，他没有时间等了。"他把孩子吵醒了，就说："不许哭！"小孩才十个月，哭得更厉害了。他就打孩子的屁股和头，打了好几下，啪啪啪的声音，我觉得生活荒谬透了。后来他冷静下来去买咖啡，怕我生气跑掉，把车门锁了。

我们回到家，我婆婆看出我们不高兴，我就把这件事告诉她。可能因为我当着他爸爸妈妈的面说这些，他就随手在我脸上打了一巴掌。他爸爸妈妈说他不对，让他向我道歉，让我们出去单独谈。后来因为怕在外面被邻居看见，就搁置下来了。

家暴让我怀疑是不是自己无能，有点抑郁。我觉得在家里我不是女主人，而是女奴隶。我想是不是我情商太低了，我婆婆可以把公公管理好，也可以让我老公安静下来，而我对老公却那么无力。有时我在想，自己绕在这个怪圈里，事情可能会变好，会往好的方向发展。

我们有感情基础，我也想把日子过下去。平时他很细心，怀孕时看护都会做。我坐月子时，有次他推我，伤口发炎，他亲自去买药替我包扎，照顾我比我妈妈还好。他还会给我买很多贵的东西来表达爱意，但我只希望生活安定一点，舒心和自由是最重要的。

分析

平时的"好男人"，并不能折抵施暴时的"坏男人"。因为暴力，再多优点也贬值了，所有的"好"在暴力面前都一文不值。工作中的压力，常成为受暴者为施暴者开脱的理由，也是施暴者自己常用的借口。从上面讲述的搭车事件来看，促使男人施暴的并非工作真的受影响，而是妻子没有服从他的意愿。显然，控制欲才是施暴的根本原因。

丈夫数落妻子时，妻子表现得服软和顺从，就可以避免暴力，而如果回话，就会受到暴力。从这些表述来看，受暴者已经认识到了丈夫对她的控制，也有一定的觉醒。目前妻子因为长期受暴，出现了抑郁症状，需要及时自省，靠幻想事情变好是不可能实现的。丈夫的问题还是要靠外界，比如心理咨询师的干预，让他认识到自己的过错，引导其行为上的改变。

暴力背景

他很喜欢小狗，养过好多小狗。前几天他告诉我，他曾经摔死过一只小狗，要是我事先知道他是这样一个人，我一定会害怕的。

在他冷静的时候，他会谈起他灰暗的童年。他小时候爸爸妈妈离异，他爸爸打他妈妈，也会绑起他来打他，还会把他赶出门，让他大冬天在外面睡觉。他书读得不是很多，我是本科毕业，他初中读完就去当兵，初中就属于问题少年，所以他不懂得沟通，容易走极端，一急躁的时候，他就上手了。

分析

对动物施暴，确实可以看出一个人的问题，可以为判断对方是否有暴力倾向提供依据。此外，在公共场所与人发生争执时的态度，对于社会上包括家庭暴力在内的暴力行为的态度，也可以作为判断暴力倾向的一个参考。

暴力的传承性在这个案例中得到验证，但这不能成为施暴的理由。所谓读书少，也不是暴力的借口。这个案例给我们的启示是：对于目击暴力与亲自承受暴力的青少年，进行心理辅导非常重要。建议学校性教育中增加对家庭暴力、性别暴力的教育，白丝带等制止性别暴力的热线、公益机构，也应该加强这方面的服务。

暴力处理

我曾跟他说过不能打小孩，他说他理解，但控制不了。他冷静时有改变的意愿，说从他爸爸打他妈妈这件事上，可以看出为什么他爸妈会离婚，现在他找到了家的感觉，不想让这件事重现。他写过保证书，承诺不管多大矛盾都要冷静下来，但还是做不到。他要我读心理学的书去开导他，还做过一次咨询，五百元一小时，进去后被聊得大哭特哭。

我内心深处也不想把家庭拆散，考虑到别人的眼光、父母的担心，再加上他诚恳的道歉，就会心软。他事后会追悔莫及，对我很好。他也做过让我觉得很感动的事，所以我一次又一次地原谅他。他这样下去，我很心疼，所以就容忍他，不跟他起冲突。但我有时希望结束婚姻，这样起码孩子会健康地长大。

分析

妻子的宽容后面，是对美好家庭的向往，是对丈夫"冷静时"所表现出的状态的留恋。这是一位试图帮助丈夫改变的妻子，值得高度肯定和赞扬。她已经脱离了单纯的原谅和包容，而是致力于和丈夫一起探索走出暴力的办法。

另一方面，这个男人也还是有机会的，他清楚地知道自己的暴力是学习来的，并且不希望自己的孩子再学习去。他希望妻子学心理学来帮助他，甚至会去做心理咨询。许多男人拒绝承认自己的暴力行为，更拒绝做心理咨询，而这个男人做到了，说明他改变的愿望非常强，还是很有希望的。

施暴者在咨询中"大哭特哭"，说明他内心的某些东西被触动了，并不是所有施暴者都能达到这个效果，如果坚持下去，一定会有收获。但施暴者后来没有再做咨询，为什么？估计与经济有关系。一次咨询费500元，而此类家暴问题的彻底改变至少需要十几次，甚至几十次的长期努力，对于普通人来说，确实有一定难度。

男性气质

他觉得世态炎凉。他没有多少朋友，认为朋友不重要，都是利益关系，亲情也没什么，亲情、友情都不如钱重要。他碰到事情的时候，得不到别人帮助，都要靠自己。

他的事业心很强，他希望让别人知道他不是一个庸人，是一个很能干的人。他觉得没有金子就没有安全感，别人就看不起他。

分析

施暴者学历不高，自己创业，非常不易，肯定经历了许多挫折，有世态炎凉的感受。他想要实现自己的价值，努力追求事业的成功，所以会给自己太多的压力。而当他不能承受这些压力时，就会转而向弱势的妻子施暴来发泄。这体现了他骨子里的男权意识，不能平等地对待自己的生活伴侣。

整理：龚晗、张智慧
分析：方刚

曾被家暴的婆婆不支持我

基本信息

来电人：女性，约三十岁，企业白领
丈夫：约三十岁，经商
孩子：两岁

暴力状况

丈夫第一次打我，是我刚生完孩子。当时我有点产后抑郁，向丈夫倾诉些烦心事。丈夫不理我，我和他争吵，他就打了我一耳光，全然不顾我正抱着孩子。几个月后他又打我，当时孩子病了，我母亲和我一起照看，一夜未眠，吃饭都顾不上，他却整日在外面玩。他回家后，我抱着孩子下楼，让他帮忙，他不肯。我和他吵起来，他指着我破口大骂，在楼梯口掐我脖子。婆婆在一旁煽风点火，说都是我不好。

此后，他又打了我两次。其中一次婆婆抱着孩子，孩子一直哭要我抱，婆婆偏不让我抱。我很着急地央求婆婆，丈夫就发火，把我打得耳膜穿孔了。还有一次，我私下对丈夫说："能不能让婆婆回老家，咱俩单过。"婆婆知道了对我大发雷霆，我不想吵架，抱着孩子要下楼，丈夫把我推了个跟头。我本能地躲闪一下，丈夫说我踢他，便又打我。

除了肢体暴力，丈夫和婆婆都经常甩给我冷言冷语。丈夫多次在公共场所大骂我，从不考虑我的感受。有一次，我体检查出疾病，丈夫和婆婆当着我妈的面说："我和她的日子怕是过不到头了。"

分析

丈夫打骂妻子，婆婆反而煽风点火，似乎儿子和儿媳的关系越差越好。由此产生的婆媳关系是不少家庭普遍存在的问题。对此有这样一种观点，认为不少母亲看到儿子与媳妇感情好，会有被冷落、被疏离的感觉，进而对儿媳产生嫉恨心理。上述案例中的婆婆，可能也有这种心态。婆婆对儿媳的这种态度，属于家庭暴力中的精神暴力。基于性别的暴力和基于代际权力的暴力，于此交织在一起。但不管作为儿媳还是妻子，都没有容忍家暴的义务。

暴力背景

他是外地农村人，老家很穷。他曾对我说："我妈很苦，小时候我爸总是打我妈。"为此我曾经很同情丈夫和婆婆，觉得他们亲身经历过家暴，应该不会对别人施暴。

婆婆五十岁出头，长期和我们两口子住一起，不愿回老家。她总找我的茬儿，只要我和丈夫关系好一点，就要挑拨我们。丈夫打骂我，她非但不制止，还替儿子撑腰，似乎生怕我把她儿子抢走，巴不得我们夫妻关系差。

分析

"我妈很苦"、"我爸总是打我妈"——可见婆婆曾是家暴受害者，但在拥有了长辈权威后，也以暴力来对待儿媳；同样丈夫也是家暴的受害者，现在却成为施暴者。由此可见，当初的受暴者、目击者，一旦拥有某种权力（如代际权力、性别权力）后，可能就会成为新的施暴者。因此，受暴者、目击者须不容忍家暴，同时及时寻求专业的心理辅导，避免陷入与施暴者"同质"的观念与行为模式之中，这既是对自己负责，也是对家人、下一代负责。

暴力责任

他从不承认自己的错误，总把一切责任都推给我："你招惹我，我就得打你。"有一次我忍无可忍，准备打110报警，丈夫和婆婆商量："她要是真打110的话，你就跟警察说'她把我也打了'。"我跑出家门，丈夫抢在我之前打110报警，反咬一口说我打了他。警察接到我的报警后问："刚才不是一个男士打来电话吗？"

分析

施暴者把责任推给受暴者，这在家暴中非常普遍。这种做法有时很有迷惑性，会让试图调节家庭矛盾者，甚至包括处理暴力的公权力机关，都无所适从，甚至会催生误解。

值得思考的是，每一个婆婆，都"出身于"妻子、儿媳，按理说，儿媳的感受，婆婆应该最有切身体会。但这位婆婆的态度却毫不体谅，反而不断助长施暴儿子的嚣张气焰，让受暴的媳妇更为弱势，难以获取家庭以外的支持。

暴力处理

他第一次打我时，我很震惊，但并没有重视。此后他愈演愈烈，有一次我跑出家门拨打110，警察来了没看到严重的场面，觉得没大事，就说你们好好过日子。婆婆当着丈夫的面对我说："你有本事就去报警啊！把我儿子抓起来才好，家里还省粮食了呢！"这样丈夫更加有恃无恐。

他每次打骂我之后，都不肯道歉。唯一的例外，是把我耳膜打破那次。那天他到单位找到我，甜言蜜语地哄我。我和他回到家，他对我说的第一句话却是："能别让我妈回老家吗？否则，我妈多没面子啊？"自始至终没问我伤得怎么样。半年前，我忍无可忍，带着孩子回到娘家，和他分居至今。

分析

第一次施行家暴被容忍后，接下来家暴会一而再、再而三地发生，且暴力程度会不断升级，这是家暴的一个普遍特征。在这个家庭中，婆婆的长辈霸权和丈夫的男性霸权，交织在一起形成同盟。受暴妻子则陷入"绝境"，无处求助。受暴者最后带着孩子离开，既是自救，也救了孩子。

目前国内针对家暴缺乏相应的法律依据，大多数警察没有接受过处理关于家庭暴力、伴侣间暴力的培训，以至遇到此类情况，既不重视，也不知道怎么办，客观上产生了纵容暴力的效果。

伴侣关系

我上学时一直品学兼优，但他让我对自己产生怀疑，常怀疑自己是不是很差劲，挨打之后反而很自责，我都无法理解自己。我在这场婚姻中沦落得没有自尊，感到特别痛苦。

好几次，丈夫在我抱着孩子时打骂我。孩子过生日，他也没有像样的表态，好像不是亲生的。目前孩子和我一起住在娘家，他一直拖着不离婚，多次发短信威胁我、命令我回去。这让我对他更绝望，我不敢回去，怕回去后暴力会越来越严重，我和孩子的人身安全都无法保障。但我又担心给孩子带来一个不完整的家庭，这会很对不起孩子。

分析

丈夫通过发短信威胁的方式让分居的妻子回家，表明他始终没有悔悟，虽然他也渴望和妻子一起过上幸福的生活，拖着不离婚就是这种心态的反映，但他的做法却适得其反。这样的家、这样的伴侣关系，无异于火坑，不要对它抱有幻想，没有值得留恋之处。

丈夫的种种行径表明，他对孩子并不重视，没有承担相应的抚养和照顾义务。"给孩子带来不完整的家庭"的担心和自责毫无必要。所谓"完整家庭"，并非孩子成长的必要条件，充满暴力的家庭哪怕再"完整"，对孩子而言也有不如无。

男性气质

他有些大男子主义，不爱做家务。分居后，据说他也很痛苦，整日泡在外面，偶尔回家，和他妈妈除了抱怨"老婆孩子都不在家"以外，没什么话可说。但他一直在逃避，不肯认错，不主动寻求转机，死要面子活受罪。

分析

不做家务、用暴力解决问题、死不认错要面子，都是非常典型的支配性男性气质的表现，也是传统父权文化对男性的塑造和预期。像"男主外、女主内"、"男主女从"、"英雄宁死不低头"等习语，都是这种文化的反映。

被男性霸权文化塑造的丈夫，不懂得平等对待女性伴侣，缺乏换位思考、将心比心的能力，甚至不懂得如何有效地表述自己的感情。例如这里对妻子动辄诉诸武力，妻子出走后抱怨、逃避、不肯回家等，都是述情障碍的表现。

而那位逼走儿媳的婆婆，也没能得到儿子的敬爱，相反"收获"的是儿子的疏离和抱怨。家暴及其背后的长辈霸权、男性霸权，是一把双刃剑，伤害伴侣，也伤害自己。

整理与分析：高垒

父母说我"活该被打"

基本情况

来电人：女，三十一岁，公司职员，婚龄五年

孩子：四岁

暴力状况

我结婚五年了，刚结婚感情就不好。我们不能很好地沟通，一有问题他就打我，赶我出门，抢我的钥匙，不让我回去，每个星期差不多有一次。最初我也反抗，但是打不过他，后来有了孩子，就一直忍耐。我身体不好，长期惊恐、抑郁，差点送了命。去年病重他也不管，还恶语相加，说我拖累他，指责我诸如不能再生小孩或者浪费之类的话。

他性格急躁，一有问题就动手，特别是我跟他要家用，他就掐我脖子，还有一次拿菜刀。我特别怕他，总觉得是我身体不好，家务能力或者是管教孩子方面差点，他才对我不好。他很喜欢孩子，当着孩子的面会好些。现在我被他赶走，离开家一个月了。他换了门锁，不让我回去。我去看孩子，他父母也没好脸色。他多次跟我提离婚，因为财产问题没谈拢。

他们家一直男尊女卑，他父母对他也施暴，觉得很正常。我父亲对我母亲动过手，但不严重，小时候我爸也打我，我觉得我丈夫很像我父亲。对于他的暴力，我家人一开始还很气愤，后来就告诉我别激怒他，到最后就说我活该。

我在单位也是很有能力的，回到家却很受气，没人能想象得到我的处境。我受不了想离婚，但我的家庭很传统，不支持离婚。我没存款又没房子，身体也不好，怕没人能接受我。离婚后我怎么生活呀，我想就这么拖着吧。

分析

此个案中丈夫实施了肢体暴力，不给家用涉嫌经济控制，指责妻子属于精神暴力。而不让回家、不让看望孩子，或看孩子时冷言冷语，也属于精神暴力。受暴者在长期家暴中，认知出现扭曲，产生了自责，认为自己做得不好才导致被打，这是常见的受暴者自我责难。我们应该鼓励受暴者不再继续容忍，积极搜集家暴证据，维护自己的权利。

这个案例最大的特点是施暴者与受暴者均来自充满暴力的原生家庭。作为施暴者的丈夫从小被父亲打，而受暴的妻子也从小被父亲打。当这样两个人走进同一个家庭，会发生什么呢？结果令人非常遗憾，他们又重演了家暴的一幕，再次证明了家暴的代际传承性。

施暴者的父母不觉得暴力有何不妥，对儿子打儿媳不予理会，事实上成了暴力的帮凶。而受暴者在充满暴力的原生家庭中也无法得到支持，父母劝她忍耐，甚至最后说她是"活该"，同样沦为暴力的帮凶。这告诉我们：认同暴力的文化与价值观是何等的残酷无情，甚至可以磨灭人性与亲情。

整理与分析：葛春燕、方刚

父母支持我离婚

基本信息

来电人：女性，三十二岁，婚龄一年多

孩子：未满一岁

暴力状况

生完孩子之后，丈夫就开始打我。第一次打得我左眼眼底渗血，现在还有伤，后来一次比一次严重。中秋节那天我丈夫再次家暴，还拿刀逼我，让我自己死。婆婆把孩子送来喂奶，使劲敲门，他才放过我，后来我就收拾东西，偷摸跑出来。

他打我时，把我手机都摔碎了，我非常害怕，大脑空白，谁的电话都想不起来，只带出来一张手机卡。我那天想自杀，但是遇到一个好心的司机，劝我不要寻死，没收我钱，把我带到一个繁华地带。后来遇到一个老头把电话借给我，我和家人才联系上。

他有时不讲理，你和他讲道理他就打你。他家亲戚劝我，不要和他硬碰硬，过后再和他说。但是你过后说，他还是会打你。我什么都忍着，一开始是为了孩子，想给孩子一个幸福的家，就想只要他不打我，怎么苦我都能挺着。

但他一直这么打，社区人员也劝我等孩子大了，孩子看到心里什么样，想到这些我才有勇气逃出来。我不敢面对这些事，不敢打咨询电话，天天晚上睡不着觉，会想他打我的那一幕。他根本不把我当媳妇，就像打一个陌生人，打一个仇恨的人一样，一点都不留情。

每次打完我，他又跪地求饶，说他后悔，说怎么爱我、离不开我。我一次次地原谅他，他又一次次地打我，而且变本加厉，一次比一次狠。他不打别人，在亲戚朋友、邻居面前嬉皮笑脸可好了。他每次打我，都会把电视声音开很大，不让周围的人知道。

他是单亲家庭，很小生父就死了，他在母亲和继父组成的家庭中长大。他打我时，他爸他妈拉着，他都会打他们，他妈还好点，他继父拉着，他就打继父。有次他继父拦着说你要打死她了，他说打残了我养着，打死了也是他们家的人。他还说我鬼上身，找了个"大仙"给我看歪病，用五彩花布给我缠上治病。

我现在不愿跟他说话，看到他就头皮发胀。我不想跟他过了，想离婚，但我不知道怎么和他提离婚，该走怎样的法律程序。现在我住在父母家，他们都说我傻，说第一次被打为什么不说，他们都支持我离婚。

分析

从来电人口述来看，家庭暴力持续近一年，不定期频繁发生，已给来电人造成严重伤害。来电人一直忍耐，动力是"给孩子一个幸福的家"，但其背后深层次的原因，则是大多数受暴妇女面临极其不利的社会处境，如抚养孩子的压力、经济地位的脆弱、社会对离婚妇女的偏见等，这些都可能导致受暴妇女没有足够勇气和能力摆脱暴力环境。

丈夫每次施暴后都后悔、求和，但下次还会继续，一次比一次狠，说明姑息、纵容只能导致家暴加剧。而丈夫对其他人的态度则表明他仅仅是家庭暴力的施暴者，对其他人没有暴力倾向，也不希望其他人知道自己有家暴。可见他把来电人当成自己的私有财产，可以任意打骂，充分反映出家庭暴力的实质是对家人的控制欲。

令人欣慰的是，来电人已经逃离暴力环境，目前住在父母家，想离婚也得到了父母的支持，这点非常难得。目前主要困难在于其丈夫的态度可能导致离婚阻力很大，离婚过程也许不顺利，但来电人一定要坚持住，要有信心能够让自己过得更好。

暴力处理

我去社区求助。工作人员说："我们解决不了问题，等走了之后，他还觉得你出来丢他的脸，更会打你。"他们给我出主意，只有你自己变强大了，把自己解救了，才有可能去解救你的孩子，孩子才会幸福。

有次我报警，警察来了，他装得像什么都没发生一样，说我俩感情挺好，就是拌了几句嘴，没什么大事，把警察都哄骗住了。警察走后，他把门反锁，打得我更狠，是打得最狠的一次，把我打昏迷了。去医院时，我身上多处软组织损伤，头发都让他揪掉了，鼻子和嘴里都是血。我后来说出来，小区片警都让我跑出来逃命，别跟他过了。

我还去过妇联，妇联告诉我要去公安医院验伤。但是他软禁我，等我伤好才放我出来，怎么可能送我去公安医院验伤。当时拍的片子都被他毁了，现在我手里只有药，医院可能有监控录像，我还有一段他承认打我的录音，这些是否可以作为家暴的证据呢？

分析

来电人意识到暴力不能再容忍下去，开始利用身边的社会资源去解决问题，这些资源包含但不限于社区、妇联、警察等，这是值得肯定的行为。社区人员的话可说是一语点醒梦中人，让她意识到只有自己变强大，才能够解救自己和孩子。妇联人员的话则让来电人意识到验伤、收集和保留证据的重要性，也有一定的积极意义。

来电人选择过报警，遗憾的是没能阻止暴力，反而给她造成了二次伤害，而且是最严重的一次。但受暴妇女在必要时，仍然不能放弃报警，一来警察的出现能及时制止暴力，二来出警本身可以作为家庭暴力的证据。

这里提到的医院和医生，也有可能成为家暴的证人，如果有病历之类就更好了。具体可以咨询下律师，看怎么收集证据比较有效。

目前诉求

我是从法制频道看到这个电话的。当时片子播家庭暴力的事，我看到一个女人因为长期被丈夫打，把仇恨转移到孩子身上了。我就怕我这么慢慢忍着，仇恨开始转移。我那天看片子时心都揪着，之后好些天才鼓起勇气打电话。

我孩子还没有过哺乳期，是否能离婚？我想要孩子，财产如何分配？我的婚前财产，如陪嫁物品、古董古币，是不是还算我自己的？

分析

系列纪录片《中国反家暴纪实》起到了很好的宣教作用，使更多的人了解到家庭暴力的危害，知道中国有很多公益组织在从事反家暴工作。在本案例中，来电人就是通过该片知道了白丝带，打来电话求助的。

来电人的诉求是离婚，从目前情形来看，协议离婚的可能性不大，要考虑诉讼离婚。如果是女方提出，那么离婚跟孩子是否在哺乳期没有关系，对争取抚养权还会有帮助。婚前财产是自己的，最好想办法拿到自己手里，避免被对方转移。建议找一个当地的律师，他会根据实际情况提出建议，最大限度地维护当事人的利益。

家暴中，身体暴力更容易被注意到，精神暴力则往往被忽视，但实际上精神暴力的影响更深远，可能会伴随受暴者的一生，而心理恢复是一个漫长且艰难的过程。来电人的精神显然受到了极大损伤，建议做一些心理辅导，帮助自己恢复心情。

整理与分析：刘国静

倒插门女婿的暴力行为

基本信息

来电人：女性，三十二岁，工人，婚龄十一年
丈夫：三十三岁，做生意
孩子：女儿，十岁

暴力状况

我老公脾气暴躁，喜欢说脏话、骂人、动手。我们结婚后一直住我家，他是倒插门女婿，但他很反感跟我父母住。我家是农村的，父母比较节俭，平时家里炒了菜就不会出去吃，但他每次见我妈妈炒菜不合胃口，就会到镇上去吃。我爸妈说挣点钱不易，不该这么大花销，他嫌我爸妈管他。他每个月挣三四千，从不给生活费，只会在发年终奖时给一点，会买水果或其他东西回来，也会买香烟和酒给我爸爸。

他有点自卑，我们常常吵架，都是我忍让着。如果我顶嘴，他会骂得更厉害。平时吵架没有别的原因，就是他多疑。我有时上班不接电话，他就说我在外面和别人怎样怎样，我同事跟他说没有，他就说我那帮姐妹不是好人。我平时玩QQ，有朋友喜欢开玩笑，比如说："亲，你吃饭了没有？"他看到就会马上怀疑，还要收走我的手机。

我觉得他不是恨我，是自控能力差。他脾气上来，不管三七二十一，想怎样就怎样，老子天下第一，当我父母的面都敢打我。有时他爸爸过来劝他，他控制不住，就连他爸一起打。我们文化习惯不一样，他大男人主义。我们吵架，他威胁我说要把我爸妈杀掉，说我爸妈管闲事太多，还说我想管也管不了他。我说凭什么管不了，他说你算什么东西，打又打不过我，骂又骂不过我，

怎么管我？

他第一次打我是怀孕时，那时不知什么事情死缠他，把他缠烦了，就打我。我觉得自己也有过错，就没有说什么。有一次把我全身都打得比较严重，我也没有报110，感觉报警没用。几年前他去外地做生意，一开始赚不到钱，我还寄钱给他。现在他能赚到钱，却没拿一分钱回家。他在外面比较混乱，我看见暧昧短信就问他，他以镇压的方式对待我，比我还凶，一句话不投机就打我。

去年我去他工作的地方，他每天晚上当着我面，毫无忌讳地和别的女人发短信。有一个女人百分之百和他有性关系，他还把那个女人带到我前面说："你忍也得忍，不忍也得忍。"因为这事又一次打我，他外出经商前有时动手，我都忍了，觉得人心不变就好，但现在他在外面找女人，带到我面前来羞辱我，当着那个女人的面打我，我有点心寒了。

我跟他说，你们俩要在一起可以，求你放过我，我们离婚。他一听就打我，还说我在外面找男人。他这样真的很无耻，我没办法和他过下去了。那个女人四十多岁，比较成熟，懂得如何抓住男人的心，就是用钱和迁就。他们俩平时吵架，冷个两三天，那个女的就会来哄他，带他去玩。我不一样，虽然我不属于暴躁型，很多时候我愿忍，但其实我还是有情绪的、不满意的。

分析

施暴者通过对伴侣施加暴力来控制她，彰显自己的权力，让自己在家里的主导地位得以巩固。他在外面"胡作非为"以及对来电人的猜疑，都在暗示伴侣是其附属品，应该要顺从他，正像他自己说的：老子天下第一。这揭示了家暴属于性别暴力，建立在不平等的社会性别关系上，与传统性别角色规范密切相关。

施暴者一方面猜疑妻子，另一方面自己却找情人，这是典型的双重标准。他的猜疑以及带情人回家，向妻子"示威"，无疑是精神暴力。他试图抢走妻子的手机，禁止其与同事朋友交往，属于行为控制。他威胁要杀死来电人的父母，显示暴力的危险等级蛮高，应该给以重视，采取安全防范措施。

来电人认为老公"自控能力差"是施暴原因，没有认识到背后的权力关系，自称"第一次打我时，我也有一定责任"，这是为施暴者找借口。她把很多事情压在心底,处处忍让,但这不可能消解暴力,只会使暴力变本加厉。应该鼓励她正视家暴,不再忍让与逃避,如果准备离婚,就要去收集证据,为打官司做好准备。

施暴者找了个宠溺他的情人,一方面说明他不负责,另一方面也说明他需要这么一个宠他的女性,找回缺失的母爱。施暴者有心理阴影,倒插门让他特别在意,积压了很多对来电人及其家人的情绪。他多疑、自卑,都是心理不健康的表现。最好让他意识到自己有问题,主动寻求心理辅导。

整理与分析:邓丽丹、方刚

自残也是暴力吗？

基本情况

来电人：女性，三十三岁，大专学历，婚龄三年
丈夫：男性，四十岁，初中学历，有过三次婚姻

暴力状况

我和丈夫结婚三年，婚前他说有过一次婚姻，婚后才知道他骗我，他已经结过三次婚了。据他说离婚的原因是：第一个老婆不孝顺父母；第二个女的比较强势；第三个是女的出轨；但我后来了解一些，跟他说的不大符合。

他脾气暴躁，生气时会骂很多狠话，还自残，经常拿着农药要喝，或者拿刀子对着手腕、拿剪刀对着肚子。有一次我想看看他到底会不会伤自己，就跑出去了，回来后一点事儿也没有。但也有几回比较严重，就是拿很薄的玻璃杯砸自己的头，用自己的头撞玻璃窗，撞得满头都是玻璃碴子。

他第一次打我，是因为我在结婚前跟男同事借了一万块钱，他怀疑我跟那个男同事有事，总拿这个说事儿。我特别生气，说了一些气他的话，他就踢我一脚，当时觉得有点疼，第二天才发现有瘀青。还有一次比较严重，去年夏天我穿牛仔短裤，他说"不教训教训你，你就不知道什么是规矩"，把我按到床上，很用力地打我屁股，后来我屁股肿得很高。最严重的一次，打到我胸口软骨组织挫伤。

他打过我以后，也没看出怎么后悔，下次脾气上来，还是一样动手。只要我一声不吭，不管怎么甩我晃我骂我，都不吭声，就不会打我。上次他就是问我："是不是你的错？"如果说一句他不爱听的话，就会打我，我就赶紧说"是我的错，是我的错"，这样就只是在我脑门点一下。

此外，他对我防范很严，怀疑我翻他衣服兜，还总查看我的聊天记录，朋友来个电话，他就不高兴，更不用说跟他们出去。以前他管我的钱，但不严重，从去年年底就管得特严，跟我一生气，就管我要工资卡银行卡，我不给就夺，他消气了再给我，后来再给我也不要了。

分析

施暴者是典型的传统男权主义者，他的控制欲、支配欲表现得很全面，一开始是用自残、谩骂等方式来给对方施加精神暴力，借此控制来电人，后来升级到直接的肢体暴力、人身控制和经济控制。妻子的衣着、行为和经济全部都要听他的，稍有不慎就会遭到暴力。

暴力背景

我公公婆婆打架是经常的事儿，两天一小吵，三天一大吵。他父亲从小就打他，有一次手指差点被他父亲咬断。他从小就学会了打架，急起来跟父母也口不择言。比如他让他父亲养羊，他父亲说太累了不想养，他就说，你不干活以后我就不养你。当时他妹妹在，说了他几句，他让他妹妹滚，他妹妹哭着走了。他就很后悔，回来以后跟我说想自杀。

分析

施暴者的原生家庭中有暴力，他在这样的家庭中成长起来，从小学会了用暴力来解决争端。施暴者在这种家庭模式里也深受伤害，有很严重的心理创伤，有自残行为，甚至产生了要自杀的想法。从这个角度而言，施暴者自身也是家暴的受害者。如果可能的话，最好劝他寻求心理辅导，修复心理创伤，改变自己的行为模式。

目前诉求

我是这么想的：第一，他是我自己选择的，我现在三十三岁，再找也比较困难，不到最后不想轻易放弃；第二，他比较有能力，社会资源丰富。所以我想做一些努力，试着改变他。

我没报过警，觉得那很丢人。现在我觉得走投无路了，回到家都不知道该坐着，还是该站着，无所适从，一切都要按他的方式来生活，我看不到希望。在电视上看了你们的节目，觉得你们是站在男性的角度看待暴力的，所以想请求您的帮助。

分析

施暴者对来电人造成了巨大伤害，导致她在自己家里都无所适从，不知道该坐着还是站着，说明她在这个家庭里已没有安全感，快要对生活绝望了。但即使这样，她也没有启动相关的求助机制，因为觉得报警丢人，这凸显了她对家暴的认知不足，也说明这个社会对大龄再婚女性的歧视有多么严重，以至于她们没有勇气脱离家暴环境。

好在来电人看到中央电视台的节目后，对暴力有一些了解，不想继续忍耐，鼓起勇气打电话求助。她的求助方向主要是想改变施暴者，但如果施暴者没有意识到自己有问题，第三方对此是无能为力的。来电人是受害者，不要总想着去帮助丈夫，要更多地帮助自己。在赋权自己的同时，再去改变丈夫，但在此过程中要提高警惕，防止再次被伤害。

整理与分析：葛春燕

好邻居积极干预家暴并支持我

基本信息
来电人：女性，三十四岁，无业
丈夫：三十五岁，经商
孩子：大儿子三岁，小儿子八个月

暴力状况
　　老公第一次打我是大儿子半夜啼哭，他说我不哄孩子，责怪我，我顶了几句，他就跑过来踢我，差点把我踢到一条水沟里。他说："嘴巴那么贱，再顶嘴我还会打你。"
　　我怀小儿子时，老公也和我吵架，坐月子时也打我。他平时会突然因为一点小事控制不住情绪，就打我，好多次了。曾经因为我瞪他一眼就打，也因为一点小事就辱骂、用脚踢、用手打，比较严重的一次把我嘴巴打肿了。
　　前天小儿子学步车螺丝掉了，我让老公将螺丝旋好。老公弄了一次，我说这样还会掉出来，反复几次才弄好旋紧，老公突然发脾气，眼神很凶，好像要打我。我看着他问："你干吗这么凶看着我？"他一下子就动手打我，我说："你又打我！"他吼："我打你又怎么样？！"
　　老公还会打孩子。孩子哭，他会过去很大声说不要哭，孩子不听，就拉到旁边很用力地打。我只能站在旁边不说话，如果我维护孩子，他会说都是我惯坏的。

分析
　　夜间孩子啼哭，丈夫本应该和妻子一起照看，但他不仅不承担责任，反而责怪妻子。冲突背后是男女在家庭事务分工上的差异，即社会性别的不平等机制，认为应该男人负责公领域，女人负责私领域。

也许有人会说，妻子确实不该"顶嘴"，但问题是夫妻争执何以被冠以"顶嘴"？这是暗示对更具权力一方的挑衅用词，已经假定了丈夫更具有权力。说白了，"顶嘴"违背了一个贤淑、温柔、顺从的"好女人"标准。

面对三岁孩子的哭泣，丈夫不是俯下身去探究原因，不是给以关爱与呵护，而是喝令不要哭，还要施以拳脚。这是一种以自我为中心的控制欲，说明他不会爱别人，只想控制别人，要求别人一切都听他的。

暴力处理

如果是一次两次，我就忍耐了，夫妻之间不计较。但他打得太狠了，我实在是很心寒，还曾经尝试过自杀，被邻居劝下了。邻居说你赶紧跑回老家，小孩拿不走，大人先走吧。邻居又说他："你不可以这样打人啊！"他说："我没有打她，我哪有用力打，我是轻轻拍而已。"

我曾经在暴力的第二天报警，但是没有用，警察让我找妇联，我没有去找。我目前离开和老公共同的居住处，回到了老家。

我要离婚，但不知道两个儿子怎么办。如果有可能我想要两个孩子的抚养权，小儿子太小了，老公不让我带儿子走，说小孩是他的。大儿子与父亲相处有冲突，老公打起来太狠，所以愿意跟我走，他说："爸爸会打我，我要跟妈妈去念书。"

分析

"一次两次就忍耐了，夫妻之间不计较"，这是一种非常错误的想法。正是这种观念鼓励了暴力，在一次两次三四次的忍耐中，伴侣之间的暴力关系模式就形成了，想改变都难。当发现难以改变时，有些受暴者便试图以自杀来逃避，但这也往往于事无补。施暴者以一句"我是轻轻拍而已"试图粉饰暴力实质，这是施暴者惯用的卸责手法。警方的无所作为，与目前家暴法律不健全有很大关系，客观上也纵容了暴力。

这里最大的亮点是那位邻居。即使不是在"各人自扫门前雪，不管他人瓦上霜"的时代，人们对家庭暴力也多保持沉默，认为是"家务事"，外人不该干涉。但这位邻居不仅劝说受暴者逃脱,还直接告诉施暴者不能打人,是难得的正能量。如果我们所有人都能够对发生在身边的暴力不再沉默,施暴者便将在人民群众的汪洋大海中无处遁形。

建议女方起诉离婚,先收集暴力证据,如录音、拍照,争取知情的邻居作证等。可以委托一个律师,帮助处理这事。在足够的证据面前,懂得家庭暴力危害性的法官,应该会支持母亲得到两个孩子的抚养权。打官司可能需要好几个月,在这个时间段求助者必须保护好自己,注意防范暴力的升级。

男性气质

前前后后我给了他很多钱,还抵押自己的房子给他借钱做生意,但他没有赚一分钱回家,都是赔钱。我在医院生大儿子时,他连住院费都没有,是我自己拿的钱。他一直外出做生意,回来一段时间就会故意找借口吵架,我看不透那个人。

老公家里生活很苦,现在大姐做生意了好点,但老公以前和大姐做生意合不来,也吵架。他对别人也经常大吼大叫,做生意时对客人很凶。老公爱面子,骗朋友和家里人说他买了房子,其实房子是我的,但我没有戳穿他。

分析

这位丈夫在公领域的角色扮演也不成功,经商屡屡失败。也许有人会声称,正是因为他职场失意,情绪不好,才会在家中施暴。男人在"外"不成功,没找到做男人的感觉,就回家宣泄,对这样的暴力我们不可同情,反而要更加谴责,因为女人不是出气筒。

社会主流文化所鼓励的支配/刚性趋势的男性气质在这个男人身上体现得很充分,对于财产的炫耀,与对家人的暴力一样,都是支配/刚性趋势男性气质的体现。这种男性气质不仅破坏亲密关系,也破坏他的生意,是时候否定这种鼓励暴力的男性气质了。

整理:张若昕
分析:方刚

老公吃低保还酗酒和家暴

基本信息

来电人：女性，三十七岁，无业，婚龄十四年
丈夫：四十二岁，无业
孩子：儿子，八岁

暴力状况

我老公又喝酒了。他几乎隔一两天就喝，喝完就无理取闹，又骂又打。他喝酒没有原因，高兴时喝，不高兴时也喝，我觉得他成酒瘾了，这样子有十四五年了。他不喝酒时，和正常人差不多，也跟你说好话，说好好过日子，过几天又开始喝。我觉得他的话不能信了，喝上酒一句真话没有，一句像样的话都没有，不可能改了。

以前是一星期醉一次，醉了之后睡觉，不打人，中午喝了，晚上就不喝。有小孩后，中午喝完晚上喝，喝完之后就打我，我还没反应过来怎么回事，就一巴掌扇过来。有次拿菜刀要砍我，我吓得赶紧跑了。那次以后，我看见他喝酒就赶紧躲开，有几次吓得躲到他妈家。现在我心里好像有阴影，看到路上不认识的人喝酒都很害怕。

他目前没工作。以前当兵，回来后没分配，不如意的事一大堆，就喝酒。他也工作过，可是哪里需要一个隔两三天喝上酒就不工作的人，三天打鱼两天筛网，哪里都不用他了。我也没工作，想出去打工，他不让。我现在就是接送孩子，在家里洗衣做饭。

我总感觉他不让我出来打工，是怕我攒下来钱跑了。我们靠低保生活，我觉得一点希望都没有，以前没小孩时我想过自杀，没死成。当时吃了两把不知

道什么药，又喝了一瓶酒，他回来时我全吐了，第二天就不省人事，他也没管，以为我吓唬他，不当一回事。

之前在我妈家呆过半年，他过来说戒酒了，我就回来了。结果三个月后又喝，还威胁我说如果我再走，就怎么样我家人。他以前是炸煤窑的，就说要找雷管炸我家、拿刀子捅我弟。他喝完酒啥事都能做出来，我就不敢走了。我还顾虑我妈。一开始我找他，我妈就不愿意，觉得不在一个城市，觉得他没家教。我妈挺保守的，她会说你带个孩子，能不能养活自己。

他不愿意离婚，我只有离开这个城市，带上孩子走。可到一个陌生城市，人生地不熟，我也没有一技之长，去哪工作，孩子上学怎么办？要是不带儿子，我一个人怎样都好办。一开始我想等孩子大点，四五年级让他去寄宿学校，我就可以走了，打工挣钱供他。现在孩子太小，离不开我，我很难迈出这一步。

我想摆脱我丈夫，苦点累点我愿意，但我现在能力还不足。我跟他离婚，必须通过法律途径。他是家里一分钱都不让你留的，他的收入就用于抽烟喝酒，我手里一分钱没有。假如说起诉的话，我打听过好像要分居两年，还要2000—3000块钱。而且现在孩子才读二年级，离婚了要转学，也需要钱。

分析

该案例中的暴力已持续十四五年，虽然并未给受暴者造成十分严重的身体伤害，但给她的心理带来了严重影响，导致她有无助、想要轻生的负面情绪。施暴者不工作，还不让来电人出去工作，表现出对妻子的行为控制。目前夫妻收入来源于低保，生活很不如意，但这也为来电人走出去提供了动力，因为如果摆脱了丈夫的控制，她就可以去打工，获得更高的收入。

来电人可能因为长期不工作，在这方面有很多顾虑。其实即便没有一技之长，也可以做一些不需要太多技术的活，如服务员、保姆，可以有一个正常的收入，至少娘俩吃喝没有问题，总比现在的处境要好。所以，最终还在于来电人的勇气，能不能迈开这脱离暴力环境的第一步，走出去面对生活中的困难。

暴力背景

公公不在了。好像以前公婆也打架，但是正常夫妻之间的打架，不像他这样，喝上酒无理取闹，打人骂人，他妈也挨过他的打。他二哥也曾经这样，吃过耗子药、洗过胃。他二嫂也喝药了，他们全不相信，以为是吓唬他们。我感觉他家弟兄们习以为常，弟兄三个全这样，你就是真的去自杀，他也不相信。

分析

丈夫的原生家庭环境存在暴力，给他造成了不良的影响。来电人认为公婆之间的打架属于"正常夫妻的打架"，但夫妻打架没有正常的，只是严重程度的不同。如果家庭对于肢体暴力、精神暴力以及引发的后果都已经习以为常了，自然不会想到要去改变。

亲子关系

他跟孩子还可以，他不打孩子。他不喝酒的时候，爷俩又打又闹，挺好的。我一开始想，要不就这样子忍忍让让过下去，都已经十四五年了，最起码孩子有个父亲。

孩子见过他打我，要么他捂住我嘴，不让我说话；要么孩子看他爸不一样了，就吓得直叫。孩子现在一看他喝酒，就赶紧劝我说："妈妈你赶紧走吧。"他有时打我，孩子在跟前抱着我说"妈妈爸爸不要打"，我只能不还手。

我觉得孩子已经受影响了，八岁的孩子，有时候心情不好，火气一下就上来了，就摔东西骂人，说话特别难听。我唯一的寄托就是儿子，就怕把孩子带坏了，所以想离婚。我曾经问过孩子，假如我和他爸爸离婚，他愿意跟着谁，他说肯定跟着妈妈。

分析

来电人在长达十四五年的暴力中,采取忍让的态度，认为这样"最起码孩子有个父亲"，这反映了大多数受暴妇女的心理。孩子是受暴妇女考虑离婚时一个很大的顾虑，因为传统观念希望孩子有一个完整的家，希望孩子在亲生父亲身边长大。然而，目睹父母间暴力的孩子容易形成易怒性格或表现出攻击性行为，这个案例中的影响已经很明显了。好在来电人已经意识到了这个问题，建议进一步跟孩子沟通，了解孩子的真实感受和意愿，及早做出打算。

目前诉求

好几次我都想和他离婚，但我怕小孩以后没有爸爸，又怕他报复我家人，不知道该怎么办。我希望他能改好，他身体上没什么问题，我总感觉他心理有问题，成酒瘾了。我让他去看心理医生，他说他没问题，不去。

他要是再威胁我怎么办？报警的话，我没有证据。他喝酒打我，附近的人倒是都知道。我们这是个小县城，好像有个法院，也有律师事务所，但没看到有法律援助，会在法院附近吗？

分析

丈夫酗酒可能有心理问题，但如果他自己意识不到，没有意愿改变，外人无法强制他去进行心理辅导或者戒酒。可以尝试劝说他拨打白丝带热线，走出求助的第一步。

来电人想摆脱暴力环境，但可能未受过多少教育，对于法律援助、证据收集等都没有认识，这增加了其走出困境的难度，同时也说明普及这些知识、提供专业援助的重要性。在这种情况下，最重要的是要坚定来电人摆脱暴力的决心，鼓励她勇敢承担起为自己和孩子争取权益的责任，让她相信靠自己能够正常生活，也能抚养好孩子。

只要跨出了第一步，她自然就会努力想出许多办法来解决问题。目前来电人要做的是，尽量收集家暴证据，比如就医记录、证人证言等。丈夫如果威胁，可以报警。警察来了即使不能很好地处理，最起码他不会再打人，而且出警记录还可以作为家暴的证据。这些在起诉离婚时，对于家庭财产分割和孩子归属问题，是非常有利的证据。

对于法律程序不了解，也没有关系，直接去相关的部门询问，如去妇联、社区居委会等地方求助，请她们提供咨询，或者帮助联系专业人士。也可以去律师事务所问下，因为有些律师会提供一些公益性的咨询服务。

整理与分析：刘国静

阴柔男子的家庭暴力

基本信息

来电人：女性，三十八岁，会计师，婚龄十七年

丈夫，三十九岁，私企老板

孩子：女儿，读初中

暴力状况

刚结婚我就发现丈夫有家暴倾向，记不起怎么开始第一次家暴的，一开始是砸家里的小东西，后来就拿凳子砸我，还曾经半个月离家不回。结婚后四五年我才生孩子，因为抚养孩子事情多，矛盾比较大，家庭暴力也增多了，通常三四个月就会有一次。

近几年他没打我，但还是砸东西。平时一些很小的事情，两个人争论几句，不到两分钟，他就忍不住了，拿起凳子乱砸。手边的东西只要够得着、能碰到，都会砸，砸后的样子就像是刚被抄过家。以前他砸一个，我修补一个。现在我也不修补了，就这样放着吧。

我们感情不好，没有共同语言，冷战是常有的事。他说我对他关心不够，我说："关心是相互的，人心换人心，我找你说话，你都不和我说话。"他平时对我不闻不问，我生病时从来没有照顾过我。他根本不懂怎么去疼爱人，就是想回家后有人给他做饭，照顾孩子，就是那种旧社会的理念。我们已经很久没有性生活了，我早就不把他当作我的男人了。

我是一个很坚强的人，很要面子，能忍就忍，一直包容他，都不去计较。我没有告诉过家人，也没有报过警，认为这是家庭矛盾，报警影响不好，不想把事情搞大。有人建议我去找妇联，我去了，妇联的人说："为什么你一开始没有报

警?如果你一开始报警,教训他,他就会慢慢改变,现在这么多年了……"

现在我觉得我就是太包容,对自己不负责任。我已经认识到他不可改变。有时我注意到他有暴力倾向的时候,我就避开了。

分析

来电人说生了孩子后,"抚养孩子事情多"是暴力增多的原因,这样的认识是错误的。家庭暴力本质上是一种权力关系,是施暴者试图要控制受暴者。来电人认为这是家庭矛盾,这也不对,家庭暴力不是"家庭内部矛盾",它是对基本人权的侵犯,公权力应该介入干涉。遗憾的是在这个案例中,妇联的处理态度相对消极,未能给受暴者提供切实的帮助。

暴力会破坏家庭和谐,即使在没有暴力的时候,家庭也笼罩在阴影中。这个案例就是如此,双方感情已经降到冰点,连性生活也没有了。丈夫对妻子角色的要求,暴露了他的父权思想,也再次印证了他的控制欲,即将伴侣当作自己的附属品,认为对方应该为自己服务和奉献一切。

亲子关系

他挺关心孩子的,也辅导孩子做作业。只是打人的时候,就完全不管孩子是否在旁边了。我和他说,当着孩子的面不要砸东西,他不听。孩子小的时候会给爸爸下跪,说:"爸爸,不要打了。"现在有时孩子还会出来说,我就让孩子回房间去,说和你没关系。孩子有时会劝我:"不要惹爸爸生气。"

我小时候没有爸爸,所以想让孩子有爸爸,这是我一直忍受的原因。他砸了东西之后,我都立即收拾。如果我不收拾,孩子看着,对孩子的伤害更大,我做这些是保护孩子。我没有同孩子讨论家暴,没办法说。我想,如果孩子还需要我照顾,我就留下来照顾她。到孩子上高中以后,不需要我了,我再离开。

分析

对于目击暴力的青少年,遮掩不是好的办法,应该和他们一起面对,帮助他们了解暴力的性质,形成反对暴力的价值观。当孩子对母亲说出"不要惹爸爸生气"时,说明她内心对暴力的错误认识已经形成。所以,与其忙着收拾被砸坏的东西，让孩子回房间，不如坐下来，和她一起分析家庭暴力，使其了解这背后的权力关系，是一方想要借此来控制另一方，而不是妈妈在惹他，这不是妈妈的错。

来电人反复诉说："我只有一个信念，就是不想伤害孩子。"这种想法是错误的，让孩子生活在这样的家庭中才是对孩子最大的伤害。不是说有一个爸爸在身边就一定是好的，目睹家庭暴力对孩子的负面影响将伴随一生，远比没有爸爸的负面影响大。

男性气质

他有些女性化，走路都不阳刚，阴阴柔柔那种，平时像个女人，坐在那里，一些小动作让人看了很不舒服，我在他旁边就全身起鸡皮疙瘩。比如说，他坐在那里打电话，手会不停地绕电话线，腿并得很紧。我说男人不是这样，你在自己家里应该很放松，不应该把自己弄得那么紧，这样做很像个女人。他说："你别管我，我这样舒服。"

性方面，他也没什么要求。我觉得他有问题，不是一个正常的男人，从里到外，都和男人有差距。他压抑了很多东西，也不和我交流，在家里很少说话，大部分时间自己在那里待着。我看不惯他那个样子，倒没有因为这事打架，我并不是常说他，可能一两年才说一次。但是他发火的时候，就立即换成另一个样子。

分析

来电人对施暴者不具备阳刚男性气质的指责，也是一种错误认知。这里非常有意思的是，她认为丈夫缺少的那种"大男子汉气概"，恰恰是家庭暴力的根源之一。其实，男性气质是多样的，应该尊重不同的男性气质实践。如果对非阳刚的男性气质过分贬损和干涉，也属于一种性别暴力，即性别气质暴力。此个案也让我们看到，男性气质在不同情境中实践的多样性，一个举止表现女性化、不够男子汉气概的人，在亲密关系中却可能非常具有支配性男性气质。

整理与分析：方刚

海归家庭"水土不服"

基本信息
来电人：女性，三十八岁，海归，有一子
丈夫：四十五岁，海归

暴力状况
我与丈夫一年多以前结婚。他第一次对我暴力约发生在半年前，具体因为什么记不清了。他对这事很后悔，痛哭流涕，我原谅了他，没有再追究。之后我们谈论这件事，他不承认对我的暴力，说："男人就是这样，推一下不算打。"

有一次丈夫和我一同带着孩子出行，途中我看见一个表演广告，有兴趣去看看。他非常生气，说："看到什么就想要什么吗？这么毫无选择？"我们发生了争吵，我不明白为何会因为这样的芝麻小事而争吵，非常不可思议，有些耿耿于怀。

第二天我并没有消气，洗碗时不小心摔坏一个碗，他的怒气就爆发了，指责我："你怎么还不高兴，你还想怎样，我怎么会娶了这么一个女人回来。"我想出去冷静一下，但是他不让我出去，将我推倒在地。我不知道被打了多少下，情况挺严重的，我要求他送我到医院去检查。对这次暴力，他事后还是否认。

在国外的时候，我们的关系从来不曾如此紧张，更不用说动手打人。为何回到国内，与公公婆婆一同生活，就会变成这样？他可能因为我日常与公婆冲突，觉得我对公婆不敬，曾经这样说："我忍了你一年了。"我们平静下来讨论时，我向他反映，觉得这个家是你和你妈的，我没份。目前我认为我们的婚姻还是很值得珍惜的，并没有诉诸法律的想法。

分析

全家同游时，因为妻子提出的设想不符合丈夫的心思，他便大发雷霆，显示出男人的控制欲。事后妻子有情绪，他便受不了。难道妻子从丈夫那儿受了气，没有得到合理解释就必须立即忘掉，笑逐颜开？当然从另一个角度来看，夫妻冲突后确实应该尽快沟通，化解郁积的情绪，但这是双方的责任，不是任何一方单独的义务。

妻子与公婆关系紧张，影响了夫妻关系，但这不是施暴的理由。妻子珍惜婚姻不想离婚，但这需要对方积极配合、认真面对，否则关系不可能缓解。这个案例中夫妻都是海归，在国外生活没有问题，回到国内就出现暴力，可能还有"水土不服"的问题，从中也可见家庭暴力深受文化氛围、社会环境和制度的影响。

整理与分析：张若昕、方刚、陈亚亚

老公总怀疑我不尊重他

基本信息
来电人：女性，约四十岁，硕士学历
丈夫：四十多岁，硕士学历

暴力状况
我和他结婚十几年了，一直很痛苦。他对很多无心的话特别敏感，我经常一语不慎就触怒了他，然后他就没完没了地发脾气、大吵大闹，非常疯狂。平时他要求我不能对他大声说话，不能否定或质疑他的意见，连反问句都不能用。他说夫妻要互敬互爱，我在这方面做得很差，令他很不满意。而我对他也有很多成见。这些年来我们积累了很多旧账。

他争吵时把我堵在狭小的屋子里，不许出去，还经常夹带人身威胁，比如"把你揍得老老实实"、"把你和孩子都弄死"。如果发生在晚上，他不睡，也不让我睡。他对孩子也很严厉，有时孩子没听清他的话，他会突然翻脸，大声斥骂孩子。有一次我忍无可忍，打电话报警，他就对我亮出了刀子。

他总怀疑我和孩子不尊重他，但他的理由根本不成立，像是故意找茬儿欺负人。有一次我对他说："你先把东西准备好，否则就算下周有空，也没有用。"他顿时火冒三丈，质问我为什么骂他"没有用"。我再三对他解释，并不是说他没有用，但他对我不依不饶，说我故意骂他、存心想气死他。

分析
这个男人缺少自信，无论"一语不慎"引发的疯狂，还是孩子没听清他的话带来的斥骂，或者怀疑家人对自己"不尊重"、对"没有用"的敏感，以及要求妻子"不能大声说话，不能否定或质疑"等，都说明他的自卑。家庭暴力是施暴者想控制受暴者的体现，这种控制的背后，有时是自卑心理作祟，有时是对男人在家庭中"主宰地位"的拼死维护。

需要警惕的是，丈夫对妻子扬言"把你揍老实"、"弄死你和孩子"，以及对妻子亮出刀子等，不应视为简单的威胁。此类话语的反复出现，有高危险的暗示性，需要当事人留心防备，比如尽量在暴力冲突发生之前，及时发现"危险信号"，提前避开。

此外，丈夫也向往"夫妻间互敬互爱"，说明施暴者并非十恶不赦，并非存心要娶个老婆回家打着玩。他们只是不知道如何处理亲密关系，误将家庭暴力视为解决问题的方法，却不知这反而会加剧伴侣间的紧张关系，破坏和谐生活所需要的情感基础。家庭暴力是一场没有赢家的"负和博弈"，拳脚不可能建构起幸福生活。

暴力背景

他老家在东北，他说他小时候，父母经常发生暴力冲突。他爸爸经常打他，还特别要求他必须听话。他妈妈去世后，他后妈也经常遭受他爸爸的种种暴力。他爸爸曾对他说过："丈夫一定要把老婆收拾得服服帖帖，就像驯马一样，要拿绳子套住。"

分析

公公的表现，透露出这种控制欲与暴力在家庭中的传承性。把妻子比作马，"要用绳子套住"、"收拾得服服帖帖"，此类父权话语体现出男人并没有将伴侣视为平等伙伴，他们误以为这样的家庭对自己有利，却不知道幸福、和谐的伴侣关系因此被破坏了，他们的生活也不会开心，而这并非他们的初衷。

男性气质

他平时待人宽和，尤其是面对有身份、有地位，或者比他强壮很多的男人。但在和我吵架时，就变得既凶恶又霸道。尤其他对自己在性爱中力不从心的事实，极为敏感。我在这方面如果一语不慎，比如那句无心的"没有用"，就会令他暴怒。

分析

一个常以谦和姿态出现在众人面前的"好好先生",更具有迷惑性,但这种情况在家暴实施者中很常见。此外,对性能力的敏感,也体现出当事人对支配性男性气质的迷恋,以及这种对阳刚的无止境追求注定会带来的自卑。当觉得自己在性上"不像个男人"时,暴力的实施会使他们找到"像个男人"的错觉,这是需要施暴者自醒的。

目前诉求

我觉得这些事是家丑,不愿声张,也不愿在朋友面前像"怨妇"一样吐苦水。平时我尽量少和他说话,以免招惹他生气。我有时对父亲倾诉,父亲说我对丈夫应该温柔,还说:"一个巴掌拍不响,他有一大半责任,你也有一小半责任。即使你在生气的时候,也要注意你说话的态度。"而且父亲把这些话都告诉了丈夫。

我和他难以沟通,觉得生活难以继续,受够了这种折磨,想分居一段时间,让双方都冷静思考一下。我也经常感到丈夫很无助、很可怜,我作为他的妻子,到底是该尽力挽救他,还是勇敢地离开?我想找个更好的男人,但我又担心所有男人都有与生俱来的暴力冲动。

分析

父亲对女儿的"劝说",反映出社会对家暴的一个认识误区,即家暴是双方的责任,"一个巴掌拍不响"。但我们要强调,任何事情都不可以作为施暴的借口,暴力没有理由!父亲可能有"维护婚姻"的善意考虑,但没有原则地维护婚姻,不仅无助于消除暴力,还会使暴力加剧。处理家庭暴力问题的目标,不应该是维护婚姻,而应该是消除暴力。

来电人一方面"受够了",另一方面却迟迟没有采取有效的行动。她说感到丈夫很可怜、很无助,但这在很大程度上,其实是为自己长期以来的软弱无力寻找借口。此外,她对所有的男性都失望,这是长期遭受家暴留下的心理阴影,使得她难以开始新生活。其实男人也可以很温和,不能因为遇到一个施暴的男人,就把所有男人都看成潜在的施暴者。

来电人想与丈夫暂时分居，再考虑从零开始，这是不现实的，除非丈夫能从根源上对家暴做出反思，并切实悔改，否则婚姻还是难以维系。解决问题不要陷入思维定式，如果发现效果不佳，就要及时调整应对方式，果断采取行动，别再拖延。妻子不是丈夫的"心理治疗师"，更不是"救世主"，应该首先考虑保护自己的权益。

整理：高垒、王大为

分析：方刚、高垒

"性失贞"引发的暴力

基本信息

来电人：女性，四十岁

暴力状况

老公和我是同乡，之前我有过几个男朋友，有婚前性行为和同居经历。因为是小城市，邻里间彼此认识，我顾及名声，没有在刚认识老公时告诉他。我有愧疚感，后来交往一段时间，就告诉老公了。他曾说如实告诉他，他会原谅我。但我如实相告后，老公受不了。我说分手好了，他却非要结婚。这期间他跪着求我，还拿刀子逼着，拼死拼活一定要结婚。

结婚十多年了，老公都没有走出这件事的阴影。第一次对我施暴是结婚前，我坐在沙发上，发生了口角，他就拉着我的腿，把我扯到地上，击打我的头部。平时躺在床上有矛盾时，他也会打我的头部。他还频繁对我辱骂和讽刺，比如他会打电话跟我说："你找个情人吧，现在这个在大城市很普遍。"基本上天天跟我这么说。

他出差回来后，我就发现他在外地出轨了。这件事让我挺受打击，我在家全职带两个孩子，非常辛苦，他出去竟然背叛我。他对我交往前的经历耿耿于怀，对我多番辱骂讽刺，而他自己却做出这样的事。从那以后，感情就不行了。

老公现在对我侮辱性的话语更多，清晨起来还会无缘无故地骂街，一激动就会动手。最近一次，他看到我和朋友吃饭，有男有女，就带我到没人的地方，辱骂我、打我。我不敢回应，否则会招来一顿打，只能假装认错。

我们在一个小县城里，周围都是亲戚朋友，离婚要背负很大的舆论压力。

之前在小区里大吵大叫，邻里都看在眼里，一旦离婚，大家会认为我在外面有人，这对一个女人来说很有压力。这里男方在外面找情人常见，大家都比较包容。但我还是想离开，再找一个人好好生活，我也希望分得一部分财产，因为孩子不会跟着他，我带着孩子生活需要一点钱。

分析

丈夫由于妻子曾与人发生性行为而始终无法释怀，婚前婚后长时间地对妻子施以精神暴力，矛盾激化时还伴随肢体暴力，其症结在于男性对女性的控制欲。对女友以前性经历的无法释怀，是因为性专有权受到挑战；拒绝分手，坚持要结婚，是要继续控制女友；结婚后建议妻子找情人，是在他控制下的找情人，没有挑战他的控制权，甚至是对他控制权的肯定；但对于妻子和友人吃饭等行为，却又要打骂，再次说明其控制欲之强。

相对于女性的"外遇"，社区对男性的外遇更宽容，彰显了父权文化对于女性的压迫，主流性道德对男女两性的双重标准，但即使是在这样的压力下，受暴者仍然不妥协，想要离婚重新追求自己的幸福生活，这点值得肯定。

伴侣关系

孩子长大后，我找了一份工作。刚开始重新工作时，我感觉自己是个黄脸婆，被老公遗弃了。我想和他和好，他就冷冷地望着我说："你在我这是找不到幸福的。"后来他和一名女性吃饭被我发现，和我签订了一个协议，要求"相互不干涉任何事情"。我感觉这个协议是不正常的，有暗示性，说明他已经有了新的感情。

因为约定不干涉，我认为我也可以寻找自己的幸福，但我和朋友出去吃饭，他就大吵大闹，怀疑我在外面有情人。并且他几乎盗走了我所有的网上账号，查我的聊天记录。目前的状况是，老公根本没有确定我在外面是否真有外遇，却在小区和家乡大肆宣扬。我认为，如果有这样的事应该屋里解决，不应该在外面破坏各自名声。

我相信老公没有做太多错事，他坏在嘴和脾气上，克制力差。对于他无缘无故的辱骂，我挺怜悯他的，觉得他控制不了自己的行为。老公平时动手打人，我肯定会还手，但我没想过要找妇联或者报警。

分析

丈夫对妻子的暴力使妻子逐渐丧失自尊和自信,感觉被遗弃,对丈夫不再抱有希望。丈夫在外寻求自己的幸福,被妻子发现后要求签订"互不干涉"条约,但同时又对妻子加紧监控,说明他的控制欲没有改变,是"只许州官放火,不许百姓点灯"。丈夫在没有证据的情况下大肆宣扬妻子外遇,是对妻子名誉权的侵犯,也是一种精神暴力。

这里受暴者有替施暴者开脱之嫌,妻子对丈夫的"怜悯"心态,认为"他控制不了自己",是常见的关于家暴的错误认识。既然他控制不了自己,为什么不去打单位领导,为什么不去打路人?可见这只是借口。此外,从妻子对暴力的处理中可以看出,她没有向第三方(如警方、妇联)求助的意识,这是导致暴力持续多年没有得到缓和的原因之一。

男性气质

老公宁可死都不会服软,他受不了这种感觉。如果让他认错或服软,他会愤怒很多天。他说,如果我离婚了,今后身边有任何一个男的,他会把他们挨个儿杀死。

老公对孩子还是负责的,会管孩子,也管家,但所谓"管"也就是赚了钱往卡里打。孩子们都支持离婚。

分析

丈夫对孩子的所谓负责只是承担一点经济义务,这是远远不够的,也是一种大男子主义的体现。抚育孩子是双方的责任,不但要付出金钱,更关键的是精力和时间。此外,家暴对孩子的成长非常不利,孩子支持离婚说明他们想脱离这个糟糕的家庭环境。

丈夫不认错、不服软、爱"面子",这些和他威胁要把妻子身边的男人"挨个儿杀死"一样,都是支配/刚性趋势男性气质的体现。不但伤害受暴者,也是对自身的一种心理伤害。如果不及时醒悟,只会让自己的生活越来越糟糕。

整理与分析:张若昕、方刚

无原则的"爱心"不可取

基本情况

来电人：女性，四十多岁

暴力状况

我老公精神有问题，但他不承认。他经常几天不回家，我怀疑他有外遇，但他说没有，我也就不再追究。可他却认定我已经出轨，还对我讲："说出来，我就原谅你。不说出来，我就不放过你。我绝不会原谅欺骗我的人。"我真的没有外遇，和他怎么解释都没有用。他很生气，认为大家都瞧不起他。

他打过我很多次，不是一次两次。我理解他，因为他工作一直有压力。我想过寻求帮助，但又怕会伤害他，怕这事说出去，别人瞧不起他，担心自己是落井下石。另外也担心在别人眼里可能是我做错了什么。

上次他打我，我也有一点错。我借钱给一位同事，怕他骂我，就没有告诉他，那个同事原来说几天就还，却很长时间都没有还。他知道了，就说我和那个同事有什么关系。我承认借钱没有告诉他，是我的错，但我和那个同事真的没有关系。他打了就打了，我在家里躲了八天，才上班。

他自己一直在挣扎，总在纠结。他自己也不喜欢这种状态，也想走出来，所以我想用我的爱心帮他走出来，但他以为我是在内疚，是在恕罪。我不理屈，我认为自己坚持下去，总有一天他会明白，知道我是爱护他的。作为老婆，怎么才能帮助他？

分析

来电人对家暴有错误认识，暴力和压力没有必然联系，有很多正常、健康的渠道可以缓解压力，不必要家暴。丈夫是想通过暴力来控制对方，所以受暴者对暴力的谅解不可能改变他的行为，只会加剧他的暴力。因为你越是讨好他，他就越认为你有短处、有错误，打你是对的、有道理的，暴力就不可能中止。

建议来电人换个角度想一下。他是施暴者，你是受暴者，怎么反而变成你害怕伤害他了？对家庭暴力要坚决说"不"，不能继续忍受。何况这里的家庭暴力非常严重，事后来电人躲了八天才能去上班，可见对身体的伤害很大，应该去医院验伤，及时留下家暴的证据。

夫妻之间财产共享，但也有一定的独立性。如果是小额借款，不必告诉丈夫。如果是大额借款，不是救急，有充裕的时间，那么应该商量，表达对配偶的尊重。如果是大额的，可能是有不妥，但这不是施暴的理由。丈夫抓着这一点不放，却不反思伴侣关系中长期存在的不平等，是极其错误的。

尊重是相互的，如果一方借助暴力来控制对方，必然使得对方不能、也不敢尊重他的意见，比如这里，来电人就是因为"怕他骂我"，才没有选择与老公协商。这恰恰是家暴的结果，却又成为再次实施家暴的新口实，形成了恶性循环。

来电人语气非常平静，似乎没有情绪波动。即使是讲到自己被打得在家躲了八天时，也觉得很平常。显然，这是一个已经在暴力中变得"习得性无助"的受暴者。她习惯于自我谴责，相信通过"爱心"可以唤醒丈夫，但她却不了解，这样的"爱心"只会鼓励施暴者继续施暴，同时也让自己处于更大的暴力风险中，真可谓害人害己。

整理与分析：方刚

越窗而逃的妻子

基本信息

来电人：女性，四十多岁，婚龄十八年

丈夫：无业

孩子：儿子，十七岁

暴力状况

结婚后他就打我，那时我已经怀孕了，他骑着摩托车载我摔倒了，我很生气，抱怨他怎么不小心点。回去他就打我，但不是很厉害。刚开始打我都不会很严重，慢慢越来越厉害。此外，他对性生活要求很多，很多时候强迫我去做，我们在性生活上发生过很多冲突，他打完我以后，还是得跟他做。

他很多疑，十多年前有一次，我收到单位里一位男同事的短信，他认为那是条黄色短信，是我在勾引对方，对方也勾引我，要我必须承认我们之间有关系，还一直问我十多年前那几个晚上在哪儿。其实那几天我是去出差，这么多年了，根本不记得具体去哪儿了，而且我和那位同事真的是一点事都没有。

他一直怀疑我和其他男人有不正当关系，我因为这件事反思了很多，把手机短信能删的全删了，尽量不和其他男性交往，和他一起出去时，也不和其他男性说话。我工作的事情都要向他汇报，他参与到我的所有事情中来，包括人际关系也要听他的，他说这个人是坏人，不能和他交往，你就不能和他交往。

我没有受到家庭暴力时是光鲜亮丽的，但一受到暴力就变得很难看。现在他对我的家暴很严重，这两次开始动刀子，要割我的脉，还掐我脖子，我当时非常痛苦，快要死掉一样，挣扎了无数次，终于过去了。他那晚从七八点一直折磨我到凌晨两点多,然后他也累了,就睡了。早上听了个孩子的电话,从十一点开始又打我,打到下午一点钟。

我趁他打电话的时候,从窗户逃出来。我就穿了条内裤,还是邻居拿了条裤子给我,然后帮我把他姐夫叫来,把我接出来。他这两天一直打电话骚扰我父母,我父亲心脏不好,昨天打电话给我还哭了。他总是威胁我,威胁我家人,说要把我爸妈杀死,把我妹妹全家杀死。

现在我不知道是该起诉离婚、一走了之,还是该回去和他继续过?我起诉离婚的话什么也没拿,手机什么都没带,但是回去就出不来了。

分析

在这个案例中,施暴者对受暴者进行了多种暴力。在精神暴力上,施暴者限制受暴者的人际交往,干扰其正常工作、生活。在性暴力上,施暴者强行与受暴者发生性关系。在肢体暴力上,已升级到拿刀子的高危险等级,需要采取防范措施。

受暴者及时逃离是正确的,但如果没有后续支援,很可能还要被迫回去。施暴者威胁要杀死来电人的父母和妹妹全家,受暴者需要对此进行风险评估,建议与全家人商量,也可以向有关机构请求支援,有一个妥当的应对方式。

受暴者仓促出逃,感觉难以办离婚。这点可以通过向当地机构(如妇联、家暴庇护所等)求助,向公益律师咨询,看如何解决。同时,要积极收集家庭暴力的相关证据,如有关证人、证词等。如果有机会也可以去做心理辅导,对身心恢复会有帮助。不要孤军奋战,要多和父母、朋友沟通,也和孩子沟通,相信他们会站在你身边,帮你渡过这个难关。

暴力背景

他嗜酒,每次一开始喝酒总要哭诉一下,说他爸怎么死得这么早,他爸是他全部的依靠,别人家父母都会给子女安排好工作,他爸爸走得早,没给他姐姐安排工作,也没给他安排。他觉得以他的才干就应该当领导,他很看不惯那些领导,觉得领导都不如他。

这几年他没工作,几乎没赚什么钱,我赚得也不多,只够养活这个家。我婆婆对我们家补贴挺大的,我和婆婆关系特别好。他还有两个姐姐,我和他两个姐姐的关系也很好。婆婆全身心在照顾我们一家,两个姐姐没任何怨言,包括姐夫,都对我们很好。

分析

来电人一直强调施暴者是喝醉酒才施暴,这是一个认识上的误区。虽然醉酒是引发暴力的一个因素,但施暴者施暴的真正原因是基于他自身性别角色规范的偏见,他要通过这些暴力来不断管束、控制受暴者,显示他在家里作为丈夫的绝对权力。

施暴者一直想出人头地,但父亲早逝,帮不了他,没能给他安排一个好工作,所以他对妻子的这些管束,比如不允许她和其他男人接触等,其实是想控制妻子,成为妻子的绝对领导,这样他在外面没能获得的控制欲就可以在家庭中实现了。他需要这个来支撑他的生活,满足他的心理需求。

施暴者是独子,婆婆溺爱他,两个姐姐也维护他,可见他在原生家庭中处于非常得宠的地位,这也造成了他自私、狭隘的性格。到社会上后,他事业发展不顺,没有工作,没有收入,心理上有巨大的落差,导致了心理失衡,这也是他施暴的一个原因。

暴力处理

我一开始把他送到戒酒中心戒酒,但是戒不了,他说他就是爱喝酒,这辈子也戒不掉,死了也是死在喝酒上。我没有报过警,他爸在世时是派出所的所长,觉得报警很丢脸。我找过妇联,在那里做了笔录,但没什么用。

我起诉过离婚,在家人劝解下,他写了保证书,就没离。后来因为受不了家暴,我吃药自杀,他帮我洗胃救过来了。我又起诉一次,还是没离成。

现在不管我在干吗,都要把他哄好,有时甚至一天都不能出门,因为我知道这样哄他,可以减少我身体上的伤害。我学会了顺从他,有时他强迫和我发生关系,我就算不愿意也会和他做,希望免遭身体伤害,把伤害降低到最低。

分析

来电人做了许多努力,比如送丈夫去戒酒,但因为丈夫不配合而失败。向妇联求助没有结果，起诉离婚又因为家人干涉、丈夫表现悔改，以及法院不给力等各种原因，一直未能成功。长期的家暴得不到解决，使得受暴人出现了习得性无助，认为自己无法逃脱这段关系，只能不断讨好施暴者，减少伤害的程度，从而形成了恶性循环。当务之急是要增强受暴者的信心，让她认识到自己可以走出暴力，努力去尝试一些新的途径，比如报警。

亲子关系

我孩子是个男孩，十七岁了，参军了。家里常常这样闹，对孩子肯定有影响。我经常跟孩子说："我和你父亲这样吵，对你带来伤害，妈妈对不住你。"我还给他灌输一种思想，爸爸这样是一种病，他喝酒喝多了，你要原谅他。

孩子小时候，我们吵，他在一旁哭，等大一点，他就把自己关在房间，因为他想管也管不了。他管的话，他爸爸会惩罚他，让他罚站。每次他把门关起来，我就在外面想，孩子，你怎么不出来救救妈妈？为什么不阻止你爸爸呢？我跟他这样说过几次，后来没说了，因为我觉得不能给他压力，孩子在这样的家庭中，本来就受到了不少伤害。

后来他说想去当兵，就让他去了。在部队待久了，他也会想家，觉得家里挺好的。其实我和他爸爸都很爱他，他爸爸没喝醉酒时，对孩子特别好，所以孩子可能受到的影响也不是很大。孩子有时会说："爸爸要是一直打你，实在不行你们就离婚，我没事，我已经长大了，到时我就在你那待几天，回去看他几天，你自己想想要怎么办比较好。"

孩子胆子挺小的，他进部队前没打过架，看到别人打架都会腿软。但他有早恋，当兵前交过一个女朋友，那时他跟我说过一句话："妈妈，为什么我和这个女孩相处的时候，有时觉得和你跟爸爸吵架是一样的？"

分析

来电人很爱儿子，为了不对他造成更大的伤害，一直跟他说丈夫打人是因为喝醉酒，是一种病，希望儿子原谅父亲。但这样就给孩子灌输了一个错误的思想，让他不能正确地认识到暴力的实质，也让来电人在遭受暴力时更缺乏外界的支援。

来电人认识到他们的夫妻关系对孩子有伤害，但她认为影响不大，因为父母很爱孩子，孩子也表现得很乖，对父母很依恋，并没有厌恶这个家庭。这可能是过于乐观了，因为一个长期发生暴力的家庭，不可避免地会给孩子带来很深的心理阴影，给他将来的亲密关系造成影响，这已经有了一些迹象。

孩子是否压抑了一些负面情绪？或者孩子是否已经认同了父亲的暴力行为，产生了错误的暴力认知？这些是来电人需要关心的，要及时与孩子沟通，正确疏导他的想法，防止暴力的代际相传。

整理与分析：邓丽丹

一提离婚分财产他就打人

基本信息
来电人：女性，四十多岁，公务员，婚龄二十年
丈夫：公务员

暴力状况
我结婚二十年，一直遭受暴力。他在外面有人，很多年了，我过得很不开心，但我不能说他，涉及这方面的话一点不能提，而且也不能不高兴，脸臭一点也不行，否则就会引发肢体暴力。他打人时会拿走我手机，让我没法报警，甚至连钱包也拿走，不让我出去。

我们结婚后六年，我帮他在他老家建了一栋房子，钱是一起出的，土地证是公婆的，所以我没有份。再后面还有一间房子，还有我自己的房子，都是朋友帮忙，我做得太多了，他一概没管。但如果要离婚，可能要分一半给他。

他真心不愿离婚，他知道我比较能干，他家原来很穷，就是我帮他翻身翻起来的。经济上一切都是我来帮他做，他坐享其成，天天打麻将，外面有女人。我现在不能提离婚分财产，会被他打。他说："如果你跟我离婚，我会杀死你。"

我出去住两个月就被他打了，他一直骚扰我，围追堵截，甚至到我工作单位这边来，等到我后将我强行拉入车内，反锁起来，把油门踩到底，把我带到乡下，打我，扬言要杀死我，让我身心疲惫。因为他是机关单位，我也是机关单位，所以很不愿意讲出来。如果不是我有单位的话，我就跟他离婚。

分析
丈夫施加于妻子的肢体暴力很严重，有威胁杀死妻子的言论，危险等级较

高，建议做必要的防范工作。

公务员的私人生活更多地受到限制，但这里反而成为来电人的弱势，这可能是因为受暴者本身也被污名化了，一旦被单位得知，会对来电人的工作造成不良影响。

暴力处理

他也会说"我认错"、"我会改的"、"我一定会对你好的"，七七八八。我想他会改当然好，对孩子也好，就相信了他。每次我跑出去，他就来求我，我回去后，他又没有改。他可能自己也想改，但改不了，他是控制不了自己的，情绪上来就好像失控一样，很疯狂。

我一直想离婚，他不肯。我曾经起诉离婚，法院两个多月都没判，偶尔找我谈谈话，说："你这样子财产要平均分配。"我去上诉的话，就不敢在家里住啊，我可以偷偷搬出来，但我总要去上班的嘛，他就到我单位这边来打我。因为法院不会马上处理，这段时间内我不能好好过日子，身体也吃不消，有时候就想放弃了。

分析

男方如果对自己的行为没有反省，没有要改变的意愿，那么表面认错和承诺不再施暴都是无效的。来电人不要给他找借口，认为他控制不了自己，从施暴者接近疯狂但从未出事故的行为来看，他可能是在使用一种看起来疯狂的形式，达到对妻子精神控制的目的，让妻子不敢提离婚，不敢反抗。他对此是有清醒认识的，并不是不能控制自己。

如果已经下定决心离婚，不要因为一时的不顺利而反复放弃，陷入恶性循环。一方面要坚定信心，另一方面是扩大求助面，比如社区、警察、妇联、自己单位的工会和妇委会等，与所有可能提供支援的组织、亲友联系，找到一个安全可靠的地方居住，先避开施暴者的暴力，保障自己日常生活不受干扰，再通过法律手段来争取自己的合法权益。

整理：李玥滢
分析：陈亚亚

家庭主妇离婚难

基本信息
来电人：女性，四十二岁，高中学历，全职太太
丈夫：四十四岁，初中学历，小包工头
孩子：女儿十四岁，儿子十岁。

暴力状况

我女儿一周岁多时，他第一次打我，具体原因不记得了。只记得他把我拉下床后，用脚踩着我，叫我去死。最近一年他打我很多次，记不清次数，几乎每个月都有。我的手上、肩上都是黑的，皮外伤。他常常突然就打我一巴掌，只要我提出看不惯的东西，就有暴力降临头上。有时他大哭大闹，感觉很委屈。有时又很绝那种，狠到我没办法接受。

比如这个月有天晚上，他回家先把我当小狗一样戏弄下，然后又说想好好过。他一会儿哭，一会儿又凶我。我拿着刀说："你再过来！我杀死我自己！"但是他不相信，逼过来。我放下刀，他把刀拿去磨了一下，说刀不够利。他说我想捅死他，我说不是，我想捅死我自己。我想去楼下透透气，他说不行，威胁我，不让我出门。我去女儿房间睡，他进来吵。我进儿子房间睡，他又进来吵。后来我就坐在那里，等他吵完睡着了，我才睡。

十多年来，什么钱都在他手里，每一次用钱，都要问他要。去年八月，我就想办法说："跟你这么多年了，应该拿一笔钱给我，给我一个安定，也给小孩一个保障。"结果我要了一笔钱。后来我知道很多事情，包括他外边有人了，这样越闹越烦，他就一分钱也不给了。

分析

本案呈现了家庭暴力中的三种暴力：肢体暴力、精神暴力和经济控制，其中肢体暴力最明显，来电人常被打，身上有伤痕。精神暴力主要体现在施暴者情绪反复无常，在精神上折磨妻子。此外，十几年来，施暴者通过严格控制夫妻共同财产和家庭收支，摧残妻子的自尊心和自我价值感，这属于经济控制。

暴力背景

他父母都是农民，不重视文化教育。他父母关系很好，他们对我们呢，就是他儿子什么都是对的，我做女人要忍耐。我在他们家里没有说话的权利，什么事都不用跟我商量。

刚结婚时，我还有些钱，又借了我妈一点钱，开了个铺子。怀孕后，我老公叫我把铺子给他哥哥，我说我生小孩以后要自己看。有一次大家在一起吃饭，他爸爸和他都说要把铺子交给他哥哥，我说不行，没有一个人理我，再后来铺子就变成他哥哥的了。

分析

施暴者和他父亲相当专断男权，来电人用自己的钱开的铺子，都会被硬生生剥夺，成为丈夫哥哥的财产。在这样的家庭中，妇女只能"忍耐"和"守本分"，是安于操持家务、照顾孩子的角色，没有财产支配权，更没有对家庭事务的发言权和决策权。

来电人是一个不断被牺牲、被剥削的家庭妇女，"忍耐"让她越来越丧失自己的经济独立性和人格尊严。从来电人的叙述中，我们没有发现婆婆在家庭事务中有自己的声音，因此有理由怀疑，施暴者的"父母关系很好"是表面现象，很可能这样的关系是婆婆一直忍耐、安分守己才得以维持的。

暴力责任

我丈夫结婚前吃过白粉，后来去戒掉了。结婚后，他常去酒吧吃摇头丸。女儿出生后，他得了肺结核，病了很多年，变好很多，摇头丸也不吃了。最近一年赌博输钱后，他又变了，常去酒吧喝酒，喝完回来拉着脸。我不理他，争吵几句后他就打人。

我报警那次，他最初和我妈妈说时很嚣张："我就是打了她，又怎么样？！"我妈妈要走时，他又哭着对我妈妈说我怎么不好，赖我不理小孩，不给他饭吃，说他有多辛苦，边说边哭。我妈妈听了反过来把我骂了一顿，等我妈妈走了，他又指着我的嘴巴说："我就是在外面闹、在外面嫖，你又怎么样？！"

分析

施暴者吸白粉、嗑摇头丸、喝酒等，对其心理健康和情绪控制都会产生不良影响。施暴者人前一套、人后一套的"表演"，又哭又闹，使其施暴行为具有伪装性和迷惑性。实际上，这是施暴者在逃避自己的责任，通过不断折磨受暴者，发泄自己的不良情绪。他更需要寻求专业社工、心理咨询师的帮助，努力改变自己的不良行为。

暴力处理

我女儿还小时，有一次他把我打得很厉害，我去验了伤，准备起诉离婚。后来他说他会改，我信了，没有离婚。有了儿子以后，他又病了，这几年就这样过下来了。我妈妈说："为了两个小孩，怎么样都要忍，什么都当作没看见、没听见。"

今年我报过一次警。当时他喝了酒回来，拉起我就想打。我跑进卧室，把门关上，不让他进来。他在外面猛踢，门锁都被踢坏了。我报了警，警察来了以后，他静下来。警察走了，他也没说什么。当晚我妈妈来了，他就又嚣张地在那里闹腾，骂人啊、大哭啊什么的，闹了一顿才安静下来，自顾自地去睡觉了。

分析

来电人一开始相信施暴者会改变，可是多年下来，他并没有真正改变。受暴者的母亲劝她，为了两个小孩忍下去，但这其实忽视了孩子每天面对家暴父亲时所带来的伤害，此种伤害或许远远大于离开这样的父亲。受暴者需要亲人的支持，他人不应以损害受暴者权益为代价，维护所谓的家庭和谐。

伴侣关系

在外人面前，我撒谎说有一个幸福家庭，其实他常在外面玩，不管家里的事。十几年下来，我忍得够多了。我对他说："如果你喜欢外面的，可以告诉我，离婚就是了，只是可怜了两个小孩。如果那个人愿意带小孩，我可以放手一个。"但他一点都不尊重我，明明外面有人，回来还骂我，一点自尊都没有给我。

前几年我身体不好，他又得了肺结核，家里吃饭都困难。我把结婚前存下的积蓄拿出来，还有我的金器、戒指、手链啊，都拿出去当掉了。当时他对我态度好了许多，也不去酒吧玩了，我想就这样过下去算了。最近一年刚比较顺一点，他就忘记我以前对家庭的付出。尤其最近一年他输了钱以后，整个人都改变了。

以前我做会计，结婚后他不让我去做，就在家里带小孩。他做池塘养殖、工地等活，算是小老板，家里经济都靠他。那时买房我也有出一小部分钱，大部分是他出的。房子是他朋友的指标房，我们在里面住了十几年，但是没有产权，房产证上没有我们的名字。他现在肯定有能力养小孩，我没有。

分析

来电人在家里受暴，还要在外维护幸福家庭的假象，忍受人格屈辱，却得不到应有的尊重。究其原因，与她服从丈夫意愿，放弃工作在家带小孩，失去经济自主权有一定的关系。她在丈夫生病后，把积蓄都拿出来帮衬着渡过难关，但并未在此后赢得应有的尊严，可见一味忍耐和奉献并没有用。施暴者在掌握经济大权后无视妻子的付出，变本加厉地加以控制，可见这种伴侣关系中的权力多么不平等，这正是不断生产家暴的温床。

亲子关系

我们有两个小孩，女孩十四岁，男孩十岁。生了男孩后，我以为他不会再打我，可他还是照打。每次我老公骂我都会不顾一切，我说不要给小孩看到，但他不管不顾，现在我也不顾忌了。他对我的打骂影响了我女儿，我儿子性格还开朗，女儿就很冷了。

一开始我尽量不让女儿看见，也不告诉她。没想到我老公恶人先告状，哭着告诉女儿，说我不让他回家："爸爸很少回家做饭给你吃，爸爸其实每天都想回家，但是你妈妈不让我回。"女儿听了就骂我。后来有一次，女儿在门口听见他爸爸骂我，对他也挺反感。现在她听到她爸打我骂我，出来看一下就走回自己房间，当什么都没发生，再后来她根本不出来了。

分析

家暴中只有受害者，没有受益者。来电人的女儿"变冷"，是其恐惧和无助的表现。她讨厌施暴的父亲，同时也看不起受暴的母亲，怒其不争。家暴对孩子的影响是深远的，可能使他们习得暴力，或对暴力高度容忍，或恐惧以后的亲密关系。父母需要和孩子一起探讨家暴的影响，积极改变现状。如果力所不及，需要寻求专业人员的协助。

男性气质

我丈夫很好面子，我搞不清他到底想干什么，连他身边的朋友都搞不清楚。我让他打白丝带热线，他说不可能。有朋友帮我查了他的开房记录，我问他为什么开那么多房？他说他已经不想好好过了，我喜欢怎么做就怎么做。他的行动告诉我他外边有人了，我要求离婚，他要我看开一点。由于没有录音，现在他否认说过那些话。

以前都是我带小孩看病，今年他有车了，我叫他带小孩看病，他不愿意。他知道我会要小孩，所以什么病都不管。但是你说他不疼孩子嘛，又不能这么说。我叫他理小孩，他就生气、不高兴，但是我当着外面的人叫他理呢，他的态度又不一样。

分析

从来电人的叙述中，可以看到施暴者的心理问题很严重，受到霸权男性气质的毒害，如好面子、耻于求助、不善于表达真实内心、不善于沟通等，这些使他难以走出自己造成的困境，只能借着对妻子施暴来发泄不良情绪。尽管他也希望家庭和睦，不想离婚，但又没有能力做出改变。

丈夫吸毒、酗酒、赌博，搞婚外情又耍赖，都是不负责任的表现。但因为他在人前展示另一面，试图扮演一个合格的丈夫和父亲，让来电人产生了困惑和纠结，不清楚丈夫到底疼不疼小孩，也不敢理直气壮地说他不负责任，这可能是导致来电人难以决绝离婚的一个因素。

目前诉求

上次拿到那笔钱有十几万，买房子一个单间都不够。两个小孩读书费用很高，我现在问他要钱，他就说没有。我说我去打工，拿一份钱来养这个家，你也拿一份钱来养这个家，他还是说没钱。

我想平静地过，但心里不甘。我想离婚，可是怕一个人带两个小孩会很艰难。他说我离婚什么也得不到。房子不是他的名字，车子也不是。两个孩子他都要，他说把房子给儿子又心不甘，其实只想让我带孩子。我想两个孩子一人一个应该可以吧，他重男轻女，但儿子还小离不开我。像我年纪也大了，是该忍耐下去，为了小孩维持一个家，还是该离婚？

分析

长期忍受家暴已严重损害到来电人的自信，她的无助感和被剥夺感很深，对自己的能力和权利很怀疑，如把夫妻公共财产说成"他拥有的"，多次提到"我就什么都没有了"。孩子抚养权、财产、工作等问题，让她裹足难前。困难是客观存在的，但她因为怀疑自己会不由自主地夸大，而较少从如何解决问题、如何寻求正式和非正式资源的角度去想办法。

其实真的离婚了，两个小孩未必都判给丈夫，她也可能获得一部分家庭财产，会找到新的工作，开始新的人生，事情可能会往好的方向发展。当然，受害者需要自己觉醒，社会各界也要完善对受暴妇女的支持系统，如提供免费庇护、公益律师等。

整理与分析：张智慧

他每次打我还振振有词

基本情况

来电人：女性，四十三岁，个体老板，婚龄十九年

丈夫，四十五岁，行政人员

孩子：女儿读大学，儿子读小学

暴力状况

　　我老公喝酒比较多，近几年吧，每次晚上喝完酒回到家，脾气特别大。有时候一句话或者一个表情不对，他就说我惹他，非得上纲上线，陈芝麻烂谷子的事扒出来再说一遍，然后他越说越气，就开始打人，每次都这样。打完以后他就离家出走，把手机关掉，谁也找不到他。

　　你知道他打人多可怕吗？每次都是要把我打死的感觉。第二天他跟我道歉，说他喝多了，但是每次这样循环，我真的感觉很痛苦。他上次打得我左手抬不起来，持续了一个多星期吧。还有一次，一耳光一耳光地往头上拍，我左眼有两三天都看不到东西。上次拿着两块砖，用砖砸我，身上的瘀青半个月都下不去，已经两三次了。

　　每天看他喝醉酒，我就很害怕，我可以不理他，但是他却不是不理我呀。那么多年他只要是不打我，什么委屈我都能忍受。可是我发现他越来越严重，最近一段时间发展到拿切菜刀架在我脖子上。我真的很害怕，如果有一天他真的下手了，我的孩子会没有妈妈。

　　现在为了避免伤害，我带着孩子走了，去他妈妈那里住。我没有报警，因为他在行政单位上班，如果报警会让他的声誉受损、丢失工作。他父母知道这些事，但都太软弱了，从来没吵过他，对他很迁就。我父母也挺担心的，觉得

我四十多岁了再离婚，不好。

分析

本案例是严重的肢体暴力和精神暴力，甚至来电人表示有生命危险，必须提高警惕，积极采取预防措施。这个时候不能顾忌对方的面子，忍让不可能使施暴者减少施暴行为，只会进一步纵容暴力。受暴者的家人应该尽量提供支持，而不是不管不问或者以维系家庭为目的，劝受暴者忍让。

家庭暴力本质上是一种权力关系，施暴者试图以此来控制受暴者。来电人说丈夫"喝完酒打人，工作压力大"是暴力增多的原因，是在为施暴者开脱。家庭暴力开始之初，如果认真对待，不轻易放过，就可能阻止暴力的持续，而一味原谅、宽容，使施暴行为得不到应有的惩罚，就会形成一种伴侣间的暴力关系模式，施暴者习惯后改变将更加困难。

暴力背景

他从小因为妈妈工作的原因，被送到姥姥身边抚养，直到小学一年级才回到城市。我听邻居说，老头老太太年轻时也经常吵架。

我公公婆婆关系特别好，公公真的是特别好的模范丈夫，从来没和我婆婆红过脸。我老公有个弟弟，弟弟对弟媳也这么好。我经常开玩笑说，你简直不像你家的人。

初中我们在一起上学，他人品不坏，人家不惹他，他也不找事，有人欺负，他也决不饶人，特别会打架。他还比较爱看那种血腥暴力的电视，武打片啊、枪战片啊啥的。

分析

暴力是后天习得的，与生活环境密切相关。本案中，施暴者从小和外公外婆住在一起，大人之间争吵不断，可能他受了影响，认为暴力是生活中的正常现象。施暴者在学校环境中、媒介中耳濡目染的暴力以及相关实践，也可能对他的暴力行为有一定影响。

暴力责任

他每次打我，还振振有词地说："我做得很对，我就打你了，你能怎么着吧？"我说："你能不能不喝酒呢？"他反问我："可能吗？那么多朋友不去行吗？"一副死猪不怕开水烫的样子。如果他把酒戒了，我相信他会好的，但他说他不可能戒掉。

他检查出来甲亢，家人都说他脾气不好，可能是甲亢闹的，对我说："你平时别刺激他，他说什么你都别吱声。"我说我已经不吱声了，那么多年都不吱声了。

分析

施暴者难以认识到自己的控制欲是施暴的真正原因，总会为自己找借口，比如有朋友招呼喝酒了，要去交际了。受暴者也在为施暴者辩解："如果他把酒戒了的话，我相信他会好的。"但这反而助长了施暴者的气焰，使得暴力持续下去。

此外，受暴者还得不到家人的理解和支持，像这里家人称他生病了，让受暴者"别刺激他"，暗示受暴者可能有责任，而施暴者没有责任，其实这都是在替施暴者开脱。

伴侣关系

我发现一位女士和他有联系，一直纠缠不清，外面好多人说过，风言风语的。我问过他几次，为这个没少吵架。如果我和男同事多说几句话，或者男同事给我来个电话，他就非常嫉妒，会打我。他本身有作风问题，还怀疑我有作风问题。

我们二十多年的夫妻了，他平时不喝酒的时候挺好、挺疼人的，也挺疼孩子的。他说离婚对孩子伤害大，孩子马上要找对象了，名声不好，唯独不说对我的伤害。我也觉得女儿快谈婚论嫁了，离婚对孩子影响不好，宁愿自己受委屈，只想让孩子有个完整的家。

分析

施暴者与别人有暧昧关系，却对受暴者的行为加以控制，还不许离婚，明显是双重标准,暴露了他的男权思想,也再次印证了他的控制欲和占有欲。来电人说离婚对孩子不好,想给孩子一个完整的家,却忽视了这样的生活实际上已对孩子造成了很大的伤害。

男性气质

他在行政单位上班,工作挺认真,每年都是模范,因为是自己一个人在单位打拼,有点力不从心,每次提升都没有他的份,压力比较大一些。

他属于大男子主义特别重那种。有时候他很累,回到家以后在沙发上躺着,等我做饭。不过平时他也做家务,给我们洗衣服,只是不怎么陪孩子玩。

分析

受暴者认为丈夫是工作不顺心、压力大,才会施暴,这是常见的对家庭暴力的错误认识。如果在单位不顺心,他可以去打上司、打惹到他的同事呀,但他只是回家欺负女人。这说明他可以控制自己的行为,暴力是有选择性的。

施暴者做家务是好事,但不能因此就原谅他的施暴行为。男人做家务,本来就是应该的,而在我们的文化中,做家务变成了"好男人"的标志,这正说明了性别不平等的存在。

整理与分析:张凌华

成天污言秽语骂人的丈夫

基本信息

来电人：女性，四十三岁，小学学历，创业，二婚，婚龄七年
丈夫：四十岁，本科学历，无业
孩子：大的和前夫所生，离婚后判给前夫；小的和现任丈夫所生，儿子六岁

暴力状况

　　我跟我先生结婚七年，可以说每天暴力不断。我的第一次婚姻没有暴力，是协议离婚的。现在找的这个先生是初婚，没有结过婚。他大部分属于精神虐待，骂得实在难受时，我会起来动一动手，就揪他，两个人搞起来，但我打不过他，最后吃亏还是我自己。

　　印象最深刻的一次，是为小孩洗澡，因为冷，我说不洗了，他就站在那儿骂。一个大男人不干事，又骂人，我就把他一推说："你骂什么？家里还有保姆。"他管你是谁啊，就是鸡婆前鸡婆后。我把他揪着说："你为什么要骂我？我做过鸡吗？"他就一推，我倒在地上，后脑袋摔了。我跑到床上，感觉眼睛发黑，睡到半夜要吐，就说："我不行了！"

　　当时我身上没有钱，他威胁我说："以后还说不说？不说了我就给你弄到医院，说我就不给你弄到医院去。你再不闭好嘴巴，我让你死在这里，你信不信？"他把我送到医院，还说什么你没病还来医院花几千块钱，你自己往地上碰的。那次把我打成脑震荡，在医院住了几天。第二天我妈过来，问我怎么回事，我怕我妈伤心，就说我摔的。

　　之前怀孕期间他就经常打我，管你七个月八个月，一巴掌就推过去。到生小孩儿那天他才去医院，当时我一直保胎，他就在医院大骂，说："人家的身

体为什么那么好,你的身体为什么不好了,老是保胎。"

我想我作为一个女人,不能离第二次婚,就把我所有积蓄几十万拿出来帮他买房,积蓄没花完他就在骂,花完还是骂。我们现在手上有两套房,有一套房租我在收,开始一千多,现在两千多,就这点钱给我。这么多年来我带小孩、请月嫂、请保姆,都是自己的钱。他仅仅从今年夏天,刚刚才拿了两千块钱给我。然后就格外变本加厉,天天这样骂。

结婚七年,他上了不知道有四年还是三年班,有些连工资都没拿过。去年上了三个月班,前年上了十个月班。他在这城市十多年,你问问他有没有一个朋友?没有。有没有一个公司能留下他?没有。他进的全是大公司,每一个公司都被他骂得把他炒掉。

这几年来,他没有叫过我名字,总是叫我"畜生"。谈恋爱时,他就有一些嘴巴不干不净,但还不是那样离谱。结婚以后才发现他这个样,叫儿子是"傻子",叫老婆是"畜生""鸟人""混蛋""鸡婆"。我被他叫"鸡婆"叫了七年,还想着等小孩儿大了,他会好一点,到一定年纪就不骂了。

他每天白天骂鸡婆,晚上我可能会答应跟他性生活吗?我是绝对不会答应的:"你跟鸡婆睡什么嘛!"但他就是动手打,打完了以后还要搞,搞完了就走人。我现在各种找理由,我那里不舒服,这里不舒服,不想跟他在一起,他就骂:"你个鸡婆!你个畜生!"

分析

这是一个令人压抑的故事。求助者和丈夫结婚七年,一直被称呼"鸡婆"、"畜生"、"鸟人",从来没有叫过一句名字,或者是老婆之类的,连儿子也被称为"傻子"。除了这样精神虐待,还有肢体暴力、性暴力、经济控制。在这样的情况下,求助者却反复提到自己"作为一个女人",又是二婚,希望能够把家庭维持下去。

听完这个故事,我脑海中浮现出一位善良、坚韧的女性形象,她本来是一棵挺拔的树,却在传统思想的影响之下变成了一根藤,通过贬低自己的价值、忽略自己的感受,忍气吞声、委曲求全,以求维系一个所谓的完整家庭。

在过去,女性没有自己的独立人格,依附于男人,家庭婚姻就是女人的全部。现在是21世纪了,女性有足够的条件去追求自己的幸福,但仍有相当多的人受传统思想的影响，不敢轻易走出婚姻，等下定决心走出来时，往往已遍体鳞伤，身心都受到了极大伤害。这让我想到买椟还珠的故事，为了保持婚姻的形式，丢弃婚姻的真正价值，就好像那些不要珍珠，却自愿被盒子束缚住的人一样。

暴力责任

他可能恨我的原因、这七年来我错的原因，我知道在哪里。当初认识的时候，我没有离婚，但和前夫已经分开很多年了。那时候他追我，他说"没有事儿啊，你去离婚，离了我们再来"。他当时问我有没有小孩儿，我笑了一笑，没有吭声。拿结婚证时我说"我有个小孩，你可以不拿结婚证"，他没吭声。然后这几年来，他就一直骂我"鸡婆"。

我以前职业是在酒店做经理，他以为我在酒店是干什么的呢。我说我坐得正，站得正。他说他看到我什么了，我就问他，我结婚接近七年来，你看到我跟男人在一起了吗？没有。我说我骂过你一句了吗？没有。我说结婚前的事儿你是无权干涉我的，我婚姻中这么多年，没有犯过任何错，结婚之前我也没犯过什么错。

分析

来电人从自己是否犯错这个角度来论证施暴是否合理，陷入了一个常见的对家暴的认知误区，即家暴是因为受暴者有不当行为。但这其实跟来电人是否犯错没有关系，因为即使是有错，有不周到的地方，他也没有任何权利打人、侮辱人。

来电人认识到自己是家暴的受害者，但还没有认识到自己是传统男权观念的受害者，要想获得进一步的成长，重新鼓起勇气追求新的亲密关系，还需要进一步学习。该案例也提醒我们，在当今社会，显性的性别歧视已经不多，但隐性的性别歧视却相当严重，不仅存在于男性身上，也同样存在于女性身上，让女性不知不觉成为男权文化的受害者。

暴力处理

我报了几次警,他说你越报警,我就越打,警察来我照打。警察来劝过我:"哎呀,夫妻之间也不好调解,就算了。"

我说我改变不了他,我自己来改变让他不骂。我看心理医生快四个月了,心理咨询师教我怎么说话,顺着他的话说,讲究一些说话技巧,这样来维护。但现在不是我想象的那么容易,他还是骂,变本加厉。

我求助妇联,她们问我是离婚还是什么,我说我还是想保护这个家庭。妇联就说:"那你不要去搞他,你搞他又搞不过他,你划不来。"那时我没有工作,妇联工作人员说:"你应该有一份工作,先走出来。"就在朋友帮助下,合伙开了一个饮食公司。

律师说你想拿回儿子的抚养权,很容易,他已经到这个地步了,但是你没有经济条件呀。所以我才要出来,我一定做出来,我这个公司我仅仅一两个月就做出来了。

分析

本来应该是警察处理的事情,他们却以家庭事务不好干涉来推脱,造成了施暴者有恃无恐的嚣张气焰。然而家庭暴力不是私事,是侵犯人权的公共事务,这种观念需要每一个人都知道,尤其是执法者。

来电人有意愿改变,积极尝试了许多途径,行动力很强。她的实践经验说明控制自己不是一个好的办法,而独立自强则会开辟一片新天地。她在朋友的帮助下很快就开了公司,这说明她有很强的办事能力,新的工作不但可以解决她的经济问题,也使得她有自信去处理离婚事务。现在,她努力工作,积极为新生活做准备,这点是非常令人欣慰的。

整理:耿军

分析:耿军、陈亚亚

别等她受暴杀夫

基本情况

来电人：女性，四十四岁

孩子：二十二岁，读大学，来电人和前夫所生

暴力状况

我跟他认识十几年了，认识几个月时就开始打，打后我不理他，他就威胁我，要到我娘家去，到我小孩学校去。我不接他电话，他就打我儿子电话，打我家人、朋友的电话。我怕他跑到我娘家去，也怕影响我儿子。而且我妈妈身体不好，我怕她怄气，不敢跟她说。

我这次是二婚，以前我小孩的父亲比我大二十岁，也总是被人在背后说闲话。我现在的家人就是我妈妈跟我弟弟，他们身体不好，弟弟常年在家躺床上，妈妈也是。他们哪有什么能力支持我呢，就算他们支持我，他一样会动手，因为他这个死性改不了。

他打人是不定时的，比如他说话你不能还，你还嘴他就会打你。他想打你就打你，你一下不接电话，或者接电话接慢了，他回来就打你。他在外面玩了，回来也打你。以前他打我一次，我就写到日记里面，后来被他发现，把我柜子都撬了，日记都拿走了。

他每次把我打了，还把我关家里不让出去。平时打我，砖头、铁棍、凳子、锤子，拿到什么就用什么打。砖头拍头，拍了好多口子，腰也打骨折了。我去医院有记录，但拿回来都被毁掉了。他总是叫我："你不是想死吗？你去跳楼啊！"我说你干脆把我打死算了，他说要打就打死你全家。他还把别人被打死的报纸放在床头，说你要是不听话，就是这个下场。

我自己挣钱买的房子，他威胁我，强迫我，非要加他的名字，一定要我跟他到房产局去，我不想去办，后来没办法了，就办了个假证给他看，不然的话天天给他打的。

我的哥哥嫂子知道这事，我朋友也知道。我好几次写了遗书，和朋友说如果我有什么事，把我儿子关照一下。我现在无路可走了，有几次他打我，我就想一刀子杀了他，但我想我犯罪了，我儿子在社会上怎么做人啊！

分析

来电人遭受的家庭暴力非常严重，有生命危险，需要采取防范措施。她在打电话的过程中一直抽泣，说到后面哭得很厉害，时时担心会继续受暴。可见她由于长期的家暴，精神遭受了极大伤害，情绪极其不稳定，已经到了崩溃边缘，有杀夫可能，急需得到救助。

来电人之所以一直容忍家暴，是因为有后顾之忧，怕施暴者伤害自己的弟弟、妈妈和儿子。施暴者可能也是了解到这点，才会肆无忌惮地用暴力控制妻子。在这种情况下，来电人可能需要换个角度思考，如果跟家人坦诚沟通，是否可以获得一定的支援，至少可以减少一些后顾之忧。

至于害怕舆论，这个担心是没有必要的。既然连死的心、杀人的心都有了，还怕什么旁人议论？这个社会有一定的道德准则，人们虽然对受暴者存有偏见，但多数人还是会去谴责施暴者，给受暴者提供帮助。所以最主要的是勇敢去面对，积极消除人们对受暴者的负面印象，争取更多的社会资源。

来电人在长期的受暴过程中，也不是一直逆来顺受，而是采取了很多变通的办法来维护自己的利益，如用假房产证来搪塞等，值得肯定。但关于财产问题，最好还是咨询专业人士，看如何最大可能地保证自己的利益。目前一部分家暴证据被销毁了，这很遗憾，但也提醒来电人不要继续将证据放在施暴者可以接触到的地方，可以选择放在朋友或者其他亲人那里。

暴力背景

他以前结过婚，也是打，把别人鼻子都打骨折了，那个女人不是本地的，就跑了。但我没办法跑，我父母、儿子都在我身边。我当初是不知道，我要是知道，我不会和他结婚的。

他爸爸脾气也不好，但是他爸爸从来不打他妈妈，就是打小孩。现在他爸爸不在了，他妈妈在，他妈妈和他说好话，他听不进。他弟弟、哥哥都为他打我这事和他打过架，连他亲弟弟都觉得无奈。有一次他把我打得喝农药，他弟弟把我拉去洗胃，我到医院住院，他还在旁边打，要我给他钱。他弟弟看不下去，就跟他打起来。

分析

施暴者有暴力倾向，曾对自己的前妻施暴，受暴者在了解不多的情况下就与其结婚，没能提前发现问题。这提醒我们，在恋爱到结婚的过程中，不要操之过急，谨慎观察对方是否存在心理问题，如有暴力倾向等，是非常必要的。

施暴者的行为可能受到原生家庭的影响，因为他的父亲就打过小孩，而且他的弟弟、哥哥在看到他的不堪行径后，也是反击以暴力，可见他们在一定程度上，都从家庭环境中习得了暴力行为。此外，可能由于母亲的懦弱，未能在年幼时充分保护他，或者受到重男轻女的影响，他对母亲的态度也非常不尊重。

这些背景可以部分地解释施暴者的暴力行为，同时也提供了一个有利因素，即施暴者的家庭并不赞同他的行为，所以可以想办法继续争取他们的支持。

暴力处理

我报警好多次，警察说如果把他关进来最多一天，他出去又打，打得更厉害。后来派出所都是批评教育，批评教育也不中，他还是回来就打。派出所就说这是我家里的事，管不了。

我去起诉离婚，因为我们居住没有定所，法院很难立案。后来法院受理了，让我请律师。可是律师要五千块，我没有那么多钱。法律援助我找过，也要钱，我在网上找的免费律师也是要钱。而且他不到庭，说出去做生意了，法官就说开不了庭。

现在我离开家乡，跑到我儿子读书的城市来，给别人开车，结果他又跑到我这边。我报过警，警察叫他走，但是等警察走了，他又来敲门。我不可能一天24小时不出门，被他找到不是锁在家里，就是挨打。

妇联我也去了，没有用。我叫他玩得好的朋友跟他说，他也听不进去。我叫他去看心理医生，他说："你去看心理医生。"我还找了媒体，找了我们湖北的记者，找到也不管事，他们就为了播节目嘛。我老公看到我上电视节目了，又打我。

分析

来电人为了摆脱家暴，做出了各种努力，这点值得赞扬。由于我国尚没有系统的反家暴法，警察在处理家暴上不专业、不规范，起不到积极效果。妇联没有执法权，只能对当事人批评劝说，很难起作用。媒体一味追求收视率，未将社会责任摆在首位，节目结束就不管了。法律援助不到位，市场价又太贵……这种种因素导致了受暴者处于一种求助无门的困境中。

在世界范围内，"受暴妇女杀夫"的案件并不罕见，因为长期暴力导致的极端后果就是受暴人被折磨致死或者自杀，或是反过来杀死对方。在中国，由于对家暴受害人的社会支持体系不健全，受暴者绝望之际，也可能采取暴力反抗，以致发生恶性案件，这对整个家庭乃至社会而言都是悲剧。

2015年3月，最高人民法院、最高人民检察院、公安部、司法部等机构联合印发了《关于依法办理家庭暴力犯罪案件的意见》，提出受暴杀夫可以从宽处理，最新的几个案例中杀夫的受暴者就只判了五年有期徒刑。然而，减轻（杀夫）受暴者的刑事处罚是一方面，另一方面更重要的是要预防和阻止家庭暴力，将恶性案件扼杀在萌芽状态。

男性气质

他平时在外面不是这个样子，他不会打领导、同事、朋友，警察来了他也不敢打。

他在外面长期有女人，我在家里遇都遇到好几个了。你说跟他离婚他不离，他说离了婚我还是会找你。你的手机他每天要翻看，上面有一个异性的电话都会打你。

他好像变态一样，我不跟他在一起，他就使劲用手捅我下身。他说你再不依，我就用剪子剪。他长期把刀子、剪子放在床头，你反抗，他就要动这些东西，用剪子剪你下身。

分析

来电人的丈夫家里家外两个样,在外面相对老实,在家里特别的大男子主义。他在外面随便找情人,却要求妻子不能跟任何异性接触,明显的双重标准。他强迫妻子与自己发生性关系,动辄实施性虐待,不准妻子提离婚,这些都体现了他极强的占有欲和控制欲,对女性尤其是自己妻子的极端不尊重。

目前诉求

我想好好生活,毕竟小孩子还在读书。现在真的不知道怎么办,什么办法都用到了。你们帮我想想办法,怎么能够解脱出来?我儿子知道他之前打我,我怕我儿子受不了他这种,怕我儿子会跟他拼命,到时候出了问题该怎么办?

分析

来电人想要摆脱家暴,好好生活,但她几乎否定了所有建议,认为都没有用。她看起来非常无助,觉得无路可走,这是长期家暴带来的负面影响。咨询师首先要激发她坚强活下去的勇气,提醒她不要孤注一掷,采取极端手段。只有引导出她内心的力量,让她相信还有很多途径可以尝试,才会促使她从绝望的心态中走出来,才有能力来解决这件事。

对于这种严重家暴、有很强危险性的案例,需要转介当地志愿者去跟当事人面对面沟通,帮她联系一些必要的专业援助机构,帮助她更好地维权。来电人有长期与施暴者相处的经验,只要她能摆脱慌乱消极的心态,沉下心来思考,她对整个情况的判断应该是更准确的。在此基础上,志愿者可以给她提出一些更具针对性的建议。

来电人因为担心小孩会卷入,选择对他隐瞒,其实没有必要。他是成年人,在学校的集体环境里,有保安、老师维持秩序,还有同学帮助,施暴者不可能对他造成实质性的伤害。来电人完全可以跟孩子讨论,一方面让他有所防范,另一方面,孩子也能提供一些帮助。

整理与分析:李雯、陈亚亚

家庭主妇如何拯救施暴丈夫

基本信息

来电人：女性，四十六岁，家庭主妇，婚龄十八年

丈夫：四十多岁，自有公司

孩子：女儿，十岁

暴力状况

我和他结婚十八年了。他对我动过两次手，最近一次是二十多天前。因为他要回老家，今年春天他父亲生病，我们已经回去一次，我不想再去。丈夫对此颇有微词，我脾气也不好，于是我们就大声吵起来。女儿听见开始哭闹，他上去就踹了孩子一脚，我过去拦，他就对我拳脚相加，导致我手臂和大腿多处瘀青，处在疯狂情绪中的我也咬破了他的手臂。

他对我态度冷淡，很少与我讲话。有一次他回家，一进门就无缘无故指着我说："坏女人。"他经常提出离婚，表示会再找别的女人，但没有实际行动。我们现在只是为了孩子，勉强在一起不离婚。

他平时性格温和，无任何不良嗜好，在外人看来是一个称职的好丈夫。他事业上很努力、很成功，并且很顾家、爱做家务，但是发起脾气来又很暴力。

我现在经常失眠，去医院检查，医生说我有点抑郁，感觉生活没有价值。我很想为自己遭受的一切向丈夫讨个说法，但是他并没有想好好坐下来跟我谈谈，也没有要改正的意愿。

分析

大男子主义的人常会表现得事业很勤奋，在经济上愿意为家庭付出，他们

的问题是不能平等对待自己的配偶，将配偶和子女看作比自己低一等的人，可以随意打骂，这导致他们喜欢使用暴力来维护自己在家庭中的权威地位，强迫家人听从自己的意愿。

来电人有一点抑郁，这是家暴受害者经常出现的症状，可以建议她学习一点心理学，多交往有共同爱好的朋友，和朋友多倾诉，排解自己的压力。也可以多做一些身体活动，比如跑步、打球等，缓解抑郁的情绪，做心理方面的调整，找回自己的价值。只有自己的心态调整了，才能对婚姻做出正确的判断，才有能力处理丈夫的暴力问题。

暴力背景

他老家在农村，父母年轻时也经常打架，母亲性格比较刚强。

他上大学时，因为受不了同学的欺负，曾用椅子追打同学，把椅子腿打断；工作以后和办公室女同事发生矛盾，当众掀桌子，并且追着女同事打。

分析

丈夫的原生家庭有暴力，父母亲经常打架，这可能影响到了他，让他习得了暴力行为。他说到父母之间的暴力，将其归结为母亲性格刚强，这是一个错误归因，体现了他的男权思想。他自己成年后，跟同学、同事都有动手，说明他有一定的暴力倾向，即使在家庭外面也难以自控。

伴侣关系

以前丈夫对我很好，但最近几年脾气越来越大。一开始是不理睬我，到现在对我怒目圆瞪，抬手就打。这几年一直很痛苦，和他难以沟通。他已经不把我当成妻子，我感受不到他对我的尊重，互相看到会不舒服，感受不到温暖，没有幸福感。

他总说家庭没有温暖，说我很霸道、很自私，说我从来不关心他，认为我没有为家庭付出。我自知性格脾气不好，婚姻走到这一步，我也有很大的问题。我也经常感到丈夫很无助、很可怜，我作为他的妻子，到底是该尽力挽救婚姻，还是要果断地分手？

分析

从来电人的讲述来看，夫妻有较好的感情基础，关系修复并非毫无可能。如果来电人不想失去亲密关系，自己可以主动做一些改善，反思自己在相处中的不足之处，比如是否存在一些误解，能否通过交流消除误会。当然，夫妻感情的修复需要双方共同努力，尤其需要施暴一方及时的反省，尽早停止暴力。

妻子的脾气不好，不能构成丈夫打人的理由。来电人要让对方明白，施暴行为必须停止，这点没有商量。不过，夫妻平时相处过于针锋相对确实会影响感情。双方都应该学习如何调节情绪，在冲突中保持冷静，通过文明沟通来解决问题。

此外，针对来电人的家庭主妇身份，可以建议她继续工作，或者多参加社交活动，学习感兴趣的东西，让自己的生活丰满起来。只有自己对生活有信心了，才有能力帮助到他人，挽救自己的婚姻，或者有勇气结束不幸的婚姻，重新开始生活。

整理：孙楚歆
分析：陈亚亚

我感觉自己被困住了

基本信息
来电人：女性，离异
孩子：女儿，十岁

暴力状况
我结婚以后一直受到反复家暴，受伤很严重，脸上都被打得留下了疤痕。我得了抑郁症，充满了恐惧，感觉自己被困在一个房子里，出不去。我不知道是抑郁症还是家暴的原因，连出门都充满了恐惧，没办法从事全职工作，经济状况非常窘迫。目前的感觉是自己被抛弃了，无家可归，生活没有什么动力，也没有任何乐趣。

我的精神状态非常不好，女儿状态也不好。我有时要刻意和女儿保持距离，因为怕她的负面情绪会刺激到我。家暴已经过去很多年，丈夫也已经出走多年，可我还是走不出来，觉得自己像孤魂野鬼。我患有严重的失眠，之前也入院治疗过，因为不想在医院整天不见天日，就没有继续治疗。

分析
来电人在之前的婚姻关系中遭受暴力，身体受伤并患有抑郁症，与施暴人分居多年后，抑郁症也没有好转，并在以下几个方面持续影响来电人：（1）觉得生活没有希望；（2）与女儿的关系疏离；（3）注意力不集中；（4）完成一些日常生活事务都异常艰难；（5）无法从事全职工作。这些症状阻碍了来电人走出家暴阴影，重新开始生活。由于来电人经济条件的限制与较弱的求医意愿，使得她未能完成专业的抑郁症治疗。

在心理咨询中，很多来访者都会诉说他们感觉被困在一个房子里，被束缚住了，找不到方向。但屋子里的黑暗其实只是暂时的，只要我们打开窗户，阳光就会照进来，迷雾就会被驱散。那时候，来访者会发现原来还有很多的路可以选择。所以只要我们从现状出发，重新去找回对生活的热情，慢慢地就能从精神囚牢里面走出来。

目前诉求

丈夫对我施加暴力后，就失踪了，带走了我们全部的存款，再也联系不到。这些年来，我也试图通过朋友去联系他，但他总是逃避。现在我没有工作的能力，生活条件非常艰苦。我希望找到他之后，给我们母女最起码的生活补助，承担父亲的责任，保障我女儿将来受到良好的教育。可现在女儿的抚养费他一分钱都不给，也不来看女儿。

我们离婚的时候，我并不知情。他去法院申诉离婚，理由是我下落不明，最后法庭宣判离婚。我后来才得知这个消息，觉得非常不公平，现在希望能够给我一个交代，把原来属于我的财产归还给我。我一定要找到他，可是却找不到他，打电话也不接。我感到非常绝望，我失去的，只能从他身上找，从别人身上是找不回来的。

分析

一个人可以被抢走财产，却不会被抢走自由意志。来电人和前夫之间的纠葛把她对生活的热情给抢走了，把她的正能量给抢走了，导致她现在有一种错误的观念，觉得生活中的所有问题只有前夫才可以帮助解决，把自己的幸福快乐都放在前夫身上，而这是不现实的，需要努力打破这种思维模式。

随着施暴者离家，来电人脱离了暴力环境，但也失去了一份主要的经济收入。由于来电人身患抑郁症，工作能力下降，使得物质生活水平骤然下降。同时作为一名母亲，来电人的抑郁情绪会对孩子产生负面影响。这个情况是很多受暴妇女的困境，由于传统观念、经济条件、抚育孩子等现实因素，受暴妇女脱离受暴环境后仍然面临重重困难，需要长时间努力，才能重建自己的生活。

当务之急是让来电人及时得到情绪支援，如尽快进行专业的心理疏导、抑郁症治疗等。由于受暴妇女往往处于孤立无援的状态，可以建议来电人在心理治疗的同时，参加受暴妇女支持小组，通过与具有类似境遇和困扰的妇女相接触，形成互助关系，消除孤立和自责，从他人的经验中获得新视角和正能量。

当来电人勇于承担个人责任，为改变自己的状况做出努力后，便会逐渐在心理上脱离受害者的角色，转变为幸存者。为了达到这个目标，咨询师应该收集更多的转介信息，以便在第一时间提供给来电人。这些转介信息除心理治疗外，还应包括公益的法律咨询服务等。

整理与分析：王玲

同在事业单位不好离婚？

基本信息

来电人：女性，五十多岁，本科学历，事业单位，婚龄二十多年
老公：五十多岁，博士学历，与妻子同单位
孩子：儿子，上初中

暴力状况

我老公打我，持续二十多年了。我们夫妻关系已经名存实亡，分房睡了多年。现在基本上一个月打一次，打得青肿瘀血，有伤口。

第一次发生暴力是二十多岁，那时候刚领结婚证，还没举行婚礼。当时我们吵架，他打了我几耳光。结婚到生孩子之前，暴力形式是你踢我一脚，我踢你一脚。怀孩子阶段没有暴力，因为当时和他有约定，怀孕了就不能动手打人。

生完孩子后，婆婆来照顾孙子，产生很多矛盾。老公又开始打我，而且打得很严重、很频繁，多的时候一个月两三次，少的时候一个月也有一次，像定期发作一样。印象最深刻的一次是因为喂孩子奶粉的事，他嫌我啰唆，一生气就向我脑袋上捶了两捶，还有一次把我踹到地上。他基本是抄起什么就用什么打，打得我遍体鳞伤，有一次特别严重，我头被打昏了，脸一侧被打紫了，班都没法上。

最近一次是在前天，老公一直跟单位一个同事关系暧昧。那天我看到他跟那个同事在公交车上聊天，回来就问他，为什么还跟这个女的有来往？老公说是同事主动找他聊的。我说："苍蝇不叮无缝的蛋。"他就很生气，拿起手中正在洗的锅，直接打到我胳膊上，当时血就溅出来了。他说："记住，再侮辱这个同事，说一次打一次。"

我想过离婚，但现在儿子在初二，正处于升学的关键时候，我怕影响到孩子，而且抚养孩子也需要他经济上的支持。还有一个是考虑到工作，因为我和老公是一个单位的，他曾经威胁我，如果要离婚，就把我说领导的坏话都告诉我领导。我们单位人际关系很紧张，如果这样我的工作可能就没有了。

分析

来电人的丈夫有很严重的暴力行为，且呈现升级的趋势。来电人在家庭中得不到（婆婆的）支持，在工作环境中又要与丈夫接触，而且因为担心影响到工作，不得不对丈夫的无理要求妥协。这些经历可能使其感到无可奈何，如果不尽快改变，就会陷入恶性循环，使得来电人产生习得性无助。

这里来电人要注意的是，对于配偶在外面的交往，即使不能容忍，也要尽量用一种平和的态度去沟通，不要用质问的方式，一来避免与对方直接产生冲突，二来也要认识到，逼问的方式也可能属于一种精神暴力。当然，这绝不是丈夫施暴的理由，只是他施暴的借口而已。

暴力背景

老公出生在农村，父亲是一个很暴力的人。结婚后，有一次他父母来，没有多的凳子和桌子，我们出去买。我说天气太热，还要买凉席。他就嫌我啰唆，对我破口大骂，还骂我母亲，我让他把话收回去。他说："我就骂了，怎么着！"我在气头上说："你要不收回，我就把你父母赶走！"

结果他跑回家跟父母说，我要把他们赶走。他父母就对我咆哮，他父亲甚至说："这样的老婆就不应该要！你打她，往死里打！你要是我儿子，你就打！"他们认为自己儿子很能干，加上我之前怀过孕，但因为身体不好流产了，不喜欢我。

分析

丈夫的家暴可能与其父母有关，原生家庭的暴力影响到了他的性格，造成他处理不好人际关系，不能控制自己的情绪。更糟糕的是，公公在儿子儿媳发生矛盾时，不但不劝解，反而火上浇油，让儿子打老婆，这也可以算是一种家暴行为。

暴力处理

第一次打我的时候,我想过把婚退掉。但当时那个年代,虽然没有举办婚礼,拿了结婚证再离婚,也算是二婚,考虑到各方面的因素,就没有离婚。

我试过报警,一共报了三次。警察来了只是批评教育,当下是能阻止暴力,但他最后发现警察也不能拿他怎么样,等警察走了,就会变本加厉,打得更厉害了。

我想协议离婚,不想把事情闹得太大,不想让单位都知道。但财产不好分配,他只打算分给我一小部分。孩子也是问题,他说如果离婚,孩子就跟他,不然他不付抚养费。我想过起诉离婚,但遭到他的威胁,我觉得他真的什么事都能做出来。

分析

来电人怕自己变成二婚,不敢轻易离婚;警察对家暴处理不专业,仅仅是批评教育。这些都助长了施暴人的气焰,让受暴者处于孤立无援的处境。由此可见,提升全社会对家暴的意识,消除对离婚女性的歧视,以及增强警察处理家暴的能力,是多么迫不及待的工作。

受暴者想要离婚,但是担心自己的利益得不到保障。这里需要进行一下风险评估,来电人可能由于习得性无助,夸大了离婚的困难。其实事业单位不太可能开除员工,丈夫如果将妻子对领导不敬的话宣扬出去,会让人怀疑他的人品,对他产生负面影响,他未必真敢这么做,而且人家也未必相信他。

换个角度来看,两人在同一单位,对来电人也有很多有利因素,因为丈夫肯定不希望自己的家暴行为被彻底曝光,这会给他造成更不利的影响。而且离婚的话,他也不可能不支付抚养费,因为除了法庭判决,你还可以直接找他领导反映,找单位工会、妇联反映,迫使他履行自己的责任。

亲子关系

孩子看到爸爸打妈妈时,会去拉架,会保护妈妈,会安慰妈妈说:"爸爸就是这样一个烂人,不要跟他计较,要好好照顾自己。"孩子比较怕爸爸,因为爸爸比较凶,有时更听爸爸的话,还会模仿爸爸,有些暴力行为。

孩子不想让我们离婚，不想成为单亲家庭。因为儿子班上有单亲家庭的同学，儿子担心会和他们一样被人看不起，也被老师看不起。

分析

家庭暴力已经给孩子造成了不良影响：一方面是一定程度上将暴力合理化，劝妈妈不要跟爸爸计较；另一方面是模仿爸爸，通过暴力来解决问题。这些都是很危险的信号，长期下去将来他也可能会变成施暴者。

小孩害怕父母离婚的原因，主要是大众媒体的倾向性宣传，传递给公众一个错误观念，即家庭应该由父母组成、单亲家庭是不完整的，这导致社会环境中存在对单亲家庭普遍的歧视，这里老师和同学的反应即是例证。消除单亲家庭歧视，需要全社会共同的努力。

整理：金建水

分析：陈亚亚

第二辑

丈夫对妻子的暴力：施暴丈夫的来电

这一辑主要收录施暴丈夫的来电，一共有十二个案例。其中几个案例是施暴丈夫的多次来电，一个案例是施暴丈夫与妻子一起来电，还有一个案例是重要他人的来电。这些案例中的丈夫都有不同程度的悔悟和想改变自己暴力行为的意愿，有的在努力学习控制情绪的方法，有的在积极反思自己对暴力的认知，有的还加入了白丝带志愿者组织，决心彻底改变自己的暴力行为。

施暴并非是天生的本能，而是男性在社会化过程中学会的控制他人、维持自己在家庭中权威地位的一种行为方式。家庭暴力没有赢家，施暴者自身也常承受家庭暴力带来的各种危害，比如因此失去家庭、伴侣和孩子，甚至丢掉工作，极端情况下还可能因受暴者的反抗而遭遇生命危险。

我们应该认识到，施暴者有他们自己的困惑和痛苦，他们对两性关系的错误认知、不良情绪和暴力行为，许多也是文化塑造的结果，且他们自己也往往是家庭暴力的受害者。一方面他们应该为暴力承担责任；另一方面他们也需要社会的帮助。在对施暴者的辅导与矫治中，要引导他们反思自己与配偶的权力关系，促使他们自发地去改变观念和行为，而不是简单粗暴地指责他们、要求他们悔过和自我压抑。

显然，仅仅是受暴者觉醒并离开施暴者，并不能彻底解决家暴的问题，因为被抛弃的施暴者仍然留在家暴的阴影中不得解脱，可能会继续对其他人（如以后的伴侣）施暴。只有施暴者发自内心地悔悟，积极主动地改变自己的暴力认知和行为，家暴的恶劣影响才可能逐渐消除。从这个角度而言，每一个站出来勇敢承担、决心有所改变的施暴者，同样是反家暴的积极贡献者。

"唠叨"背后的权力关系

基本信息
来电人：男，二十六岁，初中学历，农民，婚龄四年

暴力状况
我和老婆经常打架，每次都是我先动手。平时很注意，就是关键时候控制不了，感觉放不下面子。我们谈恋爱时也吵架，以前自己太小孩子气，不成熟，现在我什么事情都让着她，感觉她有些咄咄逼人，想让我什么都听她的。她有时在外面不顺心，回来看到一些个小事，比如说家里凳子没放好，就开始唠叨。

我们打架大多数是在晚上，她心情不好时埋怨我，说我没本事、不会赚钱。还有就是每次我对不起她时，以前的事情她都要讲一下。那个时候她好像也失去理智一样，有时候说得太多了，太烦，吵得太凶了，就会打起来。

第一次打架是结婚第二年，快有小孩了，是孕期。有一天我下班回来，心里不舒服，躺在沙发上，她就一直唠叨。我说等会给你讲，她不愿意了，我们就吵起来。最近三年打过五六次，最严重的一次是在她坐月子时我打了她几巴掌。有时候也用拳头，没用过其他的。前几年打得多点，去年有过，今年还没有。

分析
这个案例是妻子唠叨引发的丈夫肢体暴力，从叙述来看，暴力情况不算太严重，但长期发展下去，会损害到婚姻的和谐。以前的暴力有发生在怀孕和坐月子期间，这时候女性因为生理的原因，情绪容易波动，心理也比较脆弱，丈夫此时还忽视她的情感需求，对她动手，会对她造成很大伤害。

来电人可能是事业上不太成功，所以对妻子的唠叨特别敏感，这反映出他较低的自我认同与较高的自我期待之间的矛盾，而这一矛盾的来源则是他对传统男性气质的认同。当他觉得妻子对他的唠叨，伤害了他作为男人的自尊，让他很没面子时，他就会倾向于使用暴力来控制妻子，让她闭嘴。

暴力背景

我们跟父母一起住，我父亲在外面打工，母亲在家。我小时候他们打过架，看见过我父亲打我母亲，我懂事以后有一两次吧，后来就没有了。家庭可能对我没什么影响，性格对我影响很大，我觉得这个可能性最大。我是一个内向的人，不爱说话。

分析

来电人认为原生家庭对自己的行为"没什么影响"，可能过于乐观。从小看到父亲打母亲，肯定有一个印象。一般人都会努力将自己看到的事物合理化，尤其是这件事对自己有不良影响时，就想要寻求一个解释，让自己相信这是正常的。这就是为什么目击暴力的受害者容易出现暴力的原因，因为他更容易对暴力产生认知误区。

来电人认为性格对他的影响很大，也许这种性格的形成也跟家庭环境有关。当然，已经形成的性格在成年后很难改变，但可以通过一定的方式去调整。

暴力责任

有时候心里高兴的话，你和我吵架，我就出去转转。有时心里特别难受，不想出去，你还在那里一直叨叨。我觉得人要适可而止，说得差不多了，就该停一停了。看见我脾气上来了，就该停下来了，但我老婆唠叨起来没完没了。我们好的时候，我不愿意提以前的事情，不愿意揭以前的伤疤。我不管谁对谁错，反正不愿意再去提这个。

每次打架都是我先动手，每次打完她就回娘家，然后我就去求她，有时候是我的父母、叔叔、婶婶等，我的亲朋好友和我一起去，帮我说情。我保证过好几回不打她，可就是到那个时候控制不了自己，还忍不住打。

分析

来电人在谈到冲突责任时，对自己的错误一带而过，但花了很大篇幅去描述对方的不足，有推卸责任的嫌疑。当然，老婆一直唠叨也是问题，如果说的过激，可能造成精神暴力。两个人在这方面需要磨合，找到更适合的沟通方式，但更重要的是，来电人要先控制住自己，承担起应有的责任，在任何情况下不能先动手。

唠叨，是来电人反复强调的妻子的"缺点"。许多施暴丈夫都表示，受不了女人唠叨。但他们可能忽略了，女人唠叨，是因为她的声音长期以来没有被听到。她对伴侣说了，伴侣似乎也听了，但她的困扰与诉求都没有被伴侣真正听到，更谈不上解决，所以她才会不断地"唠叨"。我们不是拒绝反思"唠叨"，而是施暴者必须觉悟到"唠叨"背后的性别权力关系，才可能真正改变。

以本个案为例，来电人单方面地不愿妻子总提以前的事，但妻子心中的阴影是否解决了呢？如果没有解决，自然会被她不断提及。丈夫听着不舒服可以理解，但他更应该致力于解决问题，而不是诉诸暴力，积累更多妻子"唠叨"的素材。来电人反复强调不愿意"揭伤疤"，但心灵创伤是需要处理的，压抑只会累积更多的怨气。

来电人施加暴力后，妻子就回娘家了，需要去求、去哄才能回来。来电人保证再也不打，但每次都兑现不了承诺，可见他的保证无效，妻子的消极对抗没有效用。可能正因为妻子一次次的原谅，才纵容了这种施暴行为，让他觉得这不是什么大事，打老婆是正常的。

伴侣关系

我的爱人以前跟我说过好几次，"在咱们村你对我是最好的"，平常我们感情还是挺好的。结婚后，我们和我妈住。家务我们两个没做过，都是我母亲做饭，洗衣服扫地啊什么的。有时候她下班我去接她，关系还都挺好的。

比如说现在某一件事情上她做得不对，引发了吵架，或者说打架。打架的时候怎么讲呢，不计后果吧，打完之后我心里特别难受，我就是很爱她，害怕失去她。我知道家暴是犯法的，我也知道不应该打她，但就是控制不住自己。

分析

来电人夫妻感情基础较好，也有意愿改变自己，且已有较长一段时间没有暴力行为，这说明他有一定的自控能力。来电人需要认识到，暴力不是一种心理疾病，它的根源是支配与控制，是想要让对方顺从自己。在增强对暴力的认知之后，通过学习一些情绪控制的方法，来电人的暴力倾向应该是可以矫正的，要对自己有信心。

目前述求：

我就是想改变我自己，给自己一个幸福美满的家，给孩子一个完美的家。我知道打架不能解决问题，但是我控制不了自己。我打这个电话就是为了能改掉我这个毛病，想问一下有没有哪一种方法能够促使我改掉这个毛病？

分析

来电人一再说控制不了自己，但同时也提到，自己心情好的时候，就可以不施暴。所以，是真的控制不了自己，还是在负面情绪（这负面情绪可能和妻子无关）下有意借暴力来宣泄？这是需要认真反思的。

来电人想改变自己的意愿似乎很迫切，这是好事，但暴力倾向的改变需要时间，没有一种吃了可以立即见效的药片。他需要参加针对施暴者的辅导小组，进行循序渐进的心理辅导，才能够慢慢改变。所以不要操之过急，要做长期"抗战"的准备。

整理：颜宾
分析：方刚、陈亚亚

我遗传了父母的暴躁脾气？

基本信息
来电人：男性，二十八岁，大专学历，婚龄四年
孩子：女儿，两岁

暴力状况
刚结婚时，由于爱人父母的问题和对婚姻不适应，我们说着说着就会说僵，然后我就动手打她，她也抓我。结婚第一年，大约一个月一次暴力，互相打，我打完很愧疚。之后频率下降，第二年半年一次，最近一次是七八个月前。最严重的一次，我打她一巴掌，她拿东西砸我、咬我，我又打她几巴掌。我情绪激动时动手不知轻重，爱人出现红肿，但没有去医院。

我们很相爱，她也知道我不是那样的人，但我潜意识里会有骚动、控制不住，感觉有点危险。可能是由于孩子，我自己养活这个三口之家，压力比较大。我也打过孩子，一次用力较大，孩子脸上留下了红手印。

除了对家人施暴外，我还和同事、朋友打过。因为下属风言冷语，我感到被冤枉，希望澄清，但是没解决问题，就打了对方一拳，打掉两颗牙。同事去了医院，我去了警局，后来我就辞职了。还有由于我易怒的性格，我没法开车。一次我开车，前一辆车挡我，我就开车撞上去，结果那个司机和我下车后打了一架。

我很难控制自己的刻薄言语和暴力行为。如果对方冤枉我或者侮辱我，我无法冷静，会神经质地大喊大叫。当对方表现出不计较的态度时，我就更控制不住，会用暴力来解决问题。

分析

来电人的暴力倾向很明显，不但打妻子，还打孩子，下手不知道轻重，都留下了痕迹。除了家人外，他还打同事、朋友，以及路上起冲突的陌生人。暴力给他带来许多负面影响，如破坏家庭和谐、失去工作、没办法开车等，看起来他很需要专业的心理辅导，帮助他学习如何管理自己的情绪问题。

暴力背景

我爷爷奶奶感情很好，没有暴力。父母是包办婚姻，双方脾气都不好，从结婚初就吵架很凶、砸东西、打架。他们对我管教严厉，看不惯小孩调皮。母亲经常动手打我，她文化程度不高，认为棍棒底下出孝子。父亲对我也施加过多次暴力，初中以后才没有再打了。

我认为我有点极端、时好时坏、易冲动的性格遗传了父母的暴躁脾气。我父亲是家中长子，以前爱交朋友、性格直爽，但多疑，和同事朋友发生过激烈的暴力冲突。现在父亲比较沉默，也有绅士的一面，尊重孩子的意见。

我家里总体氛围比较好，我很孝顺父母，父母也很爱我。自从我十六岁以后，我父母就没怎么打过架，到现在差不多二十年了。尽管父母间暴力没有那么血腥，但他们的语言暴力和精神暴力对我影响很大，比如对小孩管教方面，又比如在与爱人相处时。我与爱人打架时，脑中会浮现出父母打架的场景。

分析

来电人情绪容易失控，与他的原生家庭有关，父母脾气均暴躁，夫妻之间充斥着暴力，对小孩也施加了许多暴力。尽管在来电人十六岁以后，家庭暴力减少了，但从小在这样的环境中长大，容易习得暴力的行为。来电人对此也有一定的认知，他注意到了自己在打人的时候，脑海里有原来目击暴力的影子。

暴力处理

打之前我情绪异常激动，打之后十分后悔，不知道怎么补偿爱人，会自己打自己。我尝试学习控制情绪的能力，有时和爱人出现冲突，会出去转一圈，抽根烟，以避免可以预见的暴力。另外，我用看书、听音乐、打台球、聊天等方式排解我的压力。

分析

　　来电者明白打人是错误的，打了之后非常后悔，会对自己进行惩戒，但这种方式好像效果不佳。值得肯定的是，来电人意识到问题后，尝试学习控制情绪，这说明他有改变的潜质。不过这么多年的行为模式，改变起来需要一个过程，切记操之过急，须知贵在坚持！

　　如果要进一步提高自控力，可以尝试下长跑，比如马拉松，把心中的压力转化为腿上的动力。这样一来可以挑战自己，锻炼自己的意志力；二来随着身体的强健，自控力也会加强，从而达到减少暴力的目的。

整理：朱昕奕
分析：陈亚亚

我动手打了妻子，她不原谅我

基本信息

来电人：男性，三十岁，公务员，婚龄五年
妻子：公务员

暴力状况

我和妻子是大学同学，感情很好。但我脾气不好，容易着急，她性格也很倔，这几年总吵架。比如我有一个计划，非常好，和妻子说，她就没有理由的反对，问为什么也不说，就是说"不行""绝对不行"，很坚决。因为她那态度，我非常生气，就大吵，控制不住自己。

两三个月之前，又是类似的事情，我气急了，动手打了她。我力气很大，她胳膊上红肿了。我过后就后悔，向她道歉，但这件事给了她很大的心理阴影，她一直不原谅。这之后还会吵架，但我克制住自己，没有再动手。我认真道歉过，但她总说我对她动手了，再说什么也没用。最近这半年，一吵架就说要离婚，但又舍不得，毕竟还有感情。

我这个人比较敏感，可能是自卑吧。别人说什么，我都会有联想。我们沟通确实有问题，我的问题是我控制不了情绪，是不是有心理疾病？我遇到事，总想要个结果，得不到就会急躁。我可能有完美主义倾向，无法接受不确定的状态，凡事要求十全十美。在和妻子就"计划"争执时，也想要结果，受不了她不说话、回避的态度。

还有一个问题，我工作上不是很顺。我觉得自己挺有理想，很热爱工作，想把事情做好、得到领导的赏识，被重用、提升，但我没有任何背景，性格和官场上的风气也不协调，很多做法看不惯，无法融入这个圈子。我也想过随波逐流，但做不到，挺矛盾的，心情很郁闷。特别是近一年来，可能因为这个和妻子吵架。我妻子倒没有因为我不能升职而埋怨我，只是说让我不要做梦，接受现实。

分析

来电人的婚姻有感情基础，现在的问题是可以解决的，但需要做出努力。婚姻中两人在一起生活，需要相互包容，不可能所有事情都有一个绝对清楚的结果。一定要有结果，不接受妥协与折中，其实就是把自己的意见强加给对方，是想控制配偶的一种表现。

来电人与妻子的沟通有问题，可能与妻子个性有关，也可能是来电人的交流方式有问题，需要从多方面来分析。来电人已经意识到自己容易急躁，建议从这方面来反省，比如自己在谈话中是否足够心平气和？如果感觉与妻子面对面沟通有困难，可以换一种方式，如写信，或者通过第三者来沟通。

妻子没有轻易原谅他那次肢体暴力是正确的，太轻易地谅解，会鼓励施暴者陷入"施暴—认错—原谅—再施暴"的周期循环中。来电人说控制不了情绪，但是否对上司有过发火，打骂呢？为什么只是对家人控制不住？所谓"控制不住"其实是借口，他当然可以控制住，这半年吵架时没有动手，不就是克制住了吗？不要借口"心理疾病"，为自己开脱。

关于职业发展，不能太急，而且你着急也没有用，慢慢做好自己的事情，就会有成果。更重要的是，做自己喜欢、让自己快乐的事，就非常好了。此外，可以想一想自己为什么那么想升职，为什么会急躁，为什么自卑，为什么想控制妻子？认识到这些均是来自成长中经历的负面影响，会对自己和家庭造成伤害，也许就可以放下许多了。

整理与分析：方刚

内心委屈的"忏悔者"

基本信息

来电人：男性，三十五岁，婚龄三年多
孩子：女儿，一岁多

暴力状况

我和我妻子都是再婚，结婚三年了。很多一点点的小事情，就演变成吵啊闹啊，然后就动手。我们刚结婚时，很小的一件事引起了第一次肢体冲突。那天已经很黑了，我没吃饭，她也不吃，坐在那里玩电脑，始终放着一首歌：《可惜不是你》。她的意思是我还不如她前夫。我很生气，说咱俩结婚了，你这样对我们以后生活不好。

年三十那天，她在那哭哭啼啼。我说大过年的不要哭，有什么好好商量。我们这有一个习惯，过年不能哭。后来我没办法，出去一段时间，回来她还哭。我说不要哭了，她躲在屋子里把门关上。我又说你不要再哭了，我给你认错。但她还是哭，敲门也不开，我就一脚把门踹开。她当时在床上，我把她手格住，在她身上打了几下，是隔着被子的。

当时她没有报警，但是把她父母、亲戚还有我同事、我单位领导都喊过来了，让他们评理。他们说无论她怎样，我先动手的，这个就是我不对。我也不是存心的，主要是怕她哭，我就承认错误了，保证不再犯，她就原谅我了，事情就这样过去了。

后来有天我加班，回家她问又陪谁去了，我说跟男同事一起吃饭。她说你今天一定要把那个男同事喊来，我说："有这个必要吗？以后我在单位怎么做人啊？你是不是想吵架？"她说："我就是要吵，让所有人都知道你干了什么。"我当时很火,她拿拖把来打我,我把拖把抓住后打她,打得比较狠,把她脸上打肿了,还往她头上踢了两脚,有瘀青。

这次她报警了,派出所把我训诫了一下,说打人是不对的,就叫我回来了。过几天,她叫娘家人在我下班的路上把我打了一顿。我觉得她的心太毒了,家庭矛盾吧,我也没有做对不起你的事,何必让外人来掺和,就这样在心里埋下了仇恨的种子,关系越来越僵。那时候我很想离婚,我说离婚,她又不离。

接下来女儿出生,两人关系慢慢好转。但是就在上个月,有个找我办事的人给我送了点小礼物,我拿回去给我老婆。她当时就不高兴了,说肯定是哪个相好送的。我以为是开玩笑,说不是呀。但她就不依不饶,必须让我说出来谁送的,不然没完。她一直闹,从早上闹到半夜,这样又把我激怒了,我就推了她一下,小孩子在那里吓得哭。

我把她推房间外面去,怕她又摔东西。当时小区里面都是我们同事,她就一直说,你做了亏心事,还不让我说。我说你不要讲了,闭闭嘴,不要再讲了。她就扑上来想扯我衣服,我推了她一把,她就在那喊"打人了,又打人了",然后又跑到房间里,在里面哭啊闹啊。

这次冲突后她又报警,坚持要求把我行政拘留,我在派出所待了三天。随后她起诉离婚,但法院没判。我们之间冲突我也很后悔,我作为一个男人,也不想动手,但是我被逼得没办法,被逼无奈。有时候打人以后,真想拿刀子把自己的手剁掉。

分析

从来电人的叙述看,似乎妻子的暴力在先。首先,怀疑和不信任会让伴侣觉得不舒服,进而,摔东西、哭闹等对伴侣构成了精神暴力。其后,来电人因为想阻止妻子摔东西,导致发生了肢体暴力。我们在观察这个案例时,不能忽视了前面"摔东西"这个细节,要注意到暴力的发生有一个互动的过程。当然,这并不是来电人升级暴力的理由。

来电人谈起几次冲突时非常委屈,仿佛自己的暴力是被妻子逼出来的,是迫不得已,但他并没有检讨自己对妻子的行为是否合理。比如妻子不吃饭,反复听那首歌的背景是什么,是否在丈夫这里受了很多委屈?又比如大年三十妻子不断地哭，肯定也是有理由的。丈夫不断地催妻子"不要再哭了"，对于正处于痛苦中的妻子，本身就构成了新的压力。

冲突最严重那次，丈夫似乎真的受了委屈，所以打妻子比较狠。因为公权力未能给以适当的惩处，妻子内心的怨气无法平息，便出现了娘家人替她报仇的情况。但是，不管是娘家人自作主张，还是她指使的，都是严重的错误，不但不解决问题，还会加深仇恨。事实上，这本身也是家庭暴力的一种表现形式。

公权力对家暴比较好的处理方法应该是，妻子受暴报警之后，警方对施暴者进行拘留等行政处罚，结束后，再对其进行强制性的心理辅导与行为矫正。然而由于制度的不完善，这些暂时都不可能实现。妻子在几次受暴后，终于懂得坚决要求对施暴者进行行政处罚，并成功地将他拘留三天，这对她个人和法制社会来说，都是一个进步。

暴力背景

我和她认识时和前妻还没有离婚，但是分居了，过了一段时间才办理离婚手续。这事在她心里一直是个疙瘩，认为我骗她。第二个问题是结婚时，她婚前买了套房子，因为我和前妻有个女儿，她就说要公证，说假如她有什么事，这个财产不能落到我手里。我说公证归公证，但你讲的话太难听了。

就因为这两件事，感觉她一直防着我、不相信我，有时候我出去应酬什么的，说不清楚的话就又吵嘴，打过好多次。我跟她结婚以后，没有做过对不起她的事，但她总是冤枉我，导致了这样的结果。

分析

两个再婚者恋爱时，一方尚未与前伴侣办理离婚手续，这种情况比较常见，主要是因为离婚有种种困难，有时会拖很长时间，有人希望早点开始新的恋爱。我们不想评判这种做法的对错，但需要强调的是，如果新伴侣知道这种情况后不满，便有义务进行解释，尽量消除隐患。否则，便可能出现此个案中的情况。

两人恋爱时，丈夫一直隐瞒没有离婚的事实，这是他们后来冲突的一个重要原因。女性在亲密关系中缺少安全感时，就会猜疑。而女性安全感的缺少，与社会文化中女性的不利处境密切相关。当然，我们并不是肯定这种猜疑，只是想指出：这对夫妻在建立亲密关系的能力方面，存在一定的欠缺。

目前诉求

我们现在关系很僵，我看了很多心理学的书，也去看心理医生，想努力改变自己。但这个努力是我单方面的，效果不是很显著。我想通过这个热线，知道怎么解决家庭问题，主要是有矛盾时怎么解决，特别是在发生冲突、暴力的这个阶段。

分析

许多施暴者急于"改正错误"，都是始于妻子提出离婚，而自己不想离婚的时候。这不能不让人想到，这是一种基于利益的临时选择。如果不是真心悔过，时过境迁之后，暴力还可能重演。施暴者的改变是一件非常困难的事情，靠自己读书通常不够。我们期待未来有专业的、强制或自愿参加的针对施暴者的团体辅导小组，来帮助他们改变。

整理：陶凤娇
分析：方刚

我忍不住要掐她的脖子

基本信息
来电人：男性，三十六岁，硕士学历，婚龄五年，无子
妻子：三十四岁，本科学历

暴力状况
我对某些事情比较敏感，她说了什么会刺激我。有时她会说脏话，我就感觉一个女人怎么能说脏话，就很愤怒、很冲动，去掐她的脖子，但没有真的用力。我没有经过大脑，像失去控制一样，不过手放在她脖子上，就一下子清醒了，然后马上松开。这样有三四次，她对我的反应比较激烈，我手放在她脖子上，她就抓我，打我耳光。

有一次她让我发信用卡的开销给她，我忘掉了，后来她又说一次，可能中间比较忙，又忘掉了。那次我出差，马上要赶飞机，我说我忘掉了，到有网络的地方再发给你。她就说我为什么这样子，我老早应该怎么样，不断数落。我要叫车，让她等一会儿，等我把事情弄完，当时心情很烦，在手机上找邮件，她一直在说，我一直找。

当时心情已经很不好，有情绪了，我就把手机扔在桌子上，可能扔的力度有点大，"嘭"的一声，然后把电脑拿出来找。她看见我这个动作，马上把我手机拿起来，砸在地上，手机砸坏了。就这一瞬间，我失去控制，冲上去掐她，她抓我，我就推开她、放开她。

她平时不说，吵架时会把所有对我的不满都说一遍。我觉得不可理喻，我觉得应该一件件说，否则我不知道该怎么做。可能女人就这样子吧，没有逻辑，越吵越厉害，没完没了。有时我能控制情绪，吵完就结束了。有时吵得厉

害，发展到不可控，我就去掐她脖子。

第一次对她动手是三四年前，最近一次和上次之间有一年半，我的忍耐度在提高吧，像上次如果她不摔我手机，我也不会那样。我没有让她受伤，有时候她抓我，腿无意间磕到床边，可能会受点小伤。有时她会把我胳膊抓伤，会流血，这个都是小伤，没关系。

分析

从来电人的叙述来看，夫妻冲突有互相暴力的成分，比如妻子骂人、摔手机等，也是一种精神暴力，让来电人受到了伤害。当然两相比较，来电人的暴力程度更严重，更值得警惕。这里来电人提到女人怎么可以说脏话，有一些性别刻板印象的影响，导致他对女性的话语尤其敏感，需要自我反省下，不要双重标准。

暴力责任

我父母很少冲突。我爸发火，我妈说一句就走了。我妈只要一生气，或说话声音大一点，我爸就默不作声，就走开。

我觉得我是施暴者，因为我掐她脖子。她觉得我不该扔手机，主要原因是我。通常我们吵架，我会和她解释我为什么这样做。她说你可以这样做，也可以那样做。我当时想不到那么多，她就说你应该怎么样。我的想法是，现在我们有问题了，就解决这个问题，而不是说我应该怎么样，这样不明智。

分析

虽然说家庭暴力常在原生家庭中习得，但也并非一定如此。来电人的父母很少冲突，甚至连争吵都不常见。来电人的行为可能是从其他途径习得，跟原生家庭没有关系。在这方面，也不妨跟父母学习一下是怎么控制情绪的。

夫妻冲突，互相推诿责任很常见。这里来电人承认自己是施暴者，有一定的担当，值得肯定。来电人感觉跟妻子沟通有困难，可能是方式不妥。建议在关系比较融洽时进行协商，议定一个都认可的解决方案，一有冲突就按照既定方案处理，避免矛盾升级。

男性气质

我太太对我的评价是,在外边别人说什么,我都比较容易同意,而对她就是什么都不同意。在外边,不涉及什么根本利益,我觉得无所谓,你这样做也可以,你那样做也可以。所以在外边、在公司不是特别坚持自己。

分析

来电人在外边比较温和,容易同意别人的意见,但在家里却针锋相对,特别固执己见。这在俗话里叫作"窝里横",就是觉得对老婆不必像对外人那么尊重,是一种男权思想的体现。来电人的解释是家里的冲突涉及根本利益,所以不想妥协,但这只是一方面,可以试想一下在外面的时候,涉及利益冲突时是否会退让呢?

目前诉求

我觉得她比较喜欢控制,如果不按她的意思做,她就很不开心。但是一般都按照她的模式来,有时候她稍微改变一下,觉得那样更好,没有告诉我,我还是按老模式做了,她就不开心了。我想改变她很难,只有改变自己。我想维持这段婚姻,不知道怎么做。

分析

来电人的妻子也有控制欲,如果不按她的意思做,就会生气。而且两人沟通不畅,经常妻子的心意已经改变,丈夫却不清楚,导致矛盾。如果可能,建议妻子也去做心理辅导,改善交流方式。当然来电人也要反省,看是否夸大了妻子的缺陷,并反思妻子这些问题背后的根源是什么?因为如果夫妻感情好的话,彼此的容忍度肯定是更高的。

来电人想要改变自己的意识是好的,但需要认识到夫妻关系的改善,需要双方一起努力,所以还是要想办法沟通。当然首先是要控制住自己不再施暴,比如当妻子有一些不理智的过激行为时,就立刻离开现场,争取不要把冲突升级,把暴力掐灭在萌芽状态。

整理:田斌
分析:陈亚亚

妻子拒绝做爱属于暴力吗？

基本信息
来电人：男性，婚龄十年

暴力状况
妻子不愿和我发生性关系时，我有时会打她，有时也强行和她发生性关系。上一次打她是一个多月前，打过后我们表面上客气，不过妻子内心很计较。我每次都没有把她打伤，更没有打成骨折，没有像李阳那样，因为我知道这要负法律责任，而且伤感情。

我不是经常打她，也不想一直打她，但是妻子总是不愿意和我发生性关系，把我逼得没办法。在一起十多年了，不容易，孩子也不小了，我不想这件事情没完没了地进行下去。

分析
因为妻子拒绝性生活，来电人便打她、强奸她，显然属于家庭暴力中的肢体暴力与性暴力。来电人一再弱化自己的施暴程度，但这并不影响其施暴的实质。他知道暴力会"伤感情"，不想"没完没了地进行下去"，可见其是想改善亲密关系，但他的做法是错误的，不但无助于增进两人间的性关系，而且可能破坏和谐性关系的基础——感情。

传统观念认为夫妻间有相互满足性欲的义务，但这是不对的。每个人都拥有使用自己身体的权利，这是基本人权。即使是配偶，也可以自主地决定是否与对方做爱。结婚绝不意味着一个人身体的某一器官的使用权永远归另一个人所独有，随时可以使用。如果违背配偶意愿强行与之发生性关系，便属于婚内强奸。

暴力责任

妻子因为我在外面有些娱乐，没完没了地计较。但我承诺不了自己以后不会在外面找人。我觉得没必要，现在这个社会，谁也不能保证一辈子就忠于一个人吧。我一开始是忍，但是不能一直忍，我和她明说了，不要每天摆着一副臭脸，像我欠她一样。

性本来就是夫妻间根本性的东西，如果她两三个月都不愿意和我发生关系，是不是也叫性暴力？她有她的理，我还有我的理呢！几个月没有夫妻生活，我觉得比挨一顿打难受多了。她这样我没法不在外面找人，我在外面找，一部分原因就是妻子没在性方面满足我。

分析

首先，暴力没有任何理由，所以无论来电人多么理直气壮，把自己装扮成很委屈的样子，都无法推卸他的责任。

这里涉及对婚外性的看法。有人也许会说，配偶一方出轨，已经是对另一方的"暴力"，至少是精神暴力。但从性人权的角度来看，出轨并不侵犯配偶的人权。分析者倾向于认为，这是伴侣双方性价值观差异带来的矛盾，应提倡协商解决争端。还需要注意的是这里有无双重标准，以及是否将自己的意愿强加于人。

至于拒绝过性生活是否属于家庭暴力，要看具体情况。如果是基于惩罚对方的目的，属于家庭暴力；如果是自己没有欲望，则是个人的权利。在本个案中，妻子因为反感来电人的婚外"娱乐"而拒绝做爱，看起来更像是后者。何况，丈夫即使觉得妻子拒绝过性生活属于暴力，也不应该以暴力来应对，他在这种情况下有权利做出自己的选择，除了施暴以外。

来电人施暴，妻子必然更加排斥性爱。因为对许多人来说，性爱的基础是感情，谁也不愿意在拳头的阴影下过性生活，这样的生活一定让人的性欲荡然无存。此外，也可以考察一下妻子是否有别的原因，是以前的经历有阴影？还是从来没有在性生活中得到快乐？发现问题的根源，积极解决问题，才是出路。暴力永远不会成为出路，暴力的路会越走越窄。

目前诉求

妻子早些年对我挺好的。结婚这么多年,我知道妻子在意我,要不是因为这些乱七八糟的事,夫妻关系会很好的。我在意我们夫妻的关系,想做出改变。我可以先不打她,但是她也要在性方面配合我一下,这个很重要。虽然我知道打没有用,但是打比不打好,至少自己心里觉得平衡一点。

我并没有因为在外面得到性满足而内心平衡,平衡了我就不会打这个热线。妻子要求我以后绝对不在外面找人,我保证不了。我希望妻子有所改变,她就是死脑筋,要是再理解我一点,我就会对她更好,甚至有可能不在外面找人了。

我和妻子说了很多次,让她拨打热线咨询,但她不愿意。就算打了,我也觉得她不会改。她要改我就改,她不改我还是会这样维持现状,要么就这样,要么就别过。我能做的都做了。

分析

来电人一直要求妻子先妥协,先理解她,自己才会停止暴力,但这是不合理的要求。他既然意识到了出轨是夫妻矛盾的根源所在,就应该着手去解决这个问题,或者努力就两人的性价值观达成一致,或者评估婚姻存续是否还有可能,及时做出抉择。总之,暴力不应该成为选项。

整理:俞欣元
分析:方刚

我渴望改变自己

基本信息

来电人：男，三十岁，婚龄四年

孩子：儿子，两岁半

暴力状况

以前我们感情还可以，有了宝宝之后，因为和我父母住一起，我个人事情又多一点，有时会吵架，大概隔三个月我会动手一次。我们男性嘛，生气比较快，我大声说她几句后，她就不会继续说下去，次数多了，我就会动手，打她的胳膊和身体。

第一次打她，她当时愣住了，跳下来看着我。我没道歉，冷战了一天，她就缓解了。后来也有一次很激烈的动手，当时我丈母娘和丈人也过来了，我表态以后不会再动手。今年开始陆陆续续又有打仗，几个月后就彻底激化，其中发生了一件类似分水岭的事。

那天我们住在丈母娘家，头天晚上我们参加一个酒宴。后来她跟我说，我没有很好地去引导她，只管自己一个人走。还有我老婆说我在酒宴上用很古怪的眼神看她、鄙视她，其实我没有，不知道她为什么会有那种感觉。

后来她就找茬儿，在客厅说脏话，还拿香烟扔我。第二天凌晨上厕所，有意无意地踹了我一脚。我被踹醒了，当时就很生气，间隔十几秒后就爆发了。虽然在我丈母娘家，但我已经没法控制，不知为什么特别生气，抓紧拳头，用尽全力往她头上狠狠地砸。后来我们被丈母娘拉开，她去照顾孩子，我不知哪来的脾气，冲过去又把她打了一顿，下手很重。

从那天开始我们就分居了，一直到现在。事情刚刚发生之后，我性格脾气比较倔强，五天没有去承认错误。后来我打电话给我岳母，说过去一趟，她说好。不知道什么原因，她又打电话来说，今天不行。我感觉事情比较严重，必须要摆出一个态度。

后来我带着诚意去的，努力想挽回，承认完错误后，我老婆的话让我挺恼火。她说："你是个特别不值得信任的人，跟你没法过。"她当天没有回来，说再过一段时间。那时我岳父在客厅，听到了这个语言，感觉我态度不诚恳。我现在回过头来看，也确实是没有诚意。

我岳父也比较古怪，性格有点暴躁。他之前也调节过我和老婆的矛盾，我向他郑重其事保证过，以后不会打了。后来我还是对我老婆施暴，因为工作上的压力，她说了一句很平常的话，我情绪没控制好，就向她动手了。最严重的就是这次在她家里打她，我岳父得知后也很纳闷，问我是不是打人成瘾啊，因为距上次我和他电话沟通，一个星期都不到。

当时他们家房间比较大，他住另一个房间没听到，如果听到，我们之间可能也会起冲突。这次我丈母娘家，尤其是我丈人说，对我彻底没信心了。有一次我老婆差不多想好了要回来，但我岳父就在旁边说，你要好好想清楚啊。不过我岳父说的也没错，如果那次我把她接回来，但没有意识到自己的问题，我憋半年或者一年，还是会继续施暴。

我们之间误会太多，我自己情绪没控制好，主要是不会缓解压力，这是很大的问题。我感觉她经历的事情太少，亲戚朋友都说，小两口过日子嘛，小夫妻吵架，相对来说也正常，我叔叔也讲那是磨合期。我就弄不懂，我老婆为啥不理解。我现在知道了，我没有权利去打她，没有权利让她闭嘴，但当时我就觉得我老婆为什么这么敏感。

现在一审没判离，我老婆在娘家，孩子两边走动。我们手机联系，涉及的都是什么时候接孩子。一般在接送孩子时会见面，我想主动沟通，但她会有意无意地避我，感觉她是恐惧，可能我伤她太深了。虽然我有悔恨的表现，但老婆已经不相信了，解释的机会基本上没有。我也想通了，如果她想摆脱这个环境，我也不怨恨，因为确实是我不对。

分析

来电人是施暴者，已部分认识到了自己的错误，有悔恨的表现和改变的愿望。然而亲密关系破坏很容易，修复起来很难。这个案例里因为家暴，施暴者失去了幸福的家庭，付出的代价很大，自己非常痛苦。这说明在家暴中，施暴者也需要帮助，因为施暴者也并不想施暴，也想要和睦的家庭，只是他们经常找不到自救的方法，无法控制自己的情绪。

受暴者目前住在父母家中，父母给了她很有力的支持，从而避免了进一步的伤害。可见受暴者在遭受暴力后，能否得到社会支持非常重要。父母、亲朋好友都应该支持受暴者的选择，特别是父母不要有"忍忍就过去了"的想法，因为施暴者如果没有深刻反省的话，类似的暴力就还会发生。

暴力背景

我从小在农村长大，村里男孩子比较多，经常发生一些小矛盾，就成群结伙地用暴力来解决问题。虽然我没有参与，但是耳濡目染，会有一定影响。另一个呢可能是受影视的影响，在我十五六岁时看欧美电影，它会涉及一些暴力。后来在很多无法控制的事情面前，我就会不由自主地使用这种简单直接的方式。

我高考时考得不好，分数不理想，在择校时家人给了我很大压力。那天吃午饭时谈到择校问题，我很紧张。我母亲说了几句，我不知道哪来的脾气，就动手了，打我母亲，也是打脸。我那时是小伙子，力气比较大，我母亲很委屈，流泪了。我没道歉，我母亲打电话求助娘家人，我外公、姨夫、舅舅都过来了，很严厉地批评我，我舅舅还给了我一巴掌。

我和老婆的现状让我感到很后悔，但当时打母亲并没后悔。后来因为婆媳问题，我也打过母亲，也没有悔意。为什么呢？不是因为我母亲对我不好，而是我感觉她哪壶不开提哪壶，而且她应该也有察觉，就是她继续说下去，我可能就会动手，但我母亲她就是叨叨。我在打她时，心里不断重复的一句话就是："闭嘴！不要再说了。"

我大学没上，出来比较早，换过很多工作，那时家人给我压力很大，认为我没有耐性。尤其是我母亲不理解我，她会说某某某也没上大学，学了门手艺如何如何，物质和精神条件都上去了。她对我婚姻比较关心，感觉我内向、不会表达。我很反感她说我经常换工作，还有谈论我找女朋友的事。我跟她之间交流比较少，所以那时我对她施暴没有悔意。

现在，我发现爸爸妈妈对自己影响很大。老爸老妈喜欢劳动，是服务型的人。我给父母买衣服，他们不穿。我跟母亲说，出去玩玩啊，她也不想要。面询老师说，像这样的人，如果帮他去做事，他会感觉好。我自己在二十到二十五岁时是愿意帮父母去做事情的，可是他们不说话，给我的反馈不是很好，我觉得父母给我的赞扬太少了。

曾经有一次我跟爸爸争吵，我说我脾气不好是跟你学的。他很恼怒，说这样的话我就该去找你爷爷。认识到我父母的性格后，我好像解开了一个结。之前父母为了小事争吵，我会插嘴。父亲把我叫出去训，我就会摔、踢东西。现在我好多了，他们吵架的话，我就比较平静，不去参与，听不下去了就会走开，去溜达一段时间。

分析

来电人曾经有过对母亲的暴力行为，母亲当时求助家人，舅舅采取了以暴制暴的手段，但并没有产生积极的效果，来电人丝毫没有悔意。直到后来来电人参加了白丝带，在心理咨询师的帮助下，了解暴力的相关知识后，才开始反思自己的行为，重新审视自己与父母的关系，尝试弥补自己施暴带来的伤害。

来电人在了解父母后，"好像解开了一个结"。他开始探讨家庭环境对自己的影响，明确了当初的误会所在。在中国的家庭中，父母往往不愿赞美孩子。来电人曾经很愿意帮父母做事，希望得到父母的夸奖，可他们好像并不在意，这对他打击较大，让他很失望，但这并不意味着父母不爱孩子或不愿意他帮忙，而是沟通模式的问题。

来电人在分析后，认识到自己可能受到父亲跟母亲吵架的影响，以及父亲可能又受到了爷爷的影响，这都是原生家庭带来的问题。他逐渐意识到，父母争吵的责任并不在自己，这是他们的问题，需要他们自己去解决。他可以去帮助父母，但不需要为此去承担责任。如果暂时改变不了，可以先离开这个环境，避免给自己带来不良的影响。

暴力处理

我加入了白丝带，白丝带联合施暴者一起抵制家暴，这是很好的。我觉得家暴就是要关注施暴者，不能把施暴者撇开。比如男人是个施暴者，如果下决心改变的话，也得给他机会。我也有这个决定，不管我能不能挽回这段婚姻，我都要改变。我跟我一些要好的朋友说，跟我老婆也说，但我老婆不相信我。

从分居到现在我经历了煎熬，通过老师辅导，包括看一些书，我分析是我自己的问题。我感觉我有个循环的暴力周期，以前和好了，后来因为琐事，找借口又动手，就这样周而复始地循环，而且周期越来越短。另外，我跟我老婆发生暴力冲突，我还打我自己了，有那么一两次还下跪了，其实这也是在伤害我老婆。

我主要是去关注、处理自己的情绪。最近在工作中又遇到一些压力，情绪又有点压抑，就打这个热线来缓解一下。我在当地也找了咨询师，面对面咨询了三次。老师给我一段催眠录音，要我反复听。我听了二十多天，感觉有效果。在工作的时候，我很紧张，在办公室里会握着拳头，牙齿都会咬得很紧。现在我感觉好多了，能调节自己情绪。

我还参加了亲密之旅，活动中让说出伴侣的三个优点和一个感动的事情，当时我一件也没想到，后来才想起一件小事，就是那次她帮我买药。我对我老婆真的不了解，觉得亏欠她。我发现在婚姻当中，无论男女，不会解决问题的人很多。两个人没有沟通的技巧，彼此埋怨，一些很小的事情积累起来，就会导致很大的冲突。

上次电话沟通，老师建议对爱人表达歉意，这一步我一直没有跨过去，感觉非常困难。接孩子时在一起的半个小时，妻子会避开我。我设想心平气和地跟她说话，可是当见到她时，就不想说话了。试着给妻子发短信，她觉得啰唆，说不要再发了。亲戚朋友给我一些建议，说先冷处理一下，所以除了接孩子沟通一下时间外，没有其他的联系。

老师说过，运动也是解压的好方法，我也参加了一些运动。此外，我还参加了当地佛学的课程，佛学现在不是很正规，有幸的是也有大师过来。有个法师教我们做了一次冥想，我做完后感觉似乎有了一些交代。现在有空我会去听一些讲座，打电话之前我还在微信上看一些自我开悟的东西。

分析

暴力行为背后有着社会文化、家庭、个人等多种复杂原因，施暴者往往自己也是受害者，内心也在忍受煎熬。如果仅仅是对他们进行指责，甚至以暴制暴，不但不能帮助受暴者，也无法帮助施暴者做出改变。只有对施暴者进行专业辅导，他才可能改变对暴力的认知，找到接纳自己不良情绪的方法，控制好情绪，最终实现改变自己行为的愿望。

在几次热线咨询的过程中，可以看到来电人的努力和一步步的转变。他不再为自己的暴力行为开脱，而是跟随咨询师的引导，从自身来寻找施暴的动因，并有意识地开始学习如何控制和调整情绪，通过健康的兴趣爱好分散自己的注意力，合理地释放压力。不过，来电人妻子内心的伤痛还未平复，一家人要从暴力的阴影中走出来，还需要一个过程。

伴侣关系

结婚之前我经常住在她们家，结了婚以后，我要回家住。为什么呢？因为我们村子就有这个情况，没在家里住，后来发生一些事情，就分道扬镳了。她父亲眼中住哪边都是一样，她母亲是支持回来住的。

结婚之后常住在我家，生活方式突然间改变了。在经济方面，她花钱比较自由一点，我们是工薪家庭，在城乡接合部，他们家做些生意，经济情况比较好一点，有了钱就花，我们家是一步步的，所以我老婆对于家里的花钱情况不适应。

另外，婆媳关系没处理好。我老婆是剖腹产，生完孩子挺累的。我妈妈对孩子照顾多一些，对老婆照顾少一些。我们都是独生子女，家务劳动不怎么做。有一次我岳母跟我老婆说，作为妻子应该做些家务。我老婆回来后就主动洗碗，我母亲看到了很高兴，就说："哎呀，你洗碗了。"她听到就很不舒服，说："洗碗不好，不洗碗也不好。"

我老婆有时候会提起来我母亲，类似其他生活琐事，建议我说一下我父亲和母亲，我就联想她是不是借那件事说这件事，加上工作上比较累，觉得没必要说。有时自己心理没调整好，就会向她大声嚷嚷，会吵架。我老婆比较内向，吵不起来。我手下有几个员工，经常教导教导，我老婆就感觉我像在训员工。

后来我工作上有一段时间压力比较大，我不大会调节，会把工作上不开心的事带到家里。回家后就想躺在沙发上面，谁也不要打扰我。但有时她有些言语，其实现在想起来，也是很平常的话，但我在当时环境下面，听后情绪就有波动。我老婆敏感，我这个男人胸怀也不大，有些所谓的闲言碎语，我听到了，就会小题大做，回想起来真没必要。

我老婆个子矮点，微胖，脸上有雀斑，觉得自己不好看，有点自卑。学生阶段她非常内向，做事情畏首畏尾的。她喜欢看书，处事态度都从书里学，接触社会比较少。我不愿意她受委屈，她在工作当中受排挤，我就用我的工作经历去跟她讲，但没掌握好度，她觉得我变啰唆了。一开始她跟我敞开心扉，我就说老婆，我们不要一下把话说掉，剩点以后再讲。她就黏我，结果后来真的没话说了。

其实她没什么坏心，就是粗心大意。一开始我接受，后来结成夫妻，就想让她把这个毛病改掉。比如我老婆喜欢把手机放在口袋里，经常联系不到。又比如她有时在她妈妈家吃饭，我们把饭准备好了，她没回来。我非常恼怒，跟她说你要跟我讲。包括他们过来接孩子，我岳父岳母喜欢外孙，但他们会直接过来，不打电话。我没法理解，不同意吧说不过去，同意吧有点失落，跟我老婆也反映过，她说这个你在意什么呢。

后来我自己也想，我老婆虽然粗心大意，但没发生过什么大事情，没把存折丢了，没把孩子丢了。我为什么这么生气？我解析了一下自己，可能我就是想控制她，家庭暴力就是一个权力的争夺，男人胸怀比较大的话，其实也没关系。她不就是没打电话嘛，我就把小事情吵成大事情，搞成天翻地覆，还动手了。

我老婆对她嫂子有点意见，为什么呢？我岳父岳母对她嫂子比较关心，某些程度上超过了这个女儿，我老婆感觉还比不上她。我老婆的哥哥是他们那个家族两代单传，她哥在语言方面比较欠缺，我岳父帮他撮合成了一段婚姻，下了很大的努力。我岳母也感觉这个很重要，为了让外地媳妇融入，做了许多工作。我老婆看在眼里，她感觉自己的地位在下降。

有一次我岳母说出这种话，"我以后老了不要别人来照顾，只要她嫂子来照顾"。我当时就纳闷了，搞不懂了，我老婆也不懂了。为了要维持外地媳妇的状态，我感觉他们做得过分了。他们也是小家庭大家庭住在一起，矛盾很多，后来分开了，很好。现在我们呢，也是很大的矛盾，但岳父却不做努力。当然我不怨我岳父，我怨我自己。

分析

在夫妻的沟通中，男性会倾向于解决问题，在意什么方法"有用"，而较少或较难去体察和碰触自己内心细微的感受。其深层次的原因是男性不那么善于观察，不但不能体察妻子的需求，也往往体察不清自己的感受，所以更容易用简单化的方式来处理情感问题。

来电人对待自己的妻子缺乏平等意识，比如要求妻子婚后从夫居，教导妻子像训员工一样，这些让妻子感到不适。来电人在分析原因时，更多在找妻子的缺陷，但正如来电人后来意识到的，这些其实并没有那么重要，完全可以通过互相包容、协商来解决。

此外，来电人妻子的父母重男轻女，将更多心力放在没有血缘关系的嫂子身上，这导致她对原生家庭不满，对婚姻中的情感需求较多。来电人对此虽然有了解，却没有给予足够的回馈，没能让她在婚姻中产生安全感，这也是夫妻冲突的一个诱因。

亲子关系

我以前对孩子很少关心，觉得孩子比较烦，会打扰我正常的生活。后来我想改变自己，就去看一些情感博客。有个老师说男性一定要参与育儿，要融入家庭。现在我跟我孩子的感情越来越好，他也喜欢黏我了，我也不讨厌他了。

孩子目睹过我和爱人冲突，现在一听到大人打架吵架，就会大声叫喊："不要再吵了！"以前我和妻子吵架，他会跑过来打我一下，打妈妈一下。之前电影放到有关家庭的片段，我会关掉。现在不会关，也会主动跟孩子讲，给他看家庭照片。我想让孩子知道，爸爸妈妈不是没有感情，是有些事爸爸做得不对，妈妈选择离去，让孩子知道这不是他的错。

我想问孩子要怎么教导，这种情况下孩子怎么办？因为马上过年了，亲戚朋友也会在一起，有可能亲戚朋友会问到，有意无意地对孩子造成伤害。我该怎么引导孩子，让他慢慢理解这件事。现在孩子两岁半，似懂非懂，但我觉得他察觉到了。

分析

孩子很单纯，也很敏感，有时候会把父母的分开归因到自己不乖、自己有错上,这是需要避免的。虽然孩子还小,但已经目击到父母间的暴力,对父母分居的事实也有一定的认知,所以更应该积极干预,不让负面情绪影响到他的成长。来电人要跟孩子多沟通,引导孩子正确看待现状。

此外,整个社会也应该对单亲家庭提供社会支持,比如不要对单亲家庭的孩子给予负面评价,指指点点,表达一些不恰当的同情等。

男性气质

我们单位上级检查比较多,老总压力非常大,会把压力分担给我们。我有一个同事,他很刁钻,工作有小聪明,但是没有品德。还有一个老同事,他是不尊重人。我跟他们在工作中接触,受影响很大,就把情绪压抑了,回家后好像还处在工作状态。单位里大家对我评价挺好,说我是老好人,但我也受委屈。原来我压抑得不得了,现在还好一点。

我要好的朋友有几个,但不太想去麻烦他们,他们自己也有家庭,在QQ上也聊不出什么,有时去他们家玩,也是点到为止,不会聊得太深入。我有时想展开说,有些朋友可以理解,但有些朋友就是随便地说一下,这些负面情绪就没有很好地宣泄出来。

我自己最近也在反思,工作投入太多,把家庭忽略了。当然加班也有工资,但我现在觉得这些加班很无谓,倒不如在家多陪陪家人,或者说出去走走,把心情调整下。我在工作当中是从普通基层员工慢慢升起来的,现在想起来宁愿不升职,就没有工作压力了,也会跟家庭好一些。但我后来想想就是个借口,不升职也会找其他理由来打老婆。

分析

在这个案例中,来电人对妻子拳脚相向,把在工作中遭受的挫折化成情绪发泄在妻子身上,一方面说明他的大男子主义,因为他只打妻子不打别人,是有选择性的;另一方面也揭示了社会不允许男性表达脆弱的潜规则,这导致男性更容易积压负面情绪。以上这些都是父权文化的影响,体现在性别不平等、性别差异上,需要引起警惕,及时做出改变。

一般而言,男子性别角色的社会化过程即是暴力倾向或行为的养成过程。身为男性很难躲开这样的影响。如何宣泄负面情绪,了解自己细微的感受,不仅是施暴者,也是所有男性需要掌握的。总的来说,应该鼓励男性去向亲密的人(如妻子或朋友)诉说苦闷,不要把心里的委屈转换成愤怒、暴力,要尝试用更有效的方式去缓解压力。

目前诉求

我现在就是想迈出去,向她承认错误。以前是想我非得把我老婆争取回来、挽回来,现在我很冷静地看待这份感情,能续就续,不能续也没办法。她现在处于阴影里面,看到我都是很怕的。如果她去看心理医生,也会更好地排解自己,但我不会跟她说,我觉得她会误解我。我希望我老婆能和我一起加入白丝带,让我们一起改变。

其实我很愿意成为一个成功改变的案例,不管以后我的家庭能不能挽回,我想把施暴者这个角色慢慢地、彻底地改掉,感觉这个东西对我伤害太大了,把家庭都给拆散了,对家人和孩子产生了很大伤害。我知道有些东西强求不得,但如果我能改掉这个坏毛病,不管以后是一个人,还是再找另一个人重组家庭,对我来说都是好的。

分析

来电人不光认识到了问题,而且在努力改变,这是非常难得的。来电人希望和妻子一起参加咨询,一起改变。这再次提醒我们,消除家庭暴力需要夫妻一起努力,只改变施暴者也是不够的。最好是能进行以施暴者辅导为主,个体婚姻治疗为辅的方案,当然这个方法的前提是妻子自愿,这可能需要一些时间。

来电人目前做了大量努力,来分析和解释自己的暴力事件,但他可能更需要去了解,这些事件给自己带来了什么感受,等到下一次遇到这种感觉时,能主动将此停止,比如说自己出去一下,或者冷静个十几秒钟,就能有效地遏制暴力。当然,事件的原因分析,事后仍然是需要的,解决冲突的根源,对缓解矛盾会有更大的帮助。

整理:林夕媛、邓丽丹
分析:方刚、陈亚亚

我只是拍了她一下

基本信息

来电人：男性，二十八岁，农民，婚龄七年

妻子：二十八岁，农民

孩子：两个女儿，一个五岁，一个六岁

暴力状况

我脾气不好，有时心里不舒服，喝点酒说她几句，她就哭了。我说你别哭了，她还哭，我就拍她几下，然后她回家给她父母说。这就是家暴？一年这样有三四次，我们结婚七年了，一直是这个样子。现在她说我是家庭暴力，把我告了，要离婚。

我喝醉酒就想和她吵架，两口子老在一起嘛，时间长了肯定要发生口角，我觉得很正常。我打她，我也是年轻人嘛，喝酒喝醉了男人就不清醒了。以前伤心时喝点酒，年轻气盛，拍她一把，她起来就走了，我也没拦她，轻轻拍一下也叫打吗？

在家拌拌口角也没什么，床前吵架床尾和好。可她的嘴像个开关，没个把门的，有什么事就给她父母说，让她父母来处理，一直都这样。有次别人家的八卦新闻，我给她说了，还跟她说，你千万别说。第二天她就给她父母说了，后来不知道怎么就传到那人耳朵里了，人家喝醉了来找我说这个事，就把我打得住院了。

如果我和她吵得不厉害，她父母还让她回来；如果吵得厉害，就不让她回来。有一次吵架是在孩子刚刚出生的时候，她父母就留下她不让回来。我找她舅出面去说和，回来对我说，在他那里押一万块钱，如果有五个月时间不和妻子吵架，就把钱还给我。我答应了，但后来还是吵了，我不长记性，这钱就没有还给我。

我就是爱喝酒，心不顺嘛，就爱喝醉酒。心情愉快时，我和我媳妇儿也挺好的。每次我打她，孩子也在场，事后孩子就说："爸爸你别喝酒了。"我也挺后悔，很懊悔，但是朋友聚会在一起，喝醉有时就难免。现在朋友听说我喝酒打媳妇儿，都不让我喝了。

分析

施暴者自述有淡化暴力行为，但我们还是可以从他的表述中看到：暴力真实存在，而且多次。施暴者借口"醉酒"逃脱责任，但甚至连他的朋友都知道他酒后要打妻子，不和他一起喝酒了。每次施暴导致妻子回娘家后，他再去哄，保证过无数次，甚至有亲戚以"押金"方式限制他施暴，也没有用。这种暴力具有非常典型的循环性、周期性特点。

酗酒文化的存在，一定程度上鼓励了暴力的发生和泛滥。尤其在农村，喝酒的人比较多，借酒撒疯，为施暴找理由，是施暴者们普遍的特点。不过在这个案例中，施暴者的朋友知道他有这个毛病后，主动拒绝与他一起喝酒，这点还是值得肯定的。

暴力背景

今年我在外面打工，跟妻子说好，回来租她家那个门脸房。她以前也说让我租的，可我回来，她家已经把门脸租给别人了。我就特别生气，跟她抱怨。那天正赶上我老丈人生日，我多喝点了酒，回来和她吵了几句。我爱人一直哭，也不说话，我就拍了她一下，她说我打她，哭得更厉害了，打电话给她爸妈，她爸就来接她走了。

我知道那天是我错了，我给她跪下。我也是想让家里富裕一点，才想租她家门脸房，本来意愿是好的。她家不想租给我，怕我占人家房子。喝酒动手，我也记不得怎么就打了她。作为一个男的，我喝酒喝多了，计划了四五年的事泡汤了，谁不生气啊。

她家明着一套，背后一套，我心里有点不服。我都给他们说过了，让岳父岳母有所理解，但他们说，怕我以后再有这样的行为。以前就是她们家不抓理，就让媳妇儿回来，这次是我想占人家门脸，好像有点说不过去嘛，没占到还跟他家女儿吵架，所以就不让她回来了。

分析

施暴者说了很多矛盾的起源等，但不管是妻子动不动去娘家告状，还是老丈人不给他租门脸房，都不是施暴的理由。即使是有一些利益上的冲突，暗地里的算计，那都是可以通过协商解决的，解决不了可以另辟蹊径，比如门脸房完全可以另找，不是非得靠老丈人提携。

暴力责任

我喝酒后情绪不受控制打了妻子，主要责任在我，我后悔了，知道错了。我已经真诚地跟妻子和老丈人道歉，但他们不原谅我。我不想离婚，我离不开她，女儿也离不开她。她主要听父母的，这段时间不回来，孩子现在上幼儿园，她也不接孩子。

这个事，我甚至不记得打没打她。喝醉酒走路不稳，碰她一下，她说打她了。当时我意识不清，法律上我不知道怎么说的，验伤？我就是轻轻拍她一下，她能验出什么伤啊？比方说，我拍了她一巴掌，她青也不青，红也不红，她怎么去验伤啊，她肯定不会去验伤的嘛。

分析

施暴者承认自己有主要责任，但随即连打人都否认了，说是自己醉酒后走路不稳碰了妻子，这是明显的责任推诿，说明他的道歉是没有诚意的，只是权宜之计。他只是不想离婚，因为自己在生活中离不开妻子，孩子也离不开妈。说到底，是为了他自己的利益考虑，把妻子当成免费的保姆。

暴力处理

她回娘家了，我半夜吃完晚饭就去她家。老丈人说，让她在家里住两天再说。结果我带着孩子生活好几个月了，我老丈人怎么说也不让她回来。她闹着要离婚，我去了她家不止一次，见不到我爱人的面。比方说离婚吧，我们夫妻俩可以自己谈，她真的要离，我也没办法，但是我老丈人不让我跟她说话，把我媳妇儿卡死了。

她不接我电话，我给她发信息，发过很多次，她没回。两个人不可能了，早晚都要离婚，但我不想离，我和孩子都离不开她。我不知道我媳妇感觉怎么样，现在我都不知道我媳妇到底对离婚是不是真心，还是让她父母给逼的。她把父母放第一，我跟孩子放第二，什么事情都以父母意见为主。

我让村支书和她亲戚还有自己家人都去说和，但是不管用。就是我不想去说和，我家里人肯定也会去的。但是他们不信，一门心思让她女儿跟我离婚。我们家所有人把她所有的亲戚都找遍了，还是没用，她们家的想法永远不会变的，只能等着开庭了。

我见过法院调解员了，说我和媳妇儿关系一直很好，就是我老丈母娘家一直挑唆我们离婚。我妻子要跟我离的话，我也没有办法，反正她对我也没有感情了。可现在是我老丈母娘对我没感情，她家主要说我喝酒。我给调解员说我以后保证不再喝，调解员也说："你这段时间肯定不能喝酒，你如果再喝酒，我肯定是不会帮你说话的。"

分析

受暴者的支持系统是比较强的，其家人（主要是父母）支持她离婚。但这在施暴者眼中对他很不公平，因为他无法理解受暴者及其家人的感受，这是许多施暴者的共同特点。受暴者的支持系统如何发挥作用，在针对施暴者的矫正活动中应该关注到。比如在此个案中，受暴者的家人就已经非常重要地参与到了事件当中，不可忽视。

伴侣关系

恋爱的时候，我们感情挺好的。我是农村的嘛，在外面打工，回家时间不很长，回来就给她买东西，经常电话联系，有时候甜甜蜜蜜的。我每次回家都给她买土特产呀，还有高档衣服什么的，化妆品我也给她买。

两年前，有一次她买化妆品，花了好多钱。我很生气，喝完酒就拍了她一下。我媳妇儿说是她妈给买的，我把化妆品扔了，她捡起来拿着就走。后来怎么说也不行，我就在她家村里面把手指头弄断了，我住院回来后，她父母什么也没说，直接让她回来了。我特别生气，之后给她说，再也不许提离婚，直到现在我媳妇儿也没有说离婚这两个字，只说是分手。

分析

施暴者与妻子关于买化妆品引发的争吵，可能属于经济控制；而施暴者在吵架之后扔化妆品、自残等，则是一种精神暴力，目的在于威慑受暴者及其家人。在这次事件中，他也达到了目的，随后妻子就回家了。他还恐吓妻子说，以后再也不许提离婚，果然直到现在，妻子也只敢说"分手"，可见妻子对他有多惧怕。

亲子关系

我去她家那儿，本来是想和解一下，但是岳父岳母态度太激烈了，直接把我拒之门外。有一次，我带着两个孩子去她家，我老丈母娘打我，往外推我，连两个女儿也推。我气不打一处来，就拉着两个女儿回来了。

那天我也给她解释，我气她，主要是丈母娘总是骂我、打我，一回两回我也忍了，她骂我不是一两回。打我没问题，但是对我女儿有点过分，这是他们的亲外孙女呀！孩子才四五岁，肯定想她妈妈，我说让孩子在你这住两天，我老丈母娘怎么也不让，推我女儿，差点把孩子推倒。我特别生气，就跟她吵。她的反应是沉默，好像不关她的事，一句话也不说。

分析

施暴者控诉妻子不关心孩子，岳母推搡孩子，但他好像没有反思过，他平时是怎么对待孩子的，是否照顾了孩子的起居饮食，是否经常陪伴左右，是否为她们的将来考虑过？无论如何，在大人起冲突的时候，不应该将孩子作为一个筹码来运用，这本身就是对孩子的一种伤害。

目前诉求

她非要离婚，还告上法院，理由是感情不和以及家庭暴力。我舍不得她。我想知道，家庭暴力应该怎么防止呀？家庭暴力就是喝醉了，拍她一下也叫暴力？感情不和？我每次打工回来给她买的土特产啊，名牌啊，这也叫感情不和？我跟我老丈人是感情不和，但跟我妻子和不和，这是两码事吧？

我一直想找机会让我媳妇儿回来，要不就鱼死网破。我太恨他们了，我这个手指就是他们逼断的，我现在没心情做任何事，心情特低沉，一门心思想整死他们。我希望家里过得好，过得不好，还不如不过的好。现在我在家里照顾孩子，孩子上学，我每天接送呗！我再心情不好，对着孩子的面我肯定不能怎么样。

法院快开庭了，我想找人问问，如果判不离婚，但是丈母娘不让我媳妇儿回家怎么办？我想不起来我还有什么样的行动能让他们信服，我都没给我父母洗过脚，我到她家给她父母洗脚，她家有什么活我都先干着，都说一个女婿半个儿，我做到这一点了。我就是想问一下，比方说她以后回来，我怎么控制我的情绪，哪几方面可以提醒我，控制我的情绪？

分析

施暴者是在被起诉离婚后主动求助的，这说明面对公权力，他也有恐惧。案例中的施暴者对于家庭暴力缺少最基本的认识，认为这没什么了不起，但内心其实也是没底气，否则就不会打电话求助。这说明对施暴者进行教育的必要性，只有帮他们认识到了自己行为的严重性，改变才可能发生。

施暴者在面对离婚诉讼时，有一种无力感，觉得自尊受伤，有进一步对妻子家人施暴的想法，这是非常危险的，需要引起警惕。当然，施暴者现在打电话求助，就是有想改变的愿望，且他还有关心孩子的想法，这都是非常好的，也是他行为可能改变的基础。

整理与分析：方刚、陈亚亚

刑满回家之后的日子

基本信息

来电人：男性，农民，三十岁，婚龄七年

孩子：女儿，五岁

暴力状况

我这一两年间吧，对我老婆施过两次暴。后来她就跑到外面躲起来，起诉我离婚。这个月开庭，我在法庭上扬言要搞她一家人，说我无过错，法官也支持我。现在判决还没下来，我很不甘心啊，待在家里，要么喝酒，要么就不出门，关在家里看电视。

当然了，我也有过错，是小过错，她是大过错。我就是暴力了，我承认我方法不对，但她以前的种种行为，让大男子主义的我觉得难堪、无地自容啊。我没有正确地选择解决问题的方式，用了暴力，打她、骂她，甚至羞辱她，造成现在的局面。

我们是自由恋爱，她家里经济条件比较好，我家里条件一般。我们房子盖了，也装修好了，第二年女儿出生，跟着我就入狱了。当时我在做生意，做的生意犯法，判了四年。我在里面积极改造，减刑一年，三年就回来了。她这三年也去看过我，大概一年去两三次。

她在家里受委屈，我也能理解。刚刚结婚不到半年，生小孩还没满月，就出了这个事。舆论方面、家庭经济方面、感情方面啊，肯定是很大的打击。然后她就跑到那个按摩洗脚点去做事，我在当地也是有点面子的人，家里还有点余款，不差钱的，就给她讲："你在外面正常做事，别让我回去听见风风雨雨，没有面子。"她说不会的。

我回来那天，她给我做饭，给我接风洗尘压压惊。晚上我俩过性生活，她不让我精液流她阴道，说不想怀孕，说我们不要过性生活了，她不想生小孩，怕养不起。我说养不起是我们男人的事情，是我们的面子，跟你无关。我开始没怎么琢磨，后来觉得不对头，就翻她东西，看到她上环的手术单。我那年拘留后就不在家，她自己去上环，这不是全清楚了吗？我还看到她做人流的手术单。当时我没作声，沉默。

过了两三天，有天晚上她在被子里发短信，我把被子一掀，看到她短信说："我老公回来了，不要打电话。"我说你电话拿来，她死都不愿意，把手机关掉，立马把电板拆掉，把卡卸掉。她承认确实有个男的，我就对她讲："过去就过去了，我不计较，你也不要一错再错。"我说大家都年轻，我理解你。我当时发了火，但没动手，两人谈得也挺好。

后来她说要去上班，我说我都回来了，你还上什么班。那个地方跟我们县隔了五十公里，我说我明天借朋友的车，把东西拿回来，但她说她还要上两个月的班。那天早上她去上班，我和朋友开面包车跟着。她下车，一个男的开着车把她带到一个地方，我在那里守着，到了晚上，她和那个男的出来在外面吃夜宵，聊两句分开了。

第二天晚上我给她发信息，说你要尊重我。她转天就回来，我坐在沙发上跟朋友打电话，她后面一个巴掌就打过来，说："你有什么证据说我！"我说你不要讲了，如果这样我们就离婚。她不依不饶，我就把看到的都说了，又拿出上环、人流的单子，说你肯定对不起我。后来我把她电话拿过来，查到外面好几个男的。那天晚上我发脾气，喝了一瓶酒，打她两巴掌，踢她两脚，叫她家里人过来。她家人来劝导，我就把手机还给她了。

后来她在家里待了一段时间，没出去。我也跟她解释，给你个台阶下吧，聪明女人应该在我出狱前两个月，就把电话号码改掉，短信删掉，老老实实等我回来，当什么事情都没发生。人非圣贤，孰能无过。没想到我回来她还执迷不悟，还当着我的面搞这种，是个正常男的都受不了，何况我在当地还算是强悍的一个人，最不能容忍这种事。

我刚回来也没什么事情，朋友多，这里吃饭那里喝酒的。她就在家里发牢骚，我们争论起来，她就偷偷跑掉了。我到处寻她，她家里亲戚也帮我找，后来她东莞打工的妹妹说在她那里，把她送回来了。我对她说："我既往不咎，你把你那个环卸掉，我们继续过生活，生孩子。"后来她父母来说，这样不好那样不好，我气得不得了，又没达成协议。

一天一帮朋友叫我吃饭，我带她去了。她不喝酒，先吃完了，突然站起来用手指着我说："我在外面就是有个男的，我还要跟你离婚！"我一头雾水，她还很严肃地在那跟我交涉。我气得不得了，对她连打骂带踢，打了好久，第二天去医院看病花了五百块。她家里人过来劝她："气话要回到家里讲，男的在外面要面子的。"她认识到自己的缺点了，这事又过去了。

又过了半个多月，我们这儿修公路，征收田地。我就说把你户口迁过来，到时候还能分到一份。我有朋友在计生办，我问朋友我能生小孩不，他们说明天叫你老婆把结婚证、身份证带过来登记，就可以发个生育证给你。我回去给我老婆说，她当时也没讲不去，我又叫她把户口迁过来，她也没说不迁。然后我就出去办事，等我回家吃饭时，她走了。

我问她家里人要不要报警，她家里人说不要紧，过几天会回来的。我到处开着车去找，找了几个月也没找到。她家里说不知道她去哪里，其实一直知道。我很气这个，我说你叫她回来，离婚怕什么啊，我们从容面对是吧，你这样躲躲藏藏弄得我没面子。她家里说你去告她离婚呀，我说我还是珍惜这段感情，看在小孩的面子上，衣服是新的好，感情是旧的好。

她家里人说她会回来的，叫我不要急，于是我一直等。过年时她回来了，说离婚。我说你跑出去那么久，家里小孩五岁了，你也不打个电话，过年给孩子连袜子和糖都没买一个。后来我们村主任去她家劝导，她说可以先不离，看我表现。过年放完假，她怎么也不回来，没几天我收到法院传票，才知道她铁定心要跟我离婚。我朋友讲，你老婆外面肯定有人，不然不会把你告上法庭。

法庭上，我把证据摆出来，那些乱七八糟的手机信息。法官说她，那就是你有过错，你离家出走，孩子这么小，为什么不给个电话？她哑口无言，我岳父也沉默。后来他们问我提什么条件，我说你说我殴打你，不错，我是打过你两三次，可能下手重一点，伤了你的心，但你这样天天在外面，一个电话没有，回来就闹离婚，对我也是一种冷暴力吧。

法官问我想不想离，我说离掉省心。法官又问我有什么条件，我说我受了很大的打击，为了弥补我心里的创伤，我要二十万。她离家出走时，我花了很大的财力、物力、人力去找，花了五六万块。我说，小孩抚养费，她出不出没关系，她抛夫弃子，就是一分钱不出，孩子我照样能养大，你不履行自己的义务，社会上会谴责你的。

那天回到家，我就给岳父打电话，他不接，把我气得晚上跑过去，把她家东西砸精光，现在她家人都躲着我。我越想越气，杀人的心都有。我现在见到她，都想把她的脚砍下来，让她再跑！我想开车去把她们家房子烧掉，但考虑到小孩又忍住了。我是有理性的，把她搞得怎么样，我也要坐牢蹲大狱被判死刑是吧，孩子到时候就没爹没妈了。

我觉得本来就是她的错，应该她家里人劝阻，把这个事圆满地解决掉，但她竟然跑到法庭上去。我给你面子，你现在把我告了，我面子哪里有？我现在心里就是放不下，并不是我非缠着她不离婚，而是我这口气很难咽下去。你在外面有男人，还把我告上法庭，这样侮辱我、羞辱我，搞得我的人格、我的尊严不知道哪里去了，我很没面子。

上次给她打电话，我就跟她讲，离婚可以，我要二十几万。她说没这么多钱，后来她那个亲戚过来说，给个面子要少点，讲到八万。她说没这么多现钱，我说先拿四万，余下四万打欠条，她又不行。今天我打电话，给她那个亲戚说把这个事办了，不办我心里很纠结，把我惹毛了，我真要杀人的。

本来我们约好今天到民政局去办离婚，她没去。那天从法庭出来，她家里讲过两天过来谈，把亲戚都叫过来，我说好。我把我们村主任、亲戚、玩得好的朋友都召集来了，打电话给她老爸，我说岳父啊，我们晚上还是白天？具体时间在哪里？我岳父说不知道去哪里啊，她在哪里也不知道，也没她电话号码。我讲你们做父母的这样，五十多岁的犯白痴，你赶紧送到我家来，要离婚赶紧离婚，大家都要面子，总不能你们不同意，我捆着过日子吧。她说我经常暴力，她回到家里，我村主任或者我家里亲戚担保，我要动她一指头，你就找我麻烦。我尊重岳父你，你也要尊重我好吧，其实你们一直就知道她在哪里。

我现在最恨的不是这女的，是她父母。她离家出走，每次过年过节，她父母都说，你带孩子过来啊。我就过去了，路还很远。我买几十块钱的东西啊，买点菜，在那边吃吃饭。像她父母生病住院了，我都作为女婿立马去陪，包括她亲戚办红白喜事啊，我都去送礼。到头来是这个结局，我的希望全部破灭掉，叫我怎么接受面对啊？

我在社会上做过坏事，但我良心不是那么坏的。哪里有公益捐款，我都捐的。我每年都献血，上半年一次，下半年一次。村里有什么事情，我在外面碰到什么事情，急救什么的，我都立马上去。我见义勇为也做过，救过流浪汉，前两年遇到要饭的，我都给他一百块钱。

离婚也没什么，大丈夫何患无妻，何必单恋一枝花！但我心里有两个纠结：一是这件事这样默默无闻地淡化掉，她既然告法庭，就让法院裁决！第二个，我不做什么的话，别人以为我软弱，我在我们那里也是有点强悍的。有时半夜醒来，又不理性地想要抄家伙到她家里，但我还是理性控制，好多朋友打电话问，我说没事，我只是没心情玩。

分析

施暴者有可能强化一些内容，掩饰一些内容，为自己的行为合理化找借口，这是分析时要注意的。其次，暴力的产生与强化，是一个非常复杂的过程，通常不是简单的一方施暴、一方受暴。比如在此个案中，施暴者在狱中时，妻子出轨；施暴者出狱后，妻子仍出轨；施暴者谅解，妻子不改变，还打了丈夫一巴掌。继而妻子两次离家出走，回避暴力，提出离婚。施暴者承认施暴，但同时强调妻子对他的冷暴力。

我们谈暴力建构的复杂性，并不是为施暴者开脱，因为引发暴力的原因再多样，也不是施暴的理由。分析这种复杂性，是为了更好地了解施暴者的心理，在进行矫正性辅导时，与之更好地对话，更好地改造他们。基于暴力关系的复杂性，对施暴者的分析，必须涉及亲密关系的所有方面，同时也将重要他人纳入进来，比如这里妻子的父母。

在这个案例中，支配性、霸权主义的男性气质，对施暴者的影响非常明显。施暴者多次强调自己的"面子"受损，几次施暴均与"面子"有关。妻子当着朋友的面攻击他，让他没面子；妻子离家出走，让他没面子；妻子告上法庭，让他没面子；老丈人对他的态度，让他没面子……而挽回面子的方法，便是暴力。

施暴者对于暴力行为对妻子及其亲属的心理影响评估不足，难以理解妻子离家出走、老丈人家躲着他的原因。施暴者对于到老丈人家打砸的行为轻描淡写，更多地在强调自己如何委屈，无法从受暴妻子以及同样受到恐吓的老丈人一家的角度进行思考，导致他觉得自己是受害者，自己施暴是有合理性的。

案例中，受暴者与施暴者都在寻找自己的支持体系，也都有自己的支持体系，主要是自己的亲友。而法院作为公权力机关，在审理离婚的过程中，只注意到妻子出轨、未尽到母亲责任，而没有注意到施暴者的暴力行为，似乎缺乏性别平等意识和反对暴力的意识，在这件事上未能保持客观和中立，这是需要警惕的。

然而，施暴者也并非是完全的坏人，他有慈善捐助等良善行为。此外，施暴者也有一定的自控能力，他一方面想去妻子家中进一步施暴，但同时也担心法律的制裁，以及关心到小孩的将来，克制住了自己。显然，施暴者并不是无法自我控制的人，其行为是可以矫正的，关键是他要改变对这件事的认知，不要再一味地钻牛角尖。

整理与分析：方刚

妻子总是无端猜疑我

基本信息
来电人：男性，五十一岁，硕士学历，曾任企业高管，婚龄近三十年
妻子：五十三岁
孩子：儿子，即将大学毕业

暴力状况
我们结婚快三十年了。恋爱的时候很浪漫幸福，一直到结婚。后来出现一些矛盾，十年前我们离婚，一年后又复婚了，之后长期"冷战"。发起方当然是她了，偶尔我会失控，使用肢体暴力，制止她对我的猜疑和干涉。

我第一次动手打太太是在学校，当时还没结婚，有一次她来看我，我母亲也来了。两个女人在一起有一种竞争关系，争夺我的关注。那天她们发生了一些冲突，她对我母亲不礼貌，我当着母亲的面打了她，我母亲知道我做得不对，制止我打女朋友，但态度不严厉，因为认为我是在维护她，会有一些安慰。

结婚后早年我们也闹矛盾。我太太也有点暴力，有一次打了我的保姆，我就说她了，我说我雇佣的是保姆，我能有什么想法啊。我们因此吵架，我就动手打了她。此外，我们生活很平静，感情也不错。

当时我们在海南，压力很大，我收入不是特别好，还面临小孩上学的压力，两人在教育理念上有分歧。于是家庭暴力又发生了，开始是因为孩子，后来是因为见网友。那段时间我看精神科医生，吃药，想过自杀，后来情况改善，精神又变好了。那时我没有大男子主义，做很多家务的，虽然家里我说了算，其实我也参考她的意见。

后来我们去了另一个城市，买了新房，我一个人回海南把家搬过来。当时

两个人感情没那么好了，我回海南就找补偿，去歌厅发泄。几个月后，电话单子来了，我太太起了疑心，就跟我闹。当时她很受伤，连死的心都有，她感情方面有洁癖，我们关系恶化就是那个时候开始的。家暴很频繁，一个月一次。每次打她以后，我都很痛恨自己。

有段时间我在网上做贸易，她怀疑我跟快递公司一个女的有来往，这是无中生有嘛！后来我加入一个做临终关怀的组织做志愿者，我从佛法的角度来谈生死，朋友们觉得我讲得蛮有道理，但培训师是个女的，可能我流露出对她的好感，我太太就犯心病了，和那边人说："你们怎么能让这个人当志愿者，他有家庭暴力，你们知道吗？"我回家就动手打她了。

离婚是我逼她的。她老觉得没有安全感，钱是我赚的，我就告诉她，我打一部分钱到你账上，你把钱拿着，我们离婚，你老是缠着我，我没法工作啊！她不愿意，我就逼她，房子和钱，自己选一个。后来我把钱给她，就离婚了，稀里糊涂的。她不愿意走，孩子也在中考，就没离开。后来我觉得不厚道，考虑到两个人感情还不错，就复婚了。

离婚后一年，她比较能忍，过得比较平静。结果一复婚，就又像小孩一样，无端猜疑和干涉我的行为。她单位的人就觉得她跟刚毕业的大学生一样，特别单纯、不成熟，因为对我的依赖，她停止了成长。上次那个公益组织她去闹过后，我就没去了。我跟我太太讲，你让我错失了当志愿者的机会，那你再给我找一个做志愿者的机会。

我以前出轨给她伤害很大，但我没办法。她总是把问题归结到我身上，完全拒绝、怀疑我的任何好意。我感到无奈，做过很多努力，认为自己能做的都做了，唯一没有做到的就是放弃家暴。每次家暴后，又巩固了她对我的指责："家暴改不了，讨好女人也改不了。"

分析

来电人总说暴力起因是妻子无端猜疑和干涉，忽略了自己的问题。比如离婚后一年，双方过得比较平静，没有暴力，他的解释是女方比较"能忍"，但忽视了自己在非婚姻关系中对暴力的控制能力，这可能才是真正的原因。复婚后，他又对妻子施暴，因此不得不再次为自己找借口，把责任推卸给妻子。他在幻想妻子"能忍"，就没有家暴了，但这种对暴力的认知是错误的。

暴力背景

我是独生子，我母亲很溺爱我，但没有娇惯我。我父亲有家暴，他打我多数是因为我调皮，不过到我十岁以后就几乎不打了，因此也不太影响我和父亲的关系。他打我母亲是因为婆媳矛盾，有时是我母亲去外面说他的坏话。家庭对我的影响很深，让我在面对无法解决的冲突时，倾向于使用武力，但每次都没有达到我的预定目的，因为我会内疚。

我是那种不受约束的个性，在学校捣蛋是出了名的。老师对我又爱又恨，聪明学习又好嘛，但是自制力比较差。我太太和我恰恰相反，她自制力非常好。她的家庭没有家暴，但她成长过程中缺少温暖，她愿意跟我谈恋爱，就是觉得我对她特别好，弥补了爱的缺失。我在亲密关系中付出很多，我太太到最近几年才意识到，她对我太依赖了，总是跟着我走。

分析

施暴者的原生家庭中，父亲对他和母亲施暴，使他习得了暴力的方式，且错误地认为是由于自己的"调皮"、婆媳矛盾和母亲说父亲"坏话"等原因才引发了父亲的暴力。此外，母亲的溺爱、老师的纵容，可能使得施暴者养成自我中心的性格。其后，施暴者在自己的家庭中，对妻子也实施了家暴行为。从中，我们可以清楚地看到家庭暴力的传承性。

暴力责任

我动手打她，不是我不能忍，而是不想忍了。我认为是她逼我的，好像自己对自己说"她已经如此无理，再这样下去，我就要动手了"，甚至脑子里已想象过相关的画面。我打她主要是情绪发泄，耳光加语言，生气时说狠话，说她贱、讨打，当然并非出自真心。

我的家暴已经形成了这样的套路：我要做某件事，会接触到女性，我太太怀疑、干涉、冷言冷语，最后我失控、家暴。每次我都自以为有道理，是被她压抑到没办法了。我的确是改了，可是我在想，太太就不要老提我的错了，行不行呢？我当时就是在为暴力找借口，我已经告诉你不要提了，你还要提，那我肯定要揍你，这个逻辑太强词夺理。

分析

施暴者在叙述中，更多地将责任推给妻子，比如说是妻子发起"冷战"，是妻子不信任他，"凭空捏造"他的"桃色事件"，是妻子在"刺激"他、"逼"他，才导致了他的暴力等。他的错误主要在于认为，他的"情绪开关"是由妻子掌控的，他没法对自己的情绪负责，从而也就不用对暴力行为负责。

这同时也提示我们，在矫正施暴者的过程中，一定要纳入对他整体亲密关系的辅导，只针对他一个人是远远不够的。家庭暴力的背后影响因素很多，暴力的发生是一个互动的过程，必须将重要他人纳入进来，找到暴力的根源，一起来努力，才能够完成矫正工作。

暴力处理

现在因为我自己的原因，工作全都放下了。我的生活就是早上冬泳，然后学佛，读四书五经。我想做一些公益活动，因为空余时间多，我太太也快退休了，希望得到她的支持。她就说去找反家暴的公益组织，我说你去找，找了我也去，感觉能帮到我们。因为我感觉走进了一个怪圈，走不出来，是一个死结。

我到白丝带后一个重要的认识，就是支配是暴力的关键和核心。过去我打她，还说她就是该打，是她在讨打，是她故意刺激我，感到自己多么委屈。她也控制不了自己，希望我犯错误，她就可以来指责我。我们就是控制与反控制的关系，控制就是两个人手中的绳子，拉过来拉过去。加入白丝带后，我彻底放弃对她的控制，完全放弃。

我最近发现一个比较好的办法。当她说一些我认为没道理的话时，我就用耳机塞住耳朵看书，或者念经，或者到户外走走。她很生气时，我不跟她正面交锋。当她做了我不能接受的事，我不和她对着干，采取非暴力的方法。这样一来，我就没有苦恼了。其实真的就是一念之差，我相信顿悟这回事，我就把它放下来了。

不管她怎样，我都不会像以前一样了。我要尝试另一种模式，做到让情绪慢慢冷却，最终能够平静和睦。首先我控制好自己，我不碰触她的情绪，非暴力干扰，让她发不出火，让她没办法，找不到着力点。过一段时间之后她就忘了，就像皮球一样，弹弹弹弹弹，最后不就没劲了嘛。你不要拍她，越拍越来气。

我建议太太向白丝带求助，她一开始不愿意。她知道我很聪明，对我非常防范，怕我算计她。现在我们家财产就在她手上，她像一个受惊之鸟，随时准备拿上那些钱走人，但又不想走，非常纠结。她希望我改掉家暴的恶习，不要再伤害她，但我感觉不到她的爱心。她的真实想法是："你改不了，你就是喜欢讨好女人。"

我试图在这方面帮助她，可要帮助一个人，必须这个人自己觉得需要。我最近就跟她强调，你的问题一定要靠自己，生活方面我可以照顾你，心理方面我真的没有这个能力。现在我能为她做的是：（1）完全消除暴力；（2）在尊重她的前提下关心她；（3）耐心等待她的改变。其实我一直在努力，在她心中我还是一个施暴者，我屡战屡败，但我也是屡败屡战啊！

分析

施暴者有非常强烈的改变愿望，主动寻求心理辅导，阅读和学习相关资料，且报名成了白丝带的志愿者。他的妻子也在其劝说下，拨打了白丝带热线在做心理咨询。夫妻双方均表示婚姻仍存在正面价值，伴侣之间有感情基础，这就为进行矫正提供了必要的基础。像这对夫妻，其实就非常适合做夫妻咨询，面对面的团体辅导。

目前，社会对施暴者的救助系统很弱，施暴者的负面标签很难摆脱。但事实上，施暴者也很痛苦，也非常需要专业人员的帮助，需要在亲友支持下去改变暴力的认知与行为。这个案例中施暴者在太太的推荐下向白丝带热线求助，对夫妻双方和整个社会来说，都是一次值得鼓励的积极行动。

施暴者为了放弃暴力行为，做了许多努力，有些方法还是值得推荐的，如暂时离开冲突现场，让双方都冷静一下；通过学佛来觉察自己的情绪，改变自己的认知，因为暴力认知、情绪和行为犹如链条，打断其中任何一环，都有可能中止暴力。不过他要根治自己的暴力行为，可能还需要继续深入内心，进一步反省自己的问题。

伴侣关系

我是一眼看上她的，那个时候完全不认识，后来打听到了，就给她写信。她对我也有感觉，当时我们在一个大学，两个人就这样好起来了。这就是缘分，逃不掉。但是我们两个的性格，一个太内向，一个太外向，都特别要强。

我研究生毕业后，准备去海南发展，问太太愿不愿意跟我去，她不假思索地答应了。我们去海南白手起家，工作十年后又离开。这期间发生了一些事，我在那样的环境中有过出轨，不是婚外情，就是逢场作戏那种。到现在这个城市后，我太太和我产生了冲突，我有时去见见网友，她非常敏感，会阻止我。我就会恼火，家暴也是那个时候开始的。

我太太一些做法很可笑，也比较好玩。比如说我去冬泳，水很冷，需要泳帽，我的泳帽不是硅胶的，我就拿她的来用。她就不开心，让我还给她。我开始忽悠她，说过两天我去买，然后还给你。我也没真去买，过两天她又问我要，我就还给她了，把我给气的，当天晚上就买了一个，又好气又好笑。

为什么我不接受年轻的咨询师模式化地来看待我的家暴呢？因为我的家暴看上去像是我在教育太太，她的表现一直像小孩，我就是家长，你不听话我就骂你，再不听话我就威胁你，再不听话我就揍你了。不过这种模式是不对的，她顺从我那么多年，是因为我对她好，当她觉得我对她不好时，就开始觉醒，就会反抗了。

分析

来电人与太太是自由恋爱，多年相伴，有很好的感情基础。但从来电人的叙述中也可以看到，两人的关系并不是平等的，比如来电人一直觉得自己的妻子像个小孩，自己像家长。当小孩顺从自己的时候，两个人关系就很好；当小孩觉得大人对她不好，吵闹的时候，他就会"教育"她，从而导致冲突。

亲子关系

儿子初中时多次亲眼看到家暴，很害怕。他采取的办法是无视，甚至无视他母亲让他打110的请求。长期以来我们的不和使得儿子上大学以后选择远离我们，很少主动联系。

值得庆幸的是，他一年前交了女朋友，明显成熟了。受我的影响，他也对佛法感兴趣。因为他发现自己与女友相处时也常发脾气，但没有动手，而且道歉很快，目前还能得到谅解。他能够有这种自我意识，通过学佛找到控制情绪的办法，我觉得比我年轻时强太多了。

我在他QQ上留言，告诉他白丝带的联系方式。儿子跟他妈妈一样，内向，不愿意跟别人讲。我就说不用担心，热线接电话的都是有经验的咨询师。我和儿子最近有几次交流，双方都很愉快。我觉得他已经走出我们对他的负面影响，知道对自己的人生负责了。

分析

施暴者可能还不能深入体会家暴对妻子和孩子的伤害，所以会不自觉地淡化这种伤害，以此来逃避责任，比如他认为儿子已经不再受这件事的影响，懂得怎么为自己负责了。家庭中长达二十年左右的暴力，对每个人的影响都是深远的，不可能轻易摆脱。施暴者的乐观背后体现的是对如此沉重的家暴影响的假想性解脱，不一定符合现实，需要引起注意。

男性气质

我特别愿意跟人交流，滔滔不绝，抢别人话头，不善于倾听。我觉得我讲的很有感悟、很精辟。有时候我也注意交流，但别人可能不那么爱说，我又爱说，别人就让我说了。如果别人流露出不耐烦的神情、肢体动作，比如看表啊、左顾右看啊什么，我也有觉察，但大部分反馈都是正向的，眼神都是看得见的嘛。

我觉得人跟人相处，最基本一点是要尊重人，第二是礼貌待人。她说我经常跟女人套近乎，我哪有？比如我每天遛狗遇到邻居，打个照面，熟悉了点点头打个招呼。有一段时间我跟太太在一起，碰到一个女邻居，人家跟我打招呼，她就浮想联翩，然后开始生气。她说："你看我在场你都这样，我不在还不一定怎么跟人家亲热呢！"我觉得特别无聊。

我是一个非常要强的人，做事不服输。《新民晚报》有个调查，中国人是全世界最看重金钱的国民，约70%的人认为成功可以用金钱来衡量。人处在这样的环境中，多多少少受影响。来到白丝带后，我开始学佛，现在我知道太要强不是好事。我学着慢慢放下，用新的价值观衡量自己。以前我们只追求怎么赚钱，对滋养生命的知识不在乎，这个要改变。

我对家暴是有觉察的，但觉察不够的是，我和我太太之间其实是一种控制。每次和我太太争吵，我觉得我有道理，是在为这个家，但其实这是控制。

我养成这样一种模式后，是不尊重她的，经常说她这个做不对，那个做不好。日常生活里，在一些具体的事情上我动手很快，她比较慢，但只要她认真想做一件事，其实做得比我好。

我意识到了这一点，佛法上叫作妄念，妄加分别。比如说我快，快就等于好吗？慢就是不好吗？人家慢慢做起来也很好的。由于不尊重她，我过多地承担了责任，一方面我很累，另一方面也压制了她。我在白丝带学习到这些后，现在特别轻松，我觉得我们两个各做各的功课比较好，有各自的咨询师，不要互相指责。

分析

不同个案的施暴者同时可能有其他人格问题、心理问题，这要求我们在进行矫正时，除了团体辅导的集体性活动以外，还要关注个体性差异，对症下药，而不是模式化地处理。比如此个案中的施暴者有表演型人格，可以有针对性地引导他在交流中多关注他人感受。

在这个社会上，做男人一定要强、要有权势、要比女人厉害，也要比其他男人厉害，这是非常霸道的社会规训。现实中很多男人接受了这套霸权男性气质话语，觉得自己不够强、不够有权、不够男人，于是特别要强、不服输，正是这种文化成为助长男性施暴的土壤。

值得庆幸的是，在失去亲密关系后，施暴者开始觉醒，用新的价值观来衡量自己，不再去迎合主流标准，这点值得鼓励。但男性不仅要有个体的觉悟，最好还要能觉悟到父权制对女性的压迫。不仅自己放弃暴力，还要对社会中的各种暴力（包括自己施加的暴力）坚决说不，用积极的行动来改变这个世界。

其他

感谢白丝带咨询师对我的帮助。我觉得S老师用词特别准确，他说他理解我，我在某些情况下就像是被什么东西控制住了的感觉。白丝带那几本辅导手册我全看了，特别是施暴者手册，我看了两三遍，收益非常多，引起了许多共鸣。

这两天我在群里和大家交流，作为一个施暴者，我在群里表现得很活跃，还不以为耻。我打电话给S老师，就是想随便聊聊，S老师说，解决家暴的方案在我身上，不在他手上。S老师经验丰富，我感觉他的观点就是无为而治。无为，不是什么事都不做，用佛的话来说就是随缘，或者说随机，打个比方，对方需要什么，你需要做什么，到时再说。

Z老师很重视我的案例，他已经给我发了两封长信，花了很多时间，每次都条分缕析，列出关键点；L老师一直在给我太太进行咨询，我太太认不认同L老师的观点，我不太清楚，但她没有要找其他咨询师。我有拜托L老师，多和我太太探讨，她说会尽力的，让我先管好我自己。

我在和群里朋友交流的时候，感觉他们的思维比较模式化，比方说多次问我对社会性别和父权制的看法，Z老师也多次让我写看辅导手册的读后感，还给我发F老师关于男性气质和父权的论文，在QQ上问我的想法。我说F老师的文章比较学术，我还不够资格和大家探讨。实际上我有一些回避，因为我觉得我要解决的重点是我的家暴，不是其他。

我的意思是咨询师在辅导时，一定要个别问题个别分析，很难找一个公式，认为这样就解决了问题，这是不可能的。我的观点得到了Q老师的支持，她说白丝带并不要求志愿者的观念高度一致，对志愿者的理念也有包容，有多元平等的概念在里面。现在有白丝带的支持，我太太也认同，学佛对我也非常有帮助，我对消除自己的暴力蛮有信心。

分析

来电人的意见对热线工作是一个促进，它说明反家暴的理念要让施暴者真心接受，需要从每一个具体个案出发，建立信任和共情的基础，不能用模式化的方法来处理。

这里也建议来电人，在作抽象分析之外，要努力学习与家人的共情。比如可以写"除暴日记"，将自己以往施暴和今后夫妻冲突中，自己的身体反应、情绪、语言和行为等记录下来，也记录妻子的反应，通过分析来寻求控制情绪、终止家暴的方法。同时积极安排一些夫妻共同喜好的活动，重建亲密关系。

整理与分析：方刚、张智慧

夫妻各自谈家暴

基本信息
来电人：女性，三十八岁；丈夫，年龄不详

暴力状况
最开始是我哥哥找了个嫂子，自从这个嫂子来到我家，就非常排斥我，对我态度很恶劣。我是一个性格比较内向的人，面对她的种种行为，我的反应是忍耐。渐渐地我发现家里的成员都听她的，一起来排斥我，经常因为一些小事对我侮辱、谩骂，甚至是肢体暴力。最重要的是他们不认为打骂我是错误的，总说我有精神病，应该遭受这样的对待。

嫂子经常在家人面前念叨，我年龄这么大了，还没有找到婆家。于是家人给我介绍了一个对象，经过一段时间的相处，我们步入了婚姻。我的婆家或许是听信了什么传言，对我态度非常不好，可以说根本看不起我，不支持我的婚姻，所以我和婆家关系一直很僵，结婚十几年来，基本上没有来往。

我丈夫在结婚几年之后，也慢慢开始打骂我，在最近一次打骂中也提到："我早就发现你有精神病！"我真的不知道自己的生活为什么会变成这样，为什么身边那些亲近的人都要用暴力来对待我，我真是又急又怒。

分析
从来电人的叙述中，可以清楚地看到来电人常年处于人际关系紧张的环境中，并且遭受着一定程度的家庭暴力。而对她施暴的人都保持着相同"口径"，说她是精神病，打骂她是应该的。且不考虑来电人是否真的患有精神类疾病，单从家人对她的家暴行为来说，就是不应该的，因为无论什么情况下都不可以对家人实施暴力。

来电人将这一切的原因归结于嫂子，甚至将婚姻不顺的原因也归为嫂子的催婚，看来嫂子确实对来电人的生活造成了不小的影响。但家庭暴力的发生有其复杂因素，不可能是某一个人的原因，比如家人忙着给她找对象，肯定也有自己的考虑。在这点上来电人的归因可能存在偏差，需要她调整好心态，理性分析自己和家人的问题。

妻子自述

有几次我和嫂子在家里没人的时候起了冲突，父母一口咬定是我的问题、是我欺负嫂子，对我又打又骂。在我家受了委屈回到丈夫身边，我很希望他安慰我两句。可是在他这里非但听不到安慰的话，反而会要求我不要再将我家的事带到我们的生活中。如果我多说两句，他就会骂我、打我。

在遭受这么多不公平待遇后，我从最开始的默默忍耐转变为现在的奋起反击。他们骂我，我会言语反击。他们说我有精神病，我就经常去了解心理学。有一次我还拉着丈夫去精神科检查，医生说我没有问题，反而是我丈夫性格狭隘。我丈夫的父母在年轻时曾经有过暴力，所以我丈夫是在暴力环境中长大的，并且他当过兵，喜欢喝酒，我认为他有暴力倾向。

分析

来电人对于暴力的处理方式，说明她自我保护意识很强，有反抗意识，这点值得肯定。不过，有时候言语反击会让施暴者更加愤怒，以至于让家暴升级。所以来电人要更好地评估风险，当暴力将来临或是来临时，最好尽快离开暴力环境，避免造成人身伤害。

来电人自学心理学，在了解相关知识后，经过一段时间的思考，对丈夫的暴力行为进行了解释。首先是丈夫的成长环境，从原生家庭和部队中习得暴力，对暴力有认同感。其次是丈夫喜欢喝酒，对酒精有依赖的人，通常对自己的情绪和行为控制能力偏弱。这说明来电人有较强的学习能力，对自身经历有较清晰的认知。

丈夫自述

打她原因有很多：首先，男人不喜欢女人不停地唠叨，她在我身边说话特别久，我都会觉得手发麻。第二，我以前当兵遗留下很多陋习，比如说话不文明。而她在她家那边的经历让她很敏感，很多时候我只是习惯性地说两句，她就认为我是在骂她。第三，我工作上有很多烦心事，心情不好，她在我身边不停唠叨，我就会慢慢地无法自控。

打完她之后，我觉得很后悔，也知道自己不对，但我实在忍受不了她唠叨，一听到这些，我就会控制不住情绪。我和她磕磕绊绊生活了十几年，近几年才要的孩子，对于这件事我是很感激的。大部分时候我也想对她好，比如说结婚前我不会做饭，但是结婚后我为了和她分担家务，主动和她学做饭，一直到现在我们家都是我做饭的。

我是一个很大男子主义的男人，公司里的事我不愿意带到家里来，其他很多事也一样。我认为我愿意和她说的事情，就会和她说清楚，不愿意和她说的，肯定有自己的原因。但她每次都很不信任我，喜欢把什么事情都搞清楚，矛盾就这样产生了。

分析

从丈夫的叙述中，可见他在多数时间里还是很维护家庭的，对自己的错误也有一定的认识。他希望一家人和谐相处，而且一个大男子主义的男人愿意放下架子，主动承担起做饭的任务，也属不易。这些都可以看出他想要为家庭作贡献的诚意，是值得肯定的。

丈夫形象地描述了他在打骂妻子前和打骂妻子之后的心理活动，显然他认为自己多数时候是在忍无可忍的情况下才实施暴力的，是妻子的刺激让他无法自控。这是一种推卸责任的说法，因为不管对方有什么问题，自己首先要做到加强对行为和情绪的控制。

夫妻相处有问题，双方都有责任。妻子喜欢唠叨，什么事情都要搞清楚；丈夫相对沉默，胸有城府，喜欢把重要的事放在心底。妻子应该认识到，人和人是不一样的，不可能把丈夫变得像自己一样，什么话都摊开来说，需要给对方一定的空间。既然妻子对心理学感兴趣，可以去学习一下《人本主义心理学》，了解复杂人性，或许会对丈夫的表现有更深的感悟，学会理性对待，很多争吵便不会发生了。

亲子关系

妻子角度：我生活在一个充满家暴的家庭中，已经如此不幸了，绝对不要我的孩子也同我一样，在暴力的家庭中长大，这对他的身心都会有非常负面的影响。看看我的丈夫，就是因为他家庭的缘故，才会有暴力倾向。书上说，在这种环境下成长的孩子，长大后不是受暴者就是施暴者。

丈夫角度：吵架闹离婚的时候，她说过："你们非要逼死我的话，我要死也得把孩子先弄死。"这句话我非常接受不了，我认为大人之间的事情，无论如何不能拿孩子说事。平时生活上的事能忍的我都忍，但是这件事情我实在忍受不了。

分析

妻子对于暴力环境对孩子成长的影响是很清楚的，所以她对此非常敏感，担心自己的孩子以后会成为受暴者或施暴者，这是可以理解的。但她对此的反应有些极端，比如说"我死也得把孩子先弄死"，可见已经不是纯粹的担心，而是认为如果再这样下去，孩子一定会和自己一样，与其这样不如现在就把孩子弄死。

妻子的心态可能出现了偏差，如果她只是单纯地担心孩子的成长，那么只需努力改变当前的环境即可，不会极端地想要杀死孩子。这种威胁同时也是一种对丈夫的精神暴力，是不可取的。建议来电人和丈夫做一些关于家庭的心理咨询，及时调整心态，重新拾起对丈夫的信任和对生活的信心，不要以暴制暴，走向极端。

整理：高博智、陈亚亚

分析：陈亚亚

我有一个施暴的朋友

基本信息
来电人：女性，施暴者的朋友
丈夫：四十七岁，专家
妻子：四十五岁，护士
孩子：初中

暴力状况
　　我有一个男性朋友，他有家庭暴力，但他老婆掩饰得很好，我没见过她被打到什么程度，打的次数我也不清楚。他和他太太想过离婚，后来因为彼此感情蛮好的，没有离。反反复复之后，我朋友发现自己有问题，但是他控制不了。
　　他们两个是完全不同的人，行为啊、思想啊。男方比较感性一点；女方比较理性一点，两人之间就有摩擦了。事倒真的可能不是什么大事，男的觉得女的不理解他，或者女的唠唠叨叨说很多以后，男的就烦了，就打这个女的。
　　女方觉得是男方的问题，以前男方认为是女方的问题，现在觉得自己也有问题。以前他打完老婆再打自己，现在他不打老婆，受不了时会打自己。最近一次他把自己打得满头包，鼻青脸肿，没法上班，他太太也很心疼。
　　有一次他打自己，他太太对他说，你应该去看心理医生，但他碍于面子，觉得没法去。我是个业余的心理工作者，他跟我反映情况后，我解决不了，所以打电话请教您。他现在已经出现自虐倾向，这个应该从认知还是从别的什么方面去改变？有什么方法吗？

分析
　　来电人反复强调她朋友"现在不打老婆了，他打自己"，似乎他已有了改变,但其实他的自虐是一种逃避,同时也是对受暴者的一种精神暴力。施暴者因为夫妻间的小摩擦就施暴,并不是情绪控制不住,而是清楚地知道家暴的隐蔽性,社会惩罚力度不够。

要改变施暴者的行为,就要去梳理施暴者的成长过程以及对暴力的认知和态度,让他明白暴力是习得的,没有人一生下来就喜欢施暴,只要自己下决心,就一定可以改变。习得是一个过程,改变也是一个过程,需要时间,最好是寻求专业帮助,比如拨打白丝带热线。

作为朋友,可以给他一些帮助,鼓励他面对这个问题,说出真实想法,释放压力和情绪。他既然会道歉,就要督促他再往前走一步,对自己的行为负责,否则道歉只会流于口头形式。只有对自己、家人都负起责任,不为自己的施暴找借口,改变才会真正开始。

伴侣关系

他们是两个地区的人,男的喜欢吃辣,女的喜欢清淡,现在还好,女方也试着做男方喜欢吃的东西。女的有洁癖,家里沙发必须要铺上布或报纸,没有洗澡前不可以随便坐,还会成天洗,把家里洗得很干净,但不整齐,乱糟糟的。男的喜欢整齐,觉得没必要整天洗,整齐就好,他们俩有很多分歧。

打完之后过几天,他们采取性的方式来解决问题。女的每次反应还挺强烈,对自己老公还挺喜欢的。有时女的也会用性上的冷暴力对这个男的,所以男的也会因为性压抑打老婆或打自己。随着年龄增长,反反复复,在性方面男的达不到以前那种感觉,有点失落。女的我不知道,觉得她有点受虐倾向,很矛盾。他打完后会道歉,对太太还好,很想往好里走。他有时按捺不住自己,打得鼻青脸肿,他老婆挺心疼的。他老婆没报过案,但是会到兄弟姐妹处去"告状",像祥林嫂一样到处去说委屈。家人一开始都非常支持他老婆,后来觉得他老婆是不是也有什么问题。他觉得这是件很丢脸的事,我把这个热线给过他们,但他们碍于面子不愿打电话。

分析

男方爱吃辣,女方爱吃清淡;男方爱整齐,女方爱干净。这些如果在一个和谐与充满爱的家庭中,就会因差异而丰富各自的人生。而家暴中的双方,如果在此类事情上坚持要求对方按照自己的标准行事，便是一种支配欲与自我中心的体现。

男方因为女方不符合自己的要求而施加暴力，明显是为施暴找借口。女方作为受暴者，在心理上对施暴者有疏离感，可能不乐意发生性关系。男的以为和她发生性关系是在亲昵，但她不同意就是性暴力，这需要谨慎对待。

女方不通过正式、专业渠道去求助，实际上也在纵容施暴者。她"像祥林嫂一样诉说自己的委屈"，但未必真正赢得亲友的同情与支持，这么多年都没有得到正式帮助，足见亲友们对此"习以为正常"。

施暴者觉得丢脸，就应该知错就改，连求助电话都不敢打，哪里有改变的诚意呢？这同时也说明父权文化对男性毒害有多深，为了所谓"面子"、"尊严"，不愿求助别人。为了掩盖小小的缺陷或过失，如不能控制情绪，就通过暴力来犯下更大的过错，害人害己。

男性气质

他的事业很成功，是很顶尖的人才，是某一领域知名的专家。

他们有一个小孩，上初中。他对自己孩子还蛮好，像一个好父亲那样做。

分析

他的事业很成功，这点让他很骄傲。但当他的性能力有所下降时，他就感到失落，开始自虐，可能是受到"性强人"神话等霸权男性气质的毒害，认为男人在性上要主动、强大有力，如果性能力下降，就不是真正的男人了。他对孩子很好，努力想做一个好父亲，这点值得肯定，但他却忽略了一个好父亲不应该给孩子做出坏榜样，即不应该有家暴行为，这本身就是对孩子不负责任的体现。

整理与分析：张智慧

第三辑

妻子对丈夫的暴力

有调查显示，家庭暴力的受暴者约90%为女性，10%左右的受暴者为男性。由于男女生理上的差异，一般情况下，女性对男性的暴力严重与危险程度较低，容易被忽略。然而，我们反对家庭暴力、性别暴力，并非只反对男人对女人施暴，对男性受暴者应同等关注，积极地施以援手。

我们尤其应该意识到，基于主流男性气质构建起来的"要面子"等心理因素，使得男性受暴者愿意对外界求助的不多，且社会上对他们的支持体系也更薄弱，这可能导致他们长期处于压抑状况，无处倾诉和发泄，最终有可能以暴制暴，导致严重的后果。

本辑共收录十二个案例，前面八个是受暴丈夫的来电，后面四个是施暴妻子的来电，有几个案例呈现出互殴的状态，彼此都有受伤。整体而言身体伤害不大，但心理伤害挺严重，有的受暴丈夫出现了性功能障碍，有的暴力回击变成了施暴者，还有的会迁怒，比如去打女同事、想杀了丈母娘等，具有较大的社会危害性，需要引起重视。

息事宁人的受暴男

基本信息
来电人：男性，军人，婚龄一年多
孩子：两个多月

暴力状况
妻子对我有语言暴力，有时还有肢体暴力。她有时说她得不到温暖，会用死去逼着我做保证。谈恋爱时就有苗头，但当时没想分手。暴力主要是结婚后发生的，越来越严重。上周末在公园门口打了我半天，用脚踹我好几分钟。她父亲不管，母亲也拦不住。我报警，他们说要有伤情记录，我是腿肿了，但不一定算得上伤害。

目前伤害不大，但我觉得挺可怕的，担心将来更严重，主要是担心我控制不住，会暴力反抗，产生不良后果。我曾经有过一些轻微反击，但我打她之后，总担心会有更严重的后果。我打她，她成为受害者，去投诉，我就很难做了。我本来性格很温和，现在身体已经被气坏了，从去年开始，左胸特别疼，一生气就开始疼，以前没有这种情况。我感觉心脏也不舒服，很担心自己出问题。

她还给我母亲打电话，说我们的情况。我父亲刚去世，母亲身体不好，我担心会打扰到老人。我是军人，不想因此事闹得沸沸扬扬的，所以极力缓和关系。目前我很矛盾，也很纠结，有时想息事宁人，总是消极面对。

我们和她父母一起住，她父母更偏向于她，她打完我，她父母还说是我的原因，是我不好，她女儿才打我。我准备去和她父母沟通，不管同不同意，都要把真实想法告诉他们，表达自己的立场，把最坏的情况给他们摆出来，把利害关系和他们说清楚，离婚也有可能。

分析

通常一提到性别暴力、家庭暴力，多数人想到的是男性对女性施暴。而此案例中是女性对男性施暴，印证了性别暴力不存在绝对的性别区分，只是由于男性在父权主义的影响下，大多时候扮演强者的角色，更容易在暴力行为中成为施暴者。

从来电人的口述看，暴力持续近两年时间，不定期出现。好在是女对男施暴，并未造成十分严重的身体伤害，但已经给来电人带来了严重的心理影响。建议从两方面来解决问题，一方面劝说妻子拨打热线，或者去做心理咨询；另一方面，来电人调整自己，不要以暴制暴，避免产生更严重的后果。

来电人有很多担心，如军人身份、母亲和孩子等，导致他对暴力采取消极回避的态度。但这种做法未能阻止暴力，反而越来越糟糕，主要表现在两点：一是暴力有所升级；二是引起了来电人的负面身心反应。这些都是很危险的，发展下去，要么自伤，要么伤人，情况很不乐观。来电人必须认识到，忍耐、纵容暴力是不行的，必须找到其他的改变途径。

来电人可以换一个角度来看，这事与其拖下去，不如现在解决，因为将来解决会比现在更麻烦。自己母亲身体不好，但毕竟是成年人，有丰富的生活经验，知道该怎样处理，不必太多担心她。孩子才两个多月，需要母亲的照顾，但越小的孩子受家庭影响会越严重，三岁以前尤其需要健康的家庭环境，如果家里总是争吵，肯定是不好的。

关于如何与她父母沟通的问题，建议来电人要有勇气去表达，同时也要有充分的思想准备，要想到他们可能不同意。要看自己在这种情况下还能不能守住自己的底线。如果守不住，他们可能得寸进尺，事情就更无法解决了；如果守住了，他们也可能就改了。

关于与妻子的沟通，如果她有意愿要改变，一定要注意不能流于口头承诺，要有实际行动，要让人感觉到她确实在努力。比如下次她憋不住了，就自己去发泄，但不再打人，哪怕是暴力程度有所减轻，也说明她真的在努力。要让她意识到，她应该为自己的行为付出代价，要承担相应的责任。

暴力背景

从小她父母工作忙，会把她关在家中。她父母比较娇惯她、纵容她，认为爱她就是惯她。她在家一直不做饭，对父母说话也不注意、不礼貌，不知道这是否算人品问题。

她和她父母都有些自私，平时如果我对我父母关心多了，他们就会不高兴。这次冲突就是因为我去看望我母亲，她有车也不管我，我是自己去的，回来后也给他们买了东西。我已经努力去做了，他们还是不理解。

分析

妻子是一个施暴者，同时也是一个受害者。在她内心中，可能从小就有一些需要没有被满足，有一些内在的心理创伤。很多情绪不稳定是因为创伤带来的，如果内心安静，能很好地适应环境，就不会有这么大的情绪。父母对她的娇惯，可能有内在的愧疚，因为从小没有好好照顾她，现在用一种不恰当的方式去补偿，但这恰恰又害了她一次，让她变得更加任性，助长了她施暴的气焰，从而危及了她的婚姻。

妻子从小被惯坏了，现在来电人与她的婚姻中，她父母又倾向于她，认为是来电人的过错才引发暴力。如果她不能觉悟到自己的问题，没有改变的愿望，情形就会越来越糟糕。来电人需要看到妻子内心的痛楚，理解她那些不理智行为背后的原因，同时也要坚决拒绝暴力，让她醒悟到这样下去是不行的。

妻子和其家人对来电人孝敬自己的母亲不高兴，表面来看是比较自私，但深层原因可能是缺乏爱，如果他们内心有爱，从小被爱包围，有安全感，就不会这样敏感。建议多与他们沟通，表达自己对这个家庭的重视，可能会对彼此紧张的关系有帮助。

整理与分析：刘国静、陈亚亚

妻子一有情绪就动手

基本信息

来电人：男性，三十岁，婚龄一年多
妻子：女性，二十七岁

暴力状况

我妻子喜欢动手，经常对我实施暴力。任何时候，一旦她情绪不好，或者有什么事情不顺心，就会动手，打耳光、甩头啊之类的。这种状态从结婚时就出现了，刚开始频率比较低，只是偶尔发生，后来越来越频繁，越来越严重。以前我还想，可能是她没能从之前那段感情中走出来，脾气不好，过一段时间就会好了，可是后来看并不是这样。

今天我们下班回家的路上，又发生了暴力。当时路过一个餐厅，有两个女人对她指指点点，她很不爽。我的个性是管别人说什么，无所谓，反正又不认识。而我爱人觉得我应该指责她们、骂她们，或者采取更激烈的行动。一开始我不知道这个意思，就问她什么事情，她不告诉我，还很生气，然后就动手了。回到家里，她依然很生气，摔了很多东西，接着打我，打得我还挺疼的。

我妻子工作上没什么压力，应该就是性格问题。她脾气比较火爆，结婚前脾气就冲。导致她发生暴力的原因很多，比如我说的一句话不对，或者有时她说话我没听见，没有及时回应，都会出现打耳光之类的行为。而且我妻子不只是在家里这样，平时和其他人接触，也比较容易起冲突，发生暴力行为，曾经出过好几次事。

每次暴力发生后，都是我道歉。我要不断调整自己的心态，我觉得我现在也很疼，身体上疼，心理上也很疼，我也需要发泄的途径。我对妻子的忍让是因为我很爱她,对于其他人并不是这样。我从小不是一个特别会忍让的人,个性还是比较强的,但是长期以来,特别是上大学到现在,一个人在外面很多年,家里人也不断提醒我,说一个人在外凡事要忍让,不轻易去惹事,慢慢才形成了忍让的习惯。

我和我妻子不是自由恋爱,是经过别人介绍,很快就匆忙结婚了,可以说当初彼此不是特别了解。婚姻生活还行吧,平时感情还可以,就是最近老吵架,久而久之,我心里也比较压抑。我觉得我们这种模式肯定不能持续下去,会对夫妻感情产生影响。我们也商量过解决办法,但是没什么用。现在打来电话也是寻求帮助,改善一下目前的状况,首先是需要我自己怎么样来调整。

分析

从来电人的叙述中可见,妻子的暴力对其身体并未造成严重影响,但对其心理已造成伤害。在婚姻中,来电人一味试图通过自己的调整来适应妻子,这本身是一种误区,因为对于施暴的一方越是忍让,对方就越不可能悔悟,还会继续施暴。男性对女性的家庭暴力是这样,女性对男性的家庭暴力也具有这样的特点。

由于彼此还不是特别了解就结婚了,导致来电人婚前没有发现妻子的暴力倾向,这也充分印证了婚前了解是十分重要的。受暴者忍受的原因,在于"很爱她",但这种忍让只会助长暴力。幸好,受暴者已经认识到这种模式需要改变,积极求助,这点是值得肯定的。但要完成这个改变,需要夫妻双方尤其是妻子做出调整,一起来努力。

整理及分析:刘国静

家暴导致的性功能障碍

基本信息

来电人：男性，三十九岁，婚龄一年半，无子

妻子：三十五岁

暴力状况

我们认识两年半，也领证了。现在问题是出现打仗，没结婚之前就开始打了。平时生气也会打仗，主要是她打我，一般我不打她。她打了我之后，有一次又反过来哄我，要我回家，要我干啥，就是很亲切地对待我，来回反复。现在觉得会出现更大的矛盾，因为她有时候很急、很恐慌，拿刀拿棍，拿到什么东西就是砸。

你说什么不好，她就发火了，抄东西就砸。比如说有一次礼拜六还是礼拜天，她可能想出去玩一圈，我说工作累了，想休息，她就开始砸东西了。你说的是事实，只要不合她的胃口，她就会发火。她要是有什么决定，你只要反对她就是"反了"，她就抄东西砸。她不愿意交流，说了没用，说了好多遍了。

我现在有阳痿早泄，没有那个兴趣了，她又急着要孩子，毛病越来越激化。我需要心理分析，比如阳痿早泄对婚姻、对家庭生活的影响，怎么扭转这个局面，就是恢复这方面生活。

分析

妻子的暴力行为肯定是错误的，暴力不能再持续下去，这点需要明确让她意识到。一方面要坚决反对暴力，另一方面也要改变交流模式。比如丈夫工作累不累，说不想出去是借口还是事实，妻子一般能判断出来，如果她认为丈夫

不愿意陪她，就可能有情绪。建议丈夫用一种缓和的方式来表达自己的意愿，找到双方都能接受的方式。

丈夫的阳痿可以去医院检查下，看是器质性还是心理性的。如果是后者，需要改进夫妻关系，症状才能得到缓解。建议丈夫直接跟妻子沟通，告诉她，你们俩在一块时自己有恐惧，不知道哪一句话说得不好，哪一点做得不好，她就会生气，就会发飙打人。把这种真实感受和心理压力告诉她，让她知道现在这种情况她也有责任，夫妻一起面对。

如果丈夫是有器质性的疾病，那么确证后，至少也可以消除彼此的误解。妻子不会再认为丈夫是刻意冷落她、羞辱她。至于孩子的问题，早泄并不会导致不孕，最好检查下精子质量，以及妻子这方面的健康，夫妻一起商量，看怎么处理妥当。如果两人一心，就不会是个大问题。

整理：俞园春

分析：陈亚亚

施暴妻子不肯离婚

基本信息

来电人：男性，四十岁，企业职员，婚龄两年多，无子

妻子：三十五岁，企业职员

暴力状况

我属于二婚，与现任妻子经营婚姻两年多以来，家里矛盾一直不断。她情绪可以一日多变，时而温顺，时而暴躁，一旦暴躁起来就会动手，会朝我扔东西和砸东西。我总觉得自己是个男人，不应该动手打女人，就没有还手。

现在遇到的问题很严重，我认为由于妻子对我的暴力，我有了性功能障碍，对妻子提不起兴趣，这种情况已经持续了一年多。夫妻间已经很久没有性生活，她有时会有需要，但是我这方面出现了困难。近来我们想要一个孩子，因而我的压力很大，这点非常无奈。

希望咨询师给予建议，使自己在这方面能有所好转。妻子那边基本无法沟通，希望自己来做改变，使情况好转。

分析

在该个案中，妻子对丈夫的暴力体现为肢体暴力和精神暴力，具有反复性和持续性的特点。受暴力影响，丈夫有了性功能障碍，可见女性对男性的暴力虽然身体危害程度较低，但对心理层面造成的危害也不能小觑。

来电人有积极的改变意愿，这点应予肯定，但必须认识到良好的夫妻关系需要双方一起努力。他经历家暴一年多，可能有很多心理阴影，需要想办法进行调节。此外，可以就医进行性功能障碍的治疗，这对修复夫妻关系和实现共

同目标——生孩子有促进作用。

来电人与妻子的沟通，可能要找到一个突破口。比如她想要孩子的意愿强烈，就可以告诉她，母亲脾气暴躁会对胎儿造成不好的影响，且家暴会严重影响下一代的健康成长。当这些引起妻子重视后，进而劝说她去做情绪调节或者心理咨询。最后，来电人也需要认识到，当这些都没有效果，妻子的暴力有增无减时，离婚也是一种选择。

伴侣关系

我与妻子均是第二次步入婚姻，妻子家庭无精神病史，父母无家庭暴力的情况。结婚前也没发现妻子的性情怪异，但婚后时不时发生矛盾。夫妻之间，感情好的时候挺好的，但很难维持，容易因为妻子的情绪变化而出问题。

我认为男性不应该动手打女人，但我不懂得如何处理我妻子的暴力，男人还手不知轻重，所以我不敢还手。妻子对自己的脾气没有认识，我也难以与之沟通。我曾考虑离婚，但一提离婚她就会发脾气，还会威胁我，到我公司闹事，我感到离婚这条路是走不通的。

分析

从背景看，可以排除遗传病史和暴力传承的可能。暴力行为不一定是在家庭环境中习得的，也跟成长环境有关。妻子如果没有精神上的异常，就应该有能力控制自己的行为，承担起相应的责任。

该案例中夫妻有一定的感情基础，但由于妻子将家暴视为解决矛盾的方法，破坏了亲密关系的基础，目前来看修复难度较高。来电人的焦点应该放在提升妻子的意识上，要让她认识到，施暴会导致亲人对施暴者的疏离和怨恨，施暴者有可能因此失去家庭、伴侣。

丈夫一提离婚，妻子立即用暴力有效阻止丈夫，这一过程不但再次满足了妻子的控制欲，还体现出丈夫对暴力的高度容忍和习得性无助。忍让和妥协并不能使施暴者减少施暴，所以任何时候遇到暴力，我们都要对其说不。一味承受将形成一种暴力关系模式，当施暴人惯于这种模式之后，改变将更加困难。

整理与分析：张若昕

当年的受暴女孩成了施暴妻子

基本信息

来电人：男性，婚龄四年

孩子：两个女儿，其中一个是妻子和前夫的女儿

暴力状况

我老婆经常对我拳打脚踢，没什么正当原因。她脾气不好，很难沟通，我只能躲开，现在下班就在单位加班，不想回家。我没打过她，其实她打我无所谓，不在公共场合打就好。她很敏感，有时莫名其妙的感觉，还要求我上交工资卡，限制我使用资金。我以为满足她要求，她就会开心，就把钱都给她，可她还是大骂我，感觉她就不知道我难受。

当时不知道她是农村的，如果知道就不会结婚了。我是城里人，目前不知如何去了解农民的生活，也觉得没必要去了解。她融入不到我的生活圈子里，我有时带她去见见身价几个亿的老板，她会觉得我在侮辱她，但我本意是想让她多认识些有钱人，让她开开眼界。

分析

目前看暴力对来电人身体危害不大，主要是对其心理造成困扰。如果来电人没有离婚的打算，还是要多做沟通，找到好的突破口，改善夫妻关系。夫妻成长环境不一样，可能是矛盾的根源。妻子家境不好，有自卑心理，没有安全感，可能想通过暴力、经济控制来掌控婚姻。应该让她认识到这样做不对，暴力是绝对不能容忍的。此外，婚姻存续期间的收入属于共同财产，如何使用要一起协商，不能单方面要求另一方上交。

作为丈夫，应该去爱护自己的妻子，尊重她，理解她，而不是用自己的物质条件、优越感去打击她。她在这方面可能非常敏感，很容易心态失衡，受刺激后就会用另一种方式来攻击对方，争得内心的平衡。建议来电人在情感上多关注妻子一些，给她安全感，在此基础上再来沟通，从而解决问题。

暴力背景

她母亲是农村妇女，父亲是军人，很野蛮。从小她爸就打她妈，所以她长大了，觉得打人很正常。老婆很害怕她爸，很少与他沟通，因为小时候被她爸打。而且岳父母在农村，不方便过来，对我们的婚姻状况了解不多。

分析

妻子从小被父亲打骂，内心缺少安全感，更渴望得到关爱，这方面要多理解她，多与她进行情感连接，如果她能感受到更多的爱和支持，情绪就会逐渐好转，行为也不会这么极端。此外，妻子的原生家庭中有暴力，在这样的环境中，她可能会对母亲心生不满，认为母亲太软弱，从而想到以后绝不能让老公打自己，要加强自己在婚姻中的控制权。

婚姻不仅仅是两个人的问题，更是两个家庭的连接。目前由于距离的关系，他们与男方父母的连接更紧密一些，与女方父母的连接较为欠缺。妻子可能因此感到孤立无援，难以融入这个家庭。作为丈夫要主动一点，试着理解她的生活环境和思维模式，主动融入她的生活中去。既然找了农民家的女儿，就应该接受这个现实，不要排斥她的背景。

亲子关系

老婆离过婚，带来一个孩子，我们俩又生了一个。她也打自己的孩子，那孩子很害怕爸妈打架。她孩子的家长会都是我和我爸去开，我们和她的孩子没有血缘关系，但是她不去，只能我们去，有时真的很难理解她的想法。我们的孩子是我父母在带，她不敢打，但是我担心过几年她也会打。

分析

妻子打自己和前夫的孩子，已经给孩子造成不良影响，孩子非常害怕家庭冲突。目前虽然没有打小的孩子，但让孩子目睹这一切，肯定也会有负面作用。来电人的担心是不无道理的，建议多跟两个孩子沟通，大的孩子如果有一定的表达能力，可以让她讲出自己的真实感受，看能否触动妻子，让她改变。

整理与分析：刘国静

妻子得不到关爱就施暴

基本情况
来电人：男性，约四十岁

暴力状况
结婚多年了，每次动手的都是她，都是家庭琐事引起的，没有原则问题。她属于点火就着的性格，不冷静，说着说着就激动了，就出现暴力了。有过几次之后，我就知道她发怒是临时性的，事后一定会后悔，她自己每次过去后也说："我又着急了，我控制不了自己。"一年中比较暴力的动手，抓破我身体的，总要有一两次。

她对我的肢体暴力，比如拿指甲挠我，把我皮肤抓破，拿棍子、水果刀对我挥动，抡起凳子要砸我。她对我的精神暴力，如威胁离婚、威胁对孩子不好，说"杀了你"、"把孩子也杀了"、"抱孩子跳楼"等。我不骂人，就是控制住她的手，一边讲理，一边安慰她。我帮助她控制自己，等她平息，就和她讲理，比如说："你拿刀杀了我，你也会后悔呀，你也是犯罪呀。我又不是打不过你，但我不打你。"

我不会刺激她，我越刺激她，她越来劲儿，我可能还会受到伤害，比如把我脸挠破，衣服扯破，何必呢？我不是那种暴怒的人，不会激动时不讲理。我尽量不说极端的话，更从来不骂人，但我也有情绪，也难免说出某种话，在她听起来是刺激她的。我觉得我的话，和她极端的话不属于一个性质。

分析
妻子做的无疑属于肢体暴力和精神暴力的范畴，而且具有施暴者的一些典型行为特征,如反复性、持续性等。妻子应该认识到,不管有什么缘由,任何时候都不应该以暴力作为解决双方矛盾的手段,这只能使得夫妻关系进一步破裂。

暴力责任

每次她发脾气,可能并不是因为钱,但最后说着说着都会说到钱。比如说,责备我不给她钱花,说我对她实施经济控制。但我们从来都是自己的钱自己管理,共同支出没有约定。结婚后前几年,基本是我花钱。有次她要买房,我不同意,她就私下买了,我非常反感,那之后就比较少花钱了,这几年她花的比我多一些。

我感觉她对谁花钱无所谓,其实是希望我对她温柔呵护。如果满足不了,她就心情不好,找茬儿吵架。她是一个没有安全感的人,我不是完全不给她关爱,以普通人的标准也差不多,但以她的标准就不够。我觉得人应该自己安慰自己,不应该总让别人惯着,想让她多成长一些。有时我会刻意不给她,比如遇到什么事,不开心了,我就说这也不是什么大事。

每次她都说我不够爱她,对她关心少,不和她交流,但我改不了,我就是这样的人,感觉有些话不必说,可以自己去领会,何必都说得那么明白呢?我也发现了,我们的关系,无论打也好、和也好,都是由我决定的。让她满意,我也可以。所以我也是有责任,和她情感交流少,关心她少,但每一次都要求我让她满意,我真是做不到,有点违背我的个性。

分析

来电人在经济上的行为,并不属于家庭暴力中的经济控制,因为来电人夫妻之间一直是自己管理自己赚的钱,共同支出部分全凭自觉,没有约定。来电人现在也并非完全不承担经济支出,只是相对来讲付出的少,不应视为一种家庭暴力。

然而,伴侣之间刻意不给对方情感满足,可能是一种精神暴力。男性拒绝交流,是亲密关系中的常见现象,在支配性男性气质的建构下,男人沉默寡言,任何事都自己在内心消化,被认为是"男子汉"的象征。他们中一些人也会用同样的标准要求伴侣,如果女方渴望交流,会视之为不独立,但其实伴侣渴望安慰是正常的情感需要。

来电人已认识到自己在这段关系中的责任，一句"打也好、和也好，都是由我决定的"，让我们看到了丈夫应该承担的责任，这是改变的起点。总体而言，来电人是一个有自我觉察能力、能够自我觉悟和成长的男人。建议与妻子坦诚讨论，帮助妻子认识到，不应该幻想暴力可以换来关爱。两人一起努力，改变沟通模式，重建和谐的亲密关系。

整理与分析：方刚

老婆逼我去打女同事

基本情况

来电人：男性，公司小主管

暴力状况

我跟一个女同事关系比较好。我们工作中有接触，生活中也有互动。但是我爱人对此有意见，她听到一些风声，说那个女同事不正经，跟个已婚男同事有暧昧。我就为女同事辩护，第一，这个女同事没结婚，不能乱说；第二，男女同事交往很正常。我爱人就非常生气，认为自己老婆的话不信，怎么这么相信那个女同事，你跟那个女同事到底是什么关系？

为这个我们发生了一系列争吵，差不多有一年半。后来不断升级，说我不准跟女同事有亲密交往，以前那种吃饭不准有，除了工作不准有其他联系，最后，要完全和那个女同事断绝关系，甚至要我直接去表达对女同事的厌恶和反感，要我剁掉一个手、一个脚，以证明自己的决心等等。最后我们吵架吵到什么地步呢，她拿刀在那边威胁我，说恨不得把我直接戳死。

有一次临时加班，我发现我女同事在那边，男同事也在那边。后来我找个机会，去女同事住处坐了下，发现居然有打火机、大号的拖鞋、酒瓶，这些男人的痕迹。我就怀疑她到底是不是跟那个男同事有关系，我留意了一下，哎，怎么男同事的车也在楼下。我吃完晚饭，找个机会又到那边去看，结果真的发现那个男同事长时间待在女同事的房间里面。

这一下我有点冲昏了头脑，感到自己受到愚弄。当时第一反应就是，很丢脸，严重的丢面子，我跟我老婆吵得要离婚了，结果他们居然真的有一腿。我错了，要在老婆面前抬不起头了。我就冲上去对女同事说，做你们的朋友真没意思。其实单位上也有风言风语，我平时都站在维护他们的一方，认为他们很正常，叫大家不要乱说闲话。

我说得激动时，甩了女同事两巴掌。后来过了一两个小时，从那种激动亢奋中醒过来，我知道错了，赶紧给她打电话道歉。女同事责问："你为什么打我？我跟那个男同事走得近，也是正常的呀！"我一下子崩溃掉了。我没有权利打她，其实道理很简单，不管她做什么，我作为朋友，可以表达不理解，但我不能动手。我如果不接受，可以离开她。

因为我打了同事，上级就要求我停职，把婚姻问题解决，以免影响工作。这段时间我不得不去看心理医生，我的婚姻暂时保住了，我夫人知道我去打了女同事，很高兴。她基本态度就是我打是应该的，那个女的就是不正经，就是奸夫淫妇吧。我觉得我们是外人，真的不能去确认。再一个，我跟你是婚姻内部问题，你牵扯别人干吗，我那个女同事真的是无辜的。我跟我爱人一直争论这个，我觉得很变态，别人的私生活成了我们争吵的主题。

分析

来电人的女同事和他们夫妻争吵有一定联系，因为妻子怀疑他和女同事有亲密关系，但是女同事和其他男同事的私人关系，和来电人的夫妻关系并没有实质上的关联。来电人的妻子在这方面有些偏颇，不能容忍丈夫与自己意见相左，甚至为此上升到很严重的精神暴力，威胁要用刀捅对方，这就已经属于家暴的范围。

至于来电人的女同事，她的私人生活是她的自由。来电人可以不认同，作为同事也可以表达一种关切，提醒下舆论影响等，但不应该将自己的意见强加于人。至于打人，当然就更不对了。这涉嫌干涉别人的私生活，也是对人权的一种公然侵犯。来电人和妻子对此应该反思，自己家庭内部的事情不应该影响到单位的工作，以及其他人的正常生活。

暴力背景

我们结婚七年，感情变淡一点。孩子、婆媳还有家庭经济问题，吵架以后怎么也有点影响感情。有些话我不愿跟她讲，愿意自己有单独的时间，做自己喜欢的事情。我觉得这也很正常，希望有更多时间和空间嘛！我把家里的事情给你做好，你就不要烦我了。我爱人不干，她认为我不像以前那样对她好了，认为我变心了、花心了，外面可能有对象了。有时候我爱人说，我跟婚外异性的交往，没有什么尺度。

昨天晚上我们又吵架了。我在外面加班，跟她打了招呼，七点半左右出去，十点钟就回来了。她在带小孩睡觉，我懒得跟她说话，就忙自己的事去了。结果她在那边大声地骂孩子，我好好跟她讲："有什么事儿你能跟我说一说吗？"她一开始不说，后来就开始指桑骂槐："是哦，我是有话讲哦，你有什么话跟我讲吗？肯定没话讲，要跟那个女的讲。"

我跟她还是好言好语，我爱人终于说了："你回到家以后，去做什么事，不跟我说一声的啊？你这个叫作跟我没话讲了吧！"我就很纳闷，我说我是公事，回来要跟你讲什么，讲了你也不懂。长期吵架特别是之前那段时间大吵，现在又是小吵，我回家看到她就很累，不愿意和她讲话。

分析

由于长期争吵，来电人产生了厌烦的心态，回家不想跟妻子交流。来电人认为，结婚这么久，没有激情了，想要独立的空间做点事，妻子应该理解。但是妻子却不这么看，因为她一直非常关注丈夫对自己的态度，对方不愿和她讲话，自然就有情绪。

任何人在表达情绪时，都可能有不妥当，这些反过来又刺激了来电人，认为妻子是无理取闹。于是两人之间就起了冲突，关系进一步恶化，形成恶性循环。建议来电人研究一下妻子的情绪是怎么引发的，她又是怎么表达的，之后你怎么反应，给她造成了什么样的感受？

来电人也要反思一下，回到家为什么不讲讲孩子，讲讲两个人之间的事情，非要给妻子讲工作？这是在故意刁难她，让她听不懂，然后来证明你不跟她说话是对的。现在妻子就是觉得丈夫不愿和她说话，她所有的怨气，都是冲着这个出发的。至于她外在找的借口是什么，那都是次要的。

建议来电人先梳理妻子的情绪问题，再反思自己的思维模式，两者叠加起来，看看问题到底在哪里。如果两人之间的沟通已经很困难，需要借助外力来破解婚姻的困局，最好是夫妻一起参加心理咨询，找出沟通中的问题，重建信任模式。

暴力处理

心理医生帮我化解情绪。他跟我说，我因为长期争吵，积累了负面情绪，产生了焦虑，演变成一种强迫症。因为我总去观察男女同事的交往细节，总去关注，总认为他们有问题，或者说想证明他们没问题，这是种强迫。他对我是情绪上的疏导，告诉我这种情绪要怎么化解。

我一开始也很困扰，心理医生对我进行了仔细地梳理，分析产生强迫的原因，以及对那个女同事的感情到底正常不正常。他说也许我是对她有好感，但属于正常范围。他建议我跟爱人好好处理婚姻，不要关注别人。我自己又仔细地想了想，我对她的好感肯定有，但是我认为对她没有那种超乎寻常的爱慕之情。

我是结了婚的，又不可能去追求她。我跟她打交道时很小心，生怕有误会。我内心里面是想，她应该符合大众期望，应该是纯洁的。其实这个很荒谬，她年纪这么大了，二十八九岁了，难道有些正常交往，或者说有些什么，不可以吗？虽然那个男的是个已婚男士，我觉得也没必要上纲上线去骂人家。

我爱人不接受心理医生那一套，我要她去接受辅导，她认为没用。甚至说难道婚姻辅导是要让人接受第三者是正常的吗？心理医生说，不能强迫一个不愿意的人来接受咨询，于是这个就停掉了。现在我就是很郁闷，我爱人还在翻旧账，说你看你看，是你看错人了吧，是你对不起我，你要对我补偿吧？

办公室那边，我一直请求女同事原谅，但没有回应。她肯定很莫名其妙，原先一个对她好好的人，突然冲上门来打两巴掌，她很害怕呀！虽然我跟她解释，但估计她不能理解，她可能还认为，我代表社会大多数人的意见，认为她跟一个已婚男士有那种过密交往，就是奸夫淫妇。原先我们办公室关系很好，出了这个事，那种良好的气氛就荡然无存了。

其实她是我手下一个员工，现在出了这种事情，我主动提出辞职，但是需要我继续在那边衔接。目前来说，我们还在一起工作，只是我的上级要求我不要去打扰她，并且把我的办公室跟她分隔开来。我们俩的工作，基本上是她做上一道程序，我做下一道程序。因为快到年终了，没法换。只能做完这一段，但时间所剩不多了。

分析

来电人对女同事道歉，希望恢复关系，但对方没有回应。建议在这个阶段不必过于纠结，要女同事马上原谅自己，也不现实。首先把工作做好，让她逐渐感觉自己恢复了正常，将来彼此还是可以谅解的，因为时间可以治愈很多创伤，不必急于这一时。

来电人主动寻求心理咨询，有积极的改变意愿，值得肯定。遗憾的是妻子固执己见，不肯去心理辅导。建议来电人不要操之过急，先调整自己的心态，改善夫妻关系。如果夫妻感情融洽，她的安全感比较强，情况也许就不同了。

目前诉求

我爱人跟我闹不开心，我原来以为这个事情已经了结了，因为我已经按照她的要求去打了那个女孩子，证明了我的决心。结果事后没两个礼拜，她又跟我吵，说我总说那个女的好，跟她吵架，她很丢面子，心里很受伤害，要我补偿她。听到她的话，我一下子就瘫，简直是惊呆了。我觉得太让我为难了，太郁闷了，我想这个其实就是婚内暴力。

还有我对那个女孩子的暴力，我也郁闷很久了。我这边周围没人去说，因为很难堪，而且又牵涉到同事的隐私，更不敢乱说。这样的工作场合让我很不开心，很不好意思、很内疚，或者说很尴尬。其实我有些担心，怕她心里有个结。我想至少调整一下，或者说，想知道该注意哪些方面。

分析

妻子跟来电人闹，主要取决于夫妻关系。如果夫妻感情很好，妻子即使有不同意见，在用语上也不会挑选那些让人觉得刺耳的、恶劣的言辞。如果说关系很差，她情绪不好，可能就会挑选一些刺激人的字眼。这方面建议来电人先跟妻子把关系理顺，做适当的调整。当然，如果觉得与妻子在基本理念上有冲突，互相难以包容，也可以考虑分手。

至于女同事，不要太纠结于对方是否谅解，这样可能会影响到工作。来电人要看开一些，女同事还能正常工作，也可以说是她表达谅解的一种方式。因为道歉的目的，最终还是要落在不要给她造成很大的影响上。至于关系的修复，可以慢慢来进行。

整理与分析：陈亚亚

丈母娘毁了我的婚姻

基本情况

来电人：男性，三十八岁，高中学历，公司职员，婚龄四年，无子

妻子：女性，三十七岁，本科学历，公司职员

暴力状况

我结婚时都三十多了，在农村很大了。我上面有两个姐姐，已经出嫁很长时间了。高中毕业，我在县城工作，是做生意的，没有赚到多少钱，还要还债，压力有点大。我太太是本科毕业，在县城一家公司打工。她教育程度比较高，但讲话做事什么的和接受的教育不相符。

婚前就闹了几次不愉快。一次跟朋友吃饭，因为年龄的原因，结婚后马上就面临生育，但她拿起酒杯就喝，我很震惊，当时就离开了。但我以为相互让一让可以走下去，我同学上过大学，说念过大学跟没念过的有区别。我太太是大学毕业，我想只要双方积极，没有迈不过去的坎，所以一个月内结婚了。结婚第二天同学逼我们喝酒，她又喝了，我非常生气。

每年春节，她就经常挑事，我受不了，就要闹闹。她说我没让她过过一个安稳的节日，但事实是每次都是她挑起来的。这个月端午又产生很多矛盾，还有她看病啊，因为她年龄大了，卵巢已经衰弱。我认为这是你的事情，你应该积极，就因为这个我们吵起来，她扑过来把我打了一顿。以前也有矛盾，但我从没主动打过她。这次她打过后我也没有反击，就对她讲了一句："你打的不是我，你打的是这场婚姻。"

然后我去她们家，说你女儿打我。她母亲讲，"你没照顾我女儿呀"，总是这样讲。她二哥是个老实人，给他妹妹打电话，说"你还厉害了，还敢

动手打人了"。我老婆立马跑回家，要收拾衣服走人。她大姨在我们家隔壁小区住，就来安慰，花了好长时间把人哄好。晚上她妈到我们家，说先带她回去，歇一歇。

结婚这段时间，我没打她也没骂她，也没要求她什么时候生孩子。她走后我找过几次，第一次自己去，第二次请我四叔去，第三次我哥嫂去，第四次去饭店。她讲我对她不关心，不舍得花钱，可是我有经济压力，连债都还不起，有点钱都用在进货上了。电视上有老婆拿出钱的，但她的钱我一分没见过，现在所有都是我的不是，那她的不是呢？

这几个月我经常去她上班的地方接她，有时候骑摩托车去接，同学都嘲笑我，大家说我们从来没接过，都过得好好的。我也给她打电话，她不接，或者打过来就骂。她总说我们出去谈一谈，谈的目的是什么，是把手续办掉，针对性很强，就是离婚，非常坚决。

可能她对情感的需求比较多，那我也想找个比她好看的呢。婚姻是对爱情最高的肯定嘛，离婚是双方的事。我们接受的是中华文化，提倡社会主义核心价值观，婚姻上如果遇到坎，我们要迈过去啊，应该积极主动地对待啊！

分析

该个案看起来有些暴力元素，但实质上暴力并非关键。来电人在事件中是受暴者，起因在于他迫于年龄的压力，想通过婚姻让自己的生活符合社会主流模式，而女方也由于年龄大了而轻率地进入婚姻。两人情感基础薄弱，又没有很好地经营，导致家庭内部频繁冲突，最终矛盾加剧而产生暴力行为，婚姻也因此岌岌可危。

遗憾的是来电人对两人之间的根本性冲突并无认识，只是一味在谈自己的看法、自己的需求，认为对方的想法都是错误的，是有问题的。这种态度显然无助于问题的解决，只会使得矛盾更加激化。所以这里的问题并不是要如何批评妻子，而是让丈夫先认识到婚姻中的这个矛盾是难以化解的，寄希望于妻子的改变不太现实。

暴力背景

我们见面前一年，她父亲去世了，她母亲很多次跟我提到，她父亲临终前十年没有讲话,家里冷战非常严重。我太太她大哥,结婚后经常打麻将不回家,涉及赌博及外遇,他太太接受不了,离婚了。她二哥,不好讨老婆,五年前才结婚,娶的女人跟婆婆打起来,差点用刀砍了,就退婚了。她二哥讨这样的老婆,说明她二哥生存能力有问题。

分析

妻子的原生家庭中有不和谐因素,父母之间长期冷战,兄弟的婚姻也不和谐。在这种环境下成长的孩子,可能习得用暴力来解决矛盾,对家庭也缺少责任感。这可能是来电人要谈这个问题的主要原因,即试图将妻子的暴力行为归结为她家庭的问题。

虽然这些因素可能是存在的,但来电人必须认识到,现在是他想挽回婚姻,而不是妻子。如果认为妻子受到她家庭的影响,有暴力倾向,且她本人并没有改变的意愿,那只能放弃这段婚姻。去追寻妻子的问题根源,并不能解决任何问题。

伴侣关系

我跟太太糊里糊涂结婚了。第一天晚上同房,人家立刻去厕所做避孕措施。第二天太太就跟我说,先不要小孩。我不能接受,为什么呢?年龄都已经非常大了。她说她是为结婚而结婚,我认为我们已经过了谈情说爱的时候,我同学都有二胎了。你说什么是爱,有时候也讲不清楚的,但她不要小孩子,我也不能闹。

她说"我不是给你生孩子、洗衣服的机器"。我想你大学毕业多年,自己没能力找工作,在舅舅那里打工挣钱,本身跟同龄人比就很晚了,很失败了。我们这边男的做家务稍微少点,至于生孩子的机器,人家李冰冰、赵薇都不敢讲这个话。人家都要做一个伟大的母亲,怎么会把自己比喻成生孩子的机器呢?我就看出来这个女人非常不怎么样。

这两年当中闹过点小矛盾,她就说做一天和尚撞一天钟,凑合着过。我们也没有很严重的冲突,就是吵吵闹闹。结婚第二天,她就说要离婚,红本换成绿本。结婚四年当中,讲过三百多次。第一次是玩笑的心态,我当时开车去外地,她问我:"结婚你满意吗?我生不了,我原谅你一次,你可以去外面找人生一个，你现在还有机会，还可以退货。"

以前别人给我介绍的，有两三个吧，我手都没拉过。结婚前一周，我就打电话了，我要结婚了，这些事情都了断。我们十月份结的婚，四个月以后，好像是她以前的男朋友给她打电话。从她的表情和说的话，感觉对她有牵扯、有依恋、有埋怨什么的。我感觉非常明显，跟一般打进来的电话是不一样的。

分析

女方对于感情的需求比较高，有一定的性别平等意识，认为婚姻并不是两个人凑合在一起过日子、生孩子，妻子也不应该多做家务。而丈夫在这方面有一些男权思想，更认同传统的家庭模式，认为女人结婚了就应该顾家，多做家务，要生孩子。这两人之间本来就存有不可调和的矛盾，婚姻怎么可能幸福呢？

来电人对妻子没有多少情感，对她的言行都很看不上，虽然他没打人骂人，但轻蔑和鄙视也能伤害对方，妻子因此对婚姻产生疑虑，这很正常。此外，来电人还提到妻子以前的男友给她打电话，对此有所猜忌，这也是没有必要的，因为没有证据显示妻子有外遇，仅仅是一个对方打过来的电话，说明不了什么。

目前诉求

我两个姐，她们家庭很少吵架，吵架我妈也很少参与。我老婆这四年当中，一吵架她妈就往家领，五六次都有了。按这边四五十岁女人的讲法，女孩子给了人家，好过赖过都是过，把女孩子这样往家领，就把女孩子的胆领壮了。如果娘家牵扯到两个人中，日子过好的可能性比较小。

我打算寻找当地的调解，帮我把这个事情做一下。我想知道她接受了一种什么思想，非常坚持地要离婚。我想让她清醒一下，她的这种想法是错误的，你既然跟一个男的一起生活了四年，男的又没有怎么样，那就积极地往前走嘛！

婚姻不是个体行为，想怎么样就怎么样，按中国人的想法就自始而终。她对婚姻非常不坚持，我想她能不能改变一下。她虽然打了我吧，我还是为婚姻而存在。对她本人，以后只要她能遵循大家的一种行为，两个人一推，二十年就走了。我也没想要找个小的。

分析

来电人在家里是独子，住在农村，可能有重男轻女的思想。他提到"女孩子给了人家，好赖都是过"，这是传统的婚姻观念。以前很多女性就因为受这种观念的影响，担心一旦离婚就无处可去，婚姻不幸福也只能硬熬着过。这本来是不合理的，在来电人这里却成了值得遵循的规范，可见他男权思想相当严重。

来电人想动用社会力量来挽回婚姻，但其实他更需要心理咨询师的介入，帮助他看清自己的内心需求、妻子的情感需求，以及两者之间是否有调和可能，而并非是帮助他挽救一段也许已经死亡的婚姻。现代婚姻对情感的需求很高，彼此有类似的价值观、相近的兴趣爱好，相处才能愉悦。婚姻是自由的，如果一方坚决要结束，另一方就不能勉强。

其他

她母亲财运不好，钱不多，非常不适应社会。对她母亲的为人处世，我极其不认可。她这样错误的观点或行为，导致我婚姻失败，我一定要她接受惩罚。法律没有条文可以惩罚她，但基于道德上我一定要惩罚她。我现在打电话的位置，去年就出了一个恶性案子，让全国震惊的案子，也是非常严重的家庭矛盾导致的，那个男的取了四个人头，然后自尽了。

我觉得如果你真是非常成功，你遵循的价值观是正确的，我非常不负责任，你干预我的婚姻，那我认可，但你本身在这个社会上非常失败，你还来干预我的婚姻？今天中午跟一个远房亲戚聊了四个小时，他说"你划不来，好鞋不踩臭屎"，但我真是迈不过这个坎。我跟律师也讨论过，他们说很多女性通过婚姻来敛财，再嫁一次嘛，可以收到更多彩礼。我太太现在有没有外遇，我们普通人也调查不到。

分析

现在国内离婚率很高，大多是性格不合，而不是来电人谈到的动机不纯。目前没有任何证据显示妻子出轨，如果一直钻牛角尖，甚至认为妻子之前是骗婚，就会越来越愤怒，做出错误的判断。来电人不该因为自己不能接受失败的婚姻，而迁怒于他人，需要拉回目光，聚焦到两个人的问题上来，即你们夫妻有什么根本性的矛盾与冲突，到底能不能解决？

　　来电人特意指出当地曾发生过男人因家庭矛盾而杀人的恶性案件，表达了心中对丈母娘的无比愤怒。但这段婚姻到底与丈母娘有多大关系，从来电人的叙述中无法证实，他这种极端的情绪并没有合理解释。建议来电人寻求专业的心理辅导，提升认识，改变偏颇认知，千万不能因为想不开，报复杀人或者伤害对方，这只能使得事情往不可逆转的悲剧去发展了。

整理：林夕媛

分析：林夕媛、陈亚亚

从丈夫冷暴力到互相施暴

基本信息

来电人：女性，三十岁，婚龄六年
丈夫：三十八岁

暴力状况

丈夫长期对我有冷暴力，无论言语上还是行为上。在他有冷暴力时，我往往会用缓和的语气沟通，但这似乎助长了他的气焰，他会更嚣张，什么能激怒我，他就做什么。现在他不仅仅是在使用冷暴力，而且很享受冷暴力带给我的伤害。我和他说冷暴力最伤害人，他就是不承认，觉得我对他谩骂和动手是对他有暴力。

我觉得我也有暴力倾向，控制不住要动手打他。在他冷暴力加大时，我会动嘴谩骂，也就是以暴制暴。他就是叼着一根烟，抖着二郎腿，看表演一样，表情中流露着不屑，有时会直接站起来走出家门。当他以嘲讽的表情面对我时，我会动手。我觉得我对他的暴力是被他逼出来的，因为我没有其他发泄方式，只能用肢体来表达。

我们分居两地，我曾想过去他的城市，但是我害怕，因为一旦去了就是义无反顾地跳进一个火坑。去年去他那里住了半年，他的生活是抽烟喝酒打牌，每天醉醺醺地回家，夫妻间没有任何沟通，他也没有时间陪我。

我以前性格开朗，比较直，遇到问题后及时解决，和同事沟通完全没问题。但是他的不断指责打击了我的自信，造成我情绪不稳定。他一再说我心理有问题，让我对自己产生了怀疑。我现在有抑郁倾向，不过只要我不给他打电话，就会轻松一点，不会把消极情绪波及周围人身上。总之，这段婚姻让我极度缺乏自信，在很长一段时间内非常缺乏安全感。

我自己这样是不是也是暴力？怎样缓和它？我的暴力是他的冷暴力的延伸吗？我特别害怕自己也有暴力倾向，不想成为像他那样的人。

分析

家庭冷暴力是指通过暗示威胁、语言攻击、经济和性方面的控制等方式，在精神上折磨对方。在陈述中我们看到有"嘲讽""不屑""没有沟通"等，应该都属于冷暴力。来电人在丈夫对其实施冷暴力后，也对其谩骂甚至动手，在以暴制暴的过程中也成为施暴者。但正如妻子所指出的，她的暴力是丈夫"逼"出来的，所以伴侣关系中的暴力需要认真观察与分析。当然，丈夫冷暴力，并不是妻子以暴制暴的理由。

由于受到家庭暴力的影响，来电人对自己未来的生活充满担心。和施暴者长期生活在一起，自己也出现了暴力倾向，这是家庭暴力对个人的严重伤害，可能会延续到下一个家庭中。幸好来电人已经意识到了这点，她绝不想成为一个施暴者，建议来电人从家暴环境中出来后，通过一些心理辅导和学习，改变行为模式，重新拥有幸福的家庭生活。

暴力背景

他家是农村的，人生经历很复杂。他是20世纪90年代最早富起来的人，那时候有两三百万，但我认识他的时候，他已经把钱花没了。我结婚之前的生活很中规中矩，父母都是教师，周围人的生活也很简单。我和丈夫相识三年结婚，之前他各方面都很好的，所以虽然我们分处两地，还是结婚了。

婚后我发现，我们的价值观、人生观都不一样。我们在经济决策上有非常大的分歧，他有再少的钱都要花掉，宁可把手上的钱花光，再借别人的钱花，而我主张要有所积蓄。比如他总想把北京的房子卖掉，拿钱去享受，而我认为应该先保值，为以后的生活做打算。

分析

由于每个人的家庭背景、成长环境、经历不一样，会有不同的对生活、对人生的理解，有各自的生活方式和价值观，还有不一样的对矛盾的处理方式。对于这种婚姻中的差异，要有足够的包容心来面对，才会避免纷争。

本案例中这些矛盾之所以会成为共同生活的隐患，是因为可能一方会强迫另一方赞同自己的价值观和生活方式，进而控制对方，导致家庭暴力的发生。在看待家庭暴力问题时，不仅要看到发生的暴力，也要分析暴力事件的背景，探讨暴力改变的可能性。

暴力处理

在我尝试着与他静下心来沟通时，他会说"你管这么多，管好你自己就行了"，结果还是用冷暴力对待我。他就是要求我必须按他说的做，否则就是不尊重他。无论我平心静气还是暴力处理，都没有用。我们找过心理咨询师，咨询师的建议是让我走出来。

这段婚姻带给我更多的是痛苦，我准备离婚。原来我们一个月或者两三个月见一次面，现在我决定分居，不再去他那里。在我要求办离婚时，他的态度左右摇摆。我也很犹豫，毕竟他在结婚前三年还是挺好的，我曾经对他抱有改变的幻想，但现在我觉得他只会越变越差。

分析

尝试沟通是很好的解决方法，但遗憾的是丈夫并没有把家庭和谐当回事，还是以冷暴力来逃避，而不是去解决问题，妻子单方面的努力起不到效果。在这种情况下，来电人理性地分析了丈夫改变的可能性，做出决定，选择离婚，这也是处理家庭暴力的一种合理方式。

男性气质

他觉得自己没有上过大学是一生的遗憾，在他生意好的时候停掉，准备了一年，考上国家统招的研究生，我当时很佩服他。但他有一种农村的大男子主义，表面上非常自负虚荣，其实内心很自卑，唯恐被别人瞧不起。

他无论对我还是对其他人都很不耐烦，比如和同事对骂，与兄弟姐妹骂架。无论工作还是家庭中，他都喜欢把责任推卸到其他人身上，逃避责任。他没有家庭责任感，当我们发生矛盾时，他觉得所有的错都是我的错。

当初他结婚是想找一个他可以控制的人，但慢慢发现我并不是一个逆来顺受、没有主见的人。他会在喝醉酒的半夜给我打电话，把我一顿骂，第二天早上又不承认。他觉得我心理有问题,应该去看心理医生,而事实上周围人都认为他有心理问题。

分析

男人表面的自负与内心的自卑,推卸责任,渴望控制别人,都是父权制下主流的支配/阳刚趋势男性气质的体现。这种气质在一定程度上是对男性的一种伤害,男性因此要承受更大的压力,在本个案中表现为努力考研,怕被人瞧不起等。此外,这种男性气质也是男性对他人施以暴力、进行控制的幕后支持力量。

整理:俞欣元
分析:周洪超

大打出手的夫妻

基本情况

来电人：女性，三十一岁，婚龄四年

丈夫：三十一岁，医生

孩子：女儿，三岁

暴力状况

我总是不信任丈夫，他平时太压抑，有时出去喝酒，经常不接我电话。我工作很好，以前是很骄傲的人，自从跟他以后，工作学习都没有起色，觉得整个人都被他带进去了。

第一次出现暴力是两年前。那天他出去喝酒，还去KTV唱歌，回来晚了，我和女儿都在等他。我们之前约定好双方都不去KTV，但他没有遵守这个承诺，而且又在元旦这个应该家人团聚的时候回来这么晚，我很不爽，就去烦他。我拿自己的头往墙上撞，表达愤怒，他看着也不爽，就打了我。我觉得自己有自虐倾向，基本没有反抗。

还有一次是我打他，因为他一直不回答为什么不接我的电话。我实在受不了了，就给了他一记耳光，他想也没想就打过来。这时候我婆婆和小叔子进来，把我们拉开了，但是我真的受不了他这样，又去找他理论，他就当着婆婆和小叔子的面又打我。我的脑袋被打出两个疙瘩，嘴巴有些破了，眼睛下面有点晕。

分析

该个案最大的特点是互殴。来电人因为丈夫过节独自去唱歌感到不爽，自己用头撞墙。自虐也是一种对伴侣的精神暴力，其目的是恐吓对方，表达自己的不满，希望对方因此俯首帖耳。但来电人的丈夫并没有因此被震住，而是采取了以暴制暴的方式，将暴力进一步升级。

如果说这次家暴由谁先开始还有争议的话，那么来电中讲述的第二次家暴，则无疑是从妻子先开始的。当然，丈夫不回答妻子的问话，不与之做有效交流，也可能是一种精神暴力，即冷暴力。来电人在矛盾出现时采取了不适当的方式，直接打了丈夫耳光，而丈夫仍然是暴力以对，"想也没想就打过来"，甚至不顾及家人在场。

可以说，第一次是妻子冷暴力在先，丈夫肢体暴力在后；第二次是丈夫冷暴力在先，妻子肢体暴力在后，丈夫紧随着更大的肢体暴力。在家庭暴力议题上，经常会有是否"彼此有责"的争议，在这个案例，这种争议似乎可以达成共识了：确实双方都有责任。当然从暴力后果来看，丈夫的责任更大一些。

暴力背景

丈夫家庭条件很差，工作不错。我的家庭条件一般，工作很好。小时候我看见过几次母亲打父亲，但没有见过父亲还手。我母亲的脾气很暴躁，父亲每次都对她忍让。

分析

丈夫的原生家庭是否有暴力不清楚，但他家庭条件差，小时候可能生活在社会底层，容易耳濡目染看到暴力行为，也可能对他造成影响。来电人采取的暴力行为可能源于小时候看到母亲对父亲施暴，其暴力具有传承性。至少在潜意识中，她希望丈夫像父亲一样忍让。

伴侣关系

我们恋爱八年，顶着父母反对的压力结婚。但从恋爱直到现在，我自己都不能确定是否爱他，我觉得我最爱的是自己。我虽然觉得他对我挺好，但无论他的外表还是行事作风，其实我都很看不惯。现在我觉得自己每天都在讨好他，家务事也很少麻烦他，可是感受不到他为我们做了什么，觉得他已经没有什么让我依靠的了。

平时丈夫对我很好，但跟他很难沟通。他觉得我没有体谅他每天工作的辛苦，回家还要摆张臭脸给他。有时候我跟他讲话，他也不理我，我不喜欢他这个样子。我不是那种喋喋不休的女人，也知道他一年里只偶尔一两次会出去唱歌喝酒。可是他宁愿去喝酒，也不愿意早点回家陪我们，而且无论我怎么追问，都不会解释自己的晚归。

这次他当着婆婆和小叔子的面打我，我真的恨他，想拿把刀杀了他。我没法和他过下去了，只有和他冷战，不回家。可是内心还有一丝希望，想让他主动找我认错。我不想改变自己，因为我已经很体谅他了，但他丝毫没有感受到，一点都不心疼我。

分析

恋爱八年，并且在父母反对的情况下结合，应该还是有一定的感情基础，但来电人说不知道自己是否爱他，最爱的是自己，这可能是夫妻关系不和谐的原因。最爱自己没有错，但既然走进一个家庭，就应该彼此关心，彼此包容。丈夫不与妻子沟通是不对的，但妻子怎么表达不满也很重要，用粗暴的方式来表达，效果会很差，甚至可能是暴力的导因之一。

对于来电人反映的沟通困难，建议先尝试改变自己。比如在说话时要有眼神交流，语气相对缓和一点。如果做不到，可以选择用文字沟通，写信或者发短信等，千万不要用埋怨的方式，容易激起对方的反抗。也可以尝试让他人担任传话筒的角色，从中调和。

来电人认为自己家务做得多，很少麻烦丈夫，觉得自己很委屈，而丈夫不但心安理得地接受了这一切，还责备妻子不体谅他的辛苦，没有笑脸相迎。这背后其实是社会性别的刻板印象，男人在外面赚钱不做家务是正常的，而妻子除了做家务，还要体谅照顾好丈夫，这对妻子是很不公平的。

来电人没有意识到自己的方式也有问题，只是一味怨恨丈夫。这样只看到对方错，看不到自己错，不可能和谐。来电人应该对丈夫言明绝不容忍暴力，但自己也不要再用暴力解决问题。两次家庭暴力都与来电人处理矛盾的方法欠妥有关，且来电人自己也有暴力，所以也要反思，及时做出改变。离婚不是最好的方式，如果为了逃避现实而离婚，下一次婚姻依然可能有类似烦恼。

男性气质

丈夫很少表露自己内心的情感，不太讲话。他还有点婆婆妈妈，想要掩盖却只会更加明显。他经常有一种调调，"不就是一个女人吗"，比如有为了女朋友自杀的新闻，他的反应就是"女人算什么啊"。他在家里摆出一副男主人的架势，一切都要尊重他，对我很不在意。

分析

丈夫的不爱言说，是男性气质的建构结果。"不讲话，不表露"，可能是为了掩盖"婆婆妈妈"，强调被主流社会认同的男子汉气概。但这对夫妻关系是一个隐患，不沟通会让妻子觉得对方不重视她，不尊重她，从而引发家庭矛盾。

丈夫有大男子主义思想，认为男人是一家之主，具有绝对权威，他不屑于与妻子沟通，认为妻子不该干涉他。对妻子的责问他也不想回答，因为觉得没必要回答，对于妻子的打闹，他想也不想就还以颜色。但这些意识和行为都是错误的，会使得家庭和谐遥不可及。

整理：俞欣元
分析：葛春燕、方刚

儿子说我是"暴力女"

基本信息

来电人：女性，本科学历，婚龄十年
丈夫：硕士学历

暴力状况

我打我爱人，一般都是我先动手。结婚后，我打过他一次，那次过后好几年，我没打过他。最近我觉得有点不对，今年从七月开始，有三次。七月那次还好，但最近两次在一个月内，我觉得我有点控制不住，冲动起来自己比较后怕，当时觉得掐死他都有可能。

第一次，结婚不久，他出差，我没打他电话，怕他有应酬。当时我怀孕了，他喝多了，没回家。第二天他回来了，我用皮带抽他，他胳膊上有青紫，我很愤怒，下手比较重。还有一次，两三年前，我在开车，他在旁边唠叨。当时我火了，给了他一巴掌，他还手了，我们打了三四下，车差不多横在路中间了，很危险。那次以后，我们差不多两三年没大冲突，偶尔一巴掌，是打肩膀，不是打脸上。

那天在电梯里，他质疑老师的权威，我说孩子交给他们，就由他们管好了，鸡毛蒜皮的事。他就说，你听懂了吗？那句话激怒我了，我给了他一耳光，他打了我好几拳，额头打出了血。我知道电梯里有摄像头，就忍着进屋后用衣架打他。衣架打折了，我就拿着那镖，砸野兽用那种，很长，前面很尖锐，那时如果他再说，我会扎进去，当时真有扎死他的心。

当我觉得他说的不是事实，我就会很生气。比如他经常说"我养着你"，我不爱听，我收入是他好几倍，怕他有压力才不说。他去年调了个部门，相对没有以前好了，那段时间他有一些落差，我们尽量开导他。但他平时说话特损人，他会说，你就一废物，除了打人还会什么，重复地说。有些事跟我没关系，他非说是我的事，我也会很急。

我俩感情挺好的，相互也比较信任。无论他做什么我都支持，我做什么他都支持。如果真的是感情不好，离婚就得了。我们没有什么原则性的问题，但发疯起来，我控制不住。在很愤怒的时候，我感觉就想杀了他。

分析

妻子对丈夫施加肢体暴力的案例比较少见，这里是一个较典型的案例。一般来说女性力气小，暴力不会非常严重，到来电人这个程度是不多的。现在暴力频率增加，程度加重，且打起来时杀了对方的心都有，可见危险程度很高，需要尽快采取干预措施。

丈夫收入没有妻子高，可能心理有落差，心态失衡，故意说刺人的话来打击妻子，以求得心态上的平衡。妻子可以与其沟通，请他尽量避免。如果丈夫愿意，还可以寻求心理辅导，自我调节下，避免出口伤人。

来电人自诉夫妻感情很好，互相信任。这有两种可能，一是关系确实很好，只是争吵的时候情绪控制不住。这种情况的处理相对简单，有针对性地学习一些管理情绪的方法即可。二是关系其实有裂痕，但来电人没有意识到。建议多跟伴侣沟通，认真了解对方的想法，不要自己想当然地觉得没有问题。

该案例中夫妻的感情基础较好，没有离婚的打算。建议从学习如何控制情绪入手，进行深入地沟通，包括也与孩子沟通，找到一个解决办法。如果觉得有必要，经济上也可以接受，可以去做夫妻关系、亲子关系的面对面辅导，请专业人士提供一些建议和帮助。

暴力背景

我父母家里没有家暴。他家每年从春节开始，吵几个月，几乎每天开战。他是独生子，常和妈妈吵架，他妈妈经常向我告状，也对他有意见。

前两年，我做过手术，有一个良性肿瘤。我爱生气，在生气的时候，全身会哆嗦。

分析

来电人提到了引发暴力的两个因素。一是丈夫的原生家庭,父母经常吵架,他和母亲也不时吵架,在这样的环境中长大,可能养成了好争执的性格;二是来电人曾经生病,进行过手术,可能影响到了她的情绪,这需要到医院检查下,看是否有生理上的问题。

暴力处理

我们打架吵架以后,一小时内就会和好。气发出来了,就好了。一般他不道歉,但会先和我说话。我不会和他道歉,他有错,我自己也有错。骂人不对,打人更不对。我觉得不应该,但控制不住,我就怕这点。我们没报过警,真到报警时,就是有人躺下了。他尝试过改变,保持了两三天,后来就没了。

分析

来电人清楚打人不对,但不肯拉下脸来认错。丈夫虽然不认错,但会主动说话,有求和的表示,可见对自己的责任有一定的认识。比较起来,丈夫的言语暴力刺激了妻子,妻子随即对丈夫施加身体暴力,丈夫也有还手,两人都有错,但责任更多在妻子,因为她先动手,且暴力行为相对严重一些。

许多人家里打架,不会想到要报警,认为这是家务事。但没有必要等有人躺下,才想到要找有关机构求助。既然来电人自己控制不住,而且暴力程度日趋严重,就应该考虑向外界求助,报警也算是一个选择。警察到来后,就能制止住暴力。除了警察,也可以向其他机构或个人求助,如社区、亲友和心理咨询师等。

亲子关系

我家孩子比较活泼,怕我是肯定的。爷爷奶奶宠他,爸爸不打他,就我打他。但我觉得他对我没有畏惧,我们还蛮亲密的,他会主动和我讨论我打他的事情。

我觉得在一些事情上,还是要打的。我不让他打孩子,觉得男的打得重,他没有打过孩子。我打孩子打过狠的一两次,打手心五六次。我会用手指粗的棍子，打他屁股，一直没有留痕，我觉得打得不算重。

学校有奖励孩子的学校币，孩子"拿过"。他拿一张我打一下屁股，那次他拿了十几张，我打了他十几下。我以为打完他就不敢拿了，没想到过了几天，他又拿了。他不太理解偷，但这行为是偷，那次我就抽他，屁股上留痕了。

他知道我会打他，就叫我暴力女。那次我说："小心你小屁屁要遭殃。"他说那根棍不是打断了吗？我说："我还可以换拖把。"他说："拖把打断了，换不锈钢的？"他以开玩笑的口吻在说，我们都是笑着说的。我觉得他应该没有心理阴影，这点我还是比较注意的。

分析

来电人不但对丈夫施加暴力，对孩子也有暴力，这是需要特别警惕的。因为这样孩子就可能既是暴力的目击受害者，又是暴力的亲自承受者，会对他产生不良的影响，比如学会一些暴力的行为模式。可以注意观察孩子是不是容易生气，脾气是否暴躁，跟人起冲突容易说一些很难听的话，甚至直接动手。

来电人认为暴力没有影响到母子关系，这可能是一厢情愿的想法。有可能是孩子面对这样的母亲，没有说出真实的感受。另外从效果来看，似乎暴力也没有起到来电人预期的效果，比如孩子坚持要去拿那个学校币，就带有一些叛逆和赌气的成分，故意要跟母亲作对。这在青春期来临后，会表现得更明显，彼时母子冲突可能会更严重。

整理：田斌
分析：陈亚亚

受暴十年后，丈夫开始施暴

基本情况

来电人：女性，婚龄四年

暴力状况

哪一种情况属于家庭暴力？如果丈夫打了妻子，但妻子也打丈夫呢？一年持续两到三次吧。又比如说他觉得不能将我们的家庭收入用于我的家人，这算不算经济控制？

钱一直都在他手里，他挣得比我多，所以很忌讳我把钱给我家人。我父母在我们这儿帮忙看孩子，给一点是应该的。这么多年来一共两次，买房子也就那一次。我父母帮我看了三年的小孩，要给我弟弟买房子，我给他补上那么一点，我觉得是最起码的良心吧，给了不到三万块钱，后来基本上没给过。

之前我弟弟生病，我当时还没结婚呢，我是唯一的姐姐，那肯定要给，也就一两万块钱。那是生病啊，是救急的。不是说他不借，他也借了，但我明显感觉他心里非常不舒服，在这方面有阴影了、有心病，就觉得我们家会不断地向他要钱。

我父母是那种全力奉献的人，尤其我母亲，能把她所有的都给孩子。她就是这样帮我们做事的，这样都不能感化他。他很敏感，就算我们家买一个两三百块钱的煮饭锅，都会成为冲突的导火索。他经常因为我父母说了一些他不爱听的话，跟我起冲突，他不高兴了，就会各种冷暴力，或者直接说出不好听的话来。

他给他父母多少钱我从来不管，我还经常鼓励他给，可是我基本上没有给过我父母钱，只不过他们在这儿看孩子，他给生活费。有时候我说就算请一个保姆，一个月要你两三千也不少。你给那么几万块钱，按交易来讲就很便宜了。他认为如果按交易讲，那就按交易说话，我觉得说这种话很没人性。

我们每年大的冲突有三到五次，不都是因为钱、和钱相关的，几万块钱对我们来讲根本不是问题。他嫌我家人给他惹麻烦，他不喜欢我们家人，不喜欢我弟弟经常来，但是我父母在这儿，我弟弟肯定要来啊，他过节又没地方去。我现在工资没他高，但是之前有那么三五年我比他高，只是这一年来我没他高，冲突频率就高了一点。

以前我们有冲突，他要打我，我根本不怕，觉得他下不了手。现在如果他摔东西或者要动手，我就很恐惧，觉得他可能会杀人。我们都是农村的，一般情况会有口角，说得可能比较难听。通常是他先骂脏话，他一骂脏话，我就会立即失去理智，就会攻击他，那种很任性、很邪恶的东西就会出来。他也会动手，但不是很重地打，很重的话我就没命了。

我不能容忍骂脏字。我自尊心非常强，因为我是知识分子嘛，打就更不能容忍。我不知道你们怎么界定女人打男人，我那种打是发泄情绪，我有时打他，会把自己打受伤，他一点事没有。有时候是我动手，有时候是他。我想你们更有经验，是不是我们俩都有暴力倾向？我本身脾气也比较爆，但我觉得我还是在不断改善吧，他有点变本加厉。

他还在公开场合打过我。他这种是轻微暴力吗？你们界定暴力是根据受伤程度，没有加上人的尊严吗？因为这不是在家里发生的，是在公共场合发生的。你们有没有想过我？我也是有身份的人，虽然我的职业很普通，但也很注重形象。如果有一个熟人在旁边看到他的行为，我觉得我就没有办法再从事我的职业。

我绝对不会在公众场合去动他一根手指头，但是他竟然用了这种最残忍的手段。我想请问一下，如果一个人在公众场合去掐跟自己生活了十年的人的脖子，这个人是不是有心理疾病？应该是有的吧。

分析

在中国，常常是父母帮助带小孩，这样就变成一个大家庭。因为每个人生活习惯不一样，容易起矛盾。来电人的父母和他们住在一起，可能就有类似的问题。丈夫作为女婿，在妻子的大家庭中生活，会有不方便。因为对方是他的长辈，又是来帮忙的，有意见也不好表达，长期积累下来，难免有一些情绪。钱的问题可能只是一个导火索，并不一定是关键。

这里提到的家庭暴力，主要是骂脏话，以及互相的肢体暴力。从来电人的叙述来看，身体上的伤害并不大，但心理伤害可能蛮严重的。因为她谈到自己是知识分子，很注意形象，特别不能容忍丈夫在公共场合对自己施暴，觉得是很大的侮辱。另外，肢体暴力好像有一种升级的趋势，已经让来电人感觉到有生命威胁，需要作一定的防范。

暴力背景

他小时候经常打架。他的母亲在他两岁时跟他父亲离婚，一两年后又复婚了。我跟他父母生活过，他们之间争吵都很少，从来不动手。

我父母小时候会当着我和我弟的面打架。当时看着父母动手很恐怖，会恐惧。我爸爸暴力倾向更严重，在农村男人打女人有很多的，以前会在街道上打，引起围观。我妈被打时一定会全力反抗，我跟我妈在这方面是一样的。如果你打了我，我也一定会拼死反抗。我不觉得这是什么优点，我觉得是人的本能吧。

分析

来电人从小在暴力环境中长大，是家庭暴力的目击受害者，这可能给她造成了严重的心理创伤，因为至今她还记得那些细节。尽管后来她接受了高等教育，有体面的职业，但童年的经历仍然对她有影响。比如她可能是担心自己重蹈母亲的覆辙，所以在两性关系中比较强势，觉得必须控制住对方，才能避免让自己成为受害者。

来电人的丈夫的原生家庭中没有暴力，他小时候爱打架，是否属于暴力，这里暂时无法得出结论。因为小孩子之间的打闹和暴力斗殴，还是有所区别的，这可能要进一步交流后才能判断。

伴侣关系

我们俩在别人看来是百里挑一、很般配的夫妻。谈恋爱时，我对他有过暴力，但是那种是绝大多数谈恋爱的女孩子都会有的吧，就是打嘛，抓或者踢，抓破他的脸。其实他是有缺点的，有时是性格上的。我觉得他不争气，或是别的。有些我想不起来原因了，很多次吧，应该属于闹脾气那种，我觉得可能是看那种类似于《我的野蛮女友》的东西影响的吧。

以前我那样对他，他也没反抗，甚至感情上都没有表现出一点不好。现在他忍耐度低了很多，基本上是他先动手推我；我打他，他也会攻击，会摔东西。抓破以前常有，现在我也会抓破，但动手很少。我顶多是抓破，如果他先动手，比如说推我一下、给我一拳，我会疼很多天。以前我把他抓破，我很后悔，现在每次过去之后，没有后悔，只觉得很绝望。

我尝试过很多种方法控制，物理的呀，心理的呀，但是改变不了。他一骂我或先动手，我就会立马失去理智。我现在觉察到了我自己的问题，我想改变，想变得更平和、更包容一些，而且我觉得我做到了，他也承认我有进步。他反倒不愿意了，如果按照他以前那种性格，我们现在应该风平浪静的，不会有这么多冲突。

我不太相信心理医生，我觉得每个人都有很严重的心理问题。按佛家的观点讲，都是有因果的。是不是我以前对他太不近人情，他现在要还给我，这是不是一种解释？两个人发生这种暴力，其实谁都认为是对方先挑起来的，永远说不清。以前我不相信他会伤害我，就算他打我，我受伤，也是我咎由自取。但现在我觉得不是，他就是在施暴。

现在我不知道我有没有错，但他永远不会承认自己错。我发现我们每次冲突就好像是生命里的轮回一样，每次都在重复。如果是有质量的打架，那也可以，可是每次都是因为那些事情，每一次情绪都往最坏的方向走，每次两个人在对方要失去理智时，都没一点仁慈和爱心，每一次结果都坏到不能再坏，之后还要过日子。

分析

两人之间的暴力由来已久，谈恋爱时，基本是来电人在施暴，她说这在未婚女孩子中很常见，是受到"野蛮女友"的影响，这是在推卸责任。亲密关系中的暴力跟女孩子的撒娇、所谓的"作"，是有区别的。像经常性打对方，抓破对方的脸，都是很明显的暴力行为。

从来电人的叙述看，丈夫对这种暴力行为已经忍耐了十年。可能是因为长期自尊受损，负面情绪累积，才导致了现在的大爆发，从而以暴制暴。来电人认为丈夫应该继续忍耐，他们之间就可以风平浪静，这是不现实的想法。从这个案例中可以看到，即使是轻微的暴力行为，长期积累下来，最后也可能导致很严重的后果。

每个人都可能有情绪问题，但发展到现在已很危险。来电人想改变，但好像没有具体做过什么努力，仅仅是减弱了对丈夫的暴力，这是不够的。来电人对自己的问题认知不清，有推诿责任之嫌。两个人之间的暴力模式已经形成，每次都像在重复。更糟糕的是，两个人改变的意愿都不强烈，尤其是丈夫。在这样的情况下，想减少乃至消除暴力很困难。

亲子关系

我不想在孩子面前有冲突和争吵，我觉得这是做父母最起码的良知，但是他毫不避讳孩子，这点也是我们现在冲突的重要原因。

去年那次是在超市给孩子买鞋，他嫌我没有年前买，现在买不到合适的，就发脾气。我说不买了，抱着孩子走，他就在后面追我，我大概是骂他了，或者说了句很难听的话，他在众目睽睽之下就过来掐我。当时所有人都不看我们，甚至当他掐我脖子时，也只有周围几个人看一下。我觉得这个人肯定是个神经病，最起码一定是有病的，不是个正常人，但是他平时是很正常、很理智的。

分析

来电人有不在孩子面前争吵和打架的意识，这点是很好的。不过需要注意到，孩子是很敏感的，即使不在眼前，他也可能从一些声音、父母的情绪等感受到问题，所以最关键的是家庭关系和睦，不再争吵打架。

丈夫目前还没有这个意识，建议来电人多跟他沟通，把问题说清楚。两个人之间的问题应尽量通过协商来解决，尤其在孩子面前、在公众场合要更多地克制自己。因为孩子越来越大了，会感知到很多东西，这些会对他有伤害。

目前诉求

他不太喜欢向别人说心里话，如果他愿意开诚布公地说，很多问题可能都解决了。其实我不想离婚，想问下这属于哪个层面可以解决的问题？是不是两个人真的不合适？我们互相分开以后，可能每个人都会过得更好些？

我就是想说，任何情况下如果我没有威胁到他的生命，如果我还是一个独立的人，他有没有资格先动手，或者用脏话污蔑我？他有没有这个资格？其次如果说，我有自己的经济来源，我愿意用我的钱去做我想做的事情，包括孝敬父母，他有没有权利来干涉？

分析

丈夫性格内向，不太喜欢倾诉，这也可能是他之前十年忍耐都没有表达出愤怒的原因。现在丈夫因为长期积怨，不愿跟妻子沟通，可以建议他找朋友交流，或者寻求专业机构的帮助，比如去做心理辅导等。妻子对他提建议时，最好委婉一些，不要因为他的暴力，立即把他定义为一个施暴者，可以说一些针对夫妻关系的问题，避免他产生抗拒心理。

长期的暴力使得夫妻感情出现了裂痕，这里面来电人也有很大的责任。首先要认知到这一点，才可能从根本上改变自己。就这个案例而言，在两个人都出现暴力倾向的情况下，不是说离婚就可以解决问题的。因为不从根本上消除对暴力的错误认知，改变自己的行为模式，在以后的亲密关系中一样会有问题。

来电人提出的疑问，从道理上讲都没有问题，因为即使是在婚姻中，两个人也是独立的个人，对自己的身体和财产都有一定的支配权。但既然是共同生活，在一些重大的事件上，比如大的经济开支上，就应该友好协商，任何一方都不能太强势，用暴力来压制对方。建议来电人也去找专业的心理辅导，增强控制情绪的能力，调整夫妻间沟通的模式。

整理与分析：方刚、陈亚亚

第四辑 亲子关系暴力

这一辑主要收录父母和子女之间的暴力，一共有十五个案例。前六个案例是受暴子女的求助，主要是父亲对女儿施暴，也有一个是母亲对女儿施暴，还有一个是父亲对残障儿子的暴力。其中大致反映出这样几个问题：（1）女儿更容易遭受家暴，但也有更强的求助意愿；（2）亲子暴力主要是父亲施暴，也有案例是母亲施暴，其中母亲大多也是家暴受害者；（3）子女受暴者往往同时是父母间家暴的目击受害人。

对于亲子关系暴力，施暴者配偶一方的视角不可或缺。本辑有两个案例是妻子目击丈夫对孩子施暴，打来电话求助的。这两位女性同时也是家暴的受害者，她们觉得自己受暴尚能忍受，但不想让孩子遭受这样的痛苦，可见对孩子的爱可以启发受暴妻子的觉醒，使得她们不愿意再忍受暴力。

这一辑也收录（疑似）施暴者的来电。一位对自己孩子施暴的母亲来电，希望得到帮助；一位可能有暴力倾向的准母亲来电，问是否要采取预防措施。可见女性对自己的暴力倾向相对敏感，尤其不愿意因此伤害到自己的孩子，从而更愿意调整自己。

后面五个案例是孩子对长辈施暴，其中两个是儿子对父母施暴或有暴力倾向，一个是女儿对母亲的暴力，一个是孙子对奶奶的暴力，还有一个是继母遭受的严重暴力。从这些案例中可以看到，女性长辈似乎更容易成为家暴的受害者，而男性晚辈则更容易成为施暴者。可见在亲子暴力中，性别差异仍然比较显著。

不管是父母对子女施暴，还是子女对父母施暴，还是更广义上的亲子暴力，与夫妻暴力的一个重要差异是，子女可能是未成年人，父母可能是老年人，某种意义上都是更弱势的一方，掌握的社会资源更少，造成的后果和影响可能更恶劣，受暴者因为自身条件所限，更难以脱离暴力环境，因而更需要得到整个社会的关注和支援。

家庭暴力我自己管

基本情况

来电人：女性，约二十岁，未婚

父母：五十多岁，均退休

暴力状况

我父亲以前打过我，一直到我高中的时候他还对我动手，那次把我惹急了，直接拿着刀说，你要是再敢动我，我就把自己砍了。他吓着了，以后再没有打我。

我爸把我妈打了，这是去年的事，好像是第一次。当时是因为看电视我跟我妈吵，然后我就非常愤怒地把电视关了。我爸也在看电视，觉得电视突然被人关了，就不高兴了，过来就一拳头擂在我妈头上。我妈趴在我身上，他就开始在我妈后背上练拳头。

我爸打完人，出去在车里睡了一晚上，回来跟我妈道歉。我妈不想把这件事闹大，但我当时就直接报警了，我认为这件事很严重，认为他们两个应该进行心理咨询，不可能哭一鼻子、抹抹眼泪就过去了。既然中国法律现在不管，那我自己管。

分析

家庭中的孩子作为家庭暴力的受暴者或者父母暴力的目击者，内心是非常痛苦的，所以才会出现"再敢动我就把自己砍了"的激烈情绪。当然，这种以暴制暴的方式也是不妥的，在那种情绪激动的情况下，可能会对自己和他人造成伤害，要尽量避免。

因为对暴力不同的认知，产生了不同的处理意见。母亲被施暴，觉得父亲道歉了就可以，不想闹大，但女儿觉得这很严重，需要报警。家庭暴力并非私事，任何人都可以干预，这里女儿选择报警，并不属于干涉父母，而是一种正确的、阻止暴力的行为。

暴力一般不会因为道歉就不再发生，因为诱发—施暴—道歉—和好—再次诱发往往是一个反复的过程。来电人提出想让父母做心理咨询，是一种积极的做法，但需要得到父母的配合，让他们自愿来电接受辅导。

亲子关系

我妈话比较多，我爸话比较少，喜欢闷着，你不把他逼到一定程度，他基本上不怎么说话。我从小跟我爸不太亲近，他这个人话太少，我完全没有办法和他交流。我妈现在说我爸想见我，我都说不见，我不见家庭暴力的人，有五个月都没见我爸了。

分析

暴力会破坏家庭关系，如夫妻的亲密关系、亲子关系等。在这个案例里，施暴者沉默寡言，习惯于用拳头来说话，彰显其支配性的男性气质，维持自己在家庭中的权威地位。他跟孩子的沟通本来就有困难，其暴力行为更是导致了孩子对他的反感和疏远，现在他想见孩子也不能如愿，失去天伦之乐，饱尝孤独之苦。

整理与分析：张凌华

妈妈受暴后转而打我

基本信息

来电人：女性，二十多岁，未婚
母亲：四十多岁
父亲：四十多岁

暴力状况

父母在我还小时，经常因为琐事吵架，激烈时还会摔东西、动手，甚至动刀子。爸妈动手打架，妈妈也不会躲避。我让她躲一下，她就说："我看他能打死我吗？！"妈妈和姑姑、奶奶的关系也不好，有一次爸爸、大姑、小姑一起打妈妈，从那以后父母感情更不好了，闹到了要离婚的地步。那次对我的打击也很大，觉得很害怕。

妈妈容易动怒，对我的态度也不好。她偏心弟弟，有时会和弟弟说我脾气不好，像我姑姑。小时候妈妈经常打骂我，有一次她打我，我都崩溃了，最近几年才没有挨打。我做什么家里人都爱指责我，所以不愿与家人过多交流，只希望自己住在单位，一个人生活。

我也不愿意恋爱结婚，害怕结婚以后，成为语言冷暴力的施暴者，或者成为受害者，害怕挨打。表姐的婚姻很不幸，有次吵架到了喝农药的地步，表妹婚姻还算幸福。我就问表姐："为什么你和表妹不一样？"表姐说："这都是命吧。"她说完后我感觉我更恐惧婚姻了。

我从没想过要处理这些暴力。爸妈打架，自己和弟弟最多是劝解。妈妈对我打骂，我也只是躲和逃。我打电话被家里知道了会挨骂，但我不想走进这种隔一段时间就吵一次的循环状态。我了解一些家暴的知识，周围朋友曾劝我去看心理医生，想听听你们的意见。

分析

来电人的父母之间长期有家暴，她是目击受害者。妈妈脾气不好，与父亲那边的亲戚关系不和。因为来电人性格像姑姑，所以连带也不被母亲喜欢，有了怒气总是向她发泄，她的童年一直处于阴影之下，是家暴的受害者。

来电人因为害怕自己成为施暴者，害怕将来的另一半有暴力倾向，对恋爱、婚姻都充满恐惧，只想一个人生活，不想与家人和外人多接触。可见她因为长期处于暴力的家庭环境中，对世界的认知已经发生扭曲，留下了难以磨灭的阴影。

来电人或许在心底里认为家庭暴力是家事，只能家庭协商解决。但其实家暴不是"家务事"，不是"家丑"，而是对基本人权的侵犯，理应成为公权力干涉与制止的对象。来电人面对家暴不愿声张，宁可隐忍，只会助长施暴者的气焰，对受暴者而言是不利的。

来电人从小生活在家暴的阴影中，缺乏自信，一味逃避，现在能鼓起勇气求助非常难得。来电人一定要意识到妈妈打骂自己是不对的，必须想办法制止，脱离暴力环境，不要继续忍耐。如果有太多负面情绪不能缓解，可以去看心理医生，也可以拨打热线继续咨询。

整理与分析：孙泽鹏、陈亚亚

父亲施暴导致众叛亲离

基本信息

来电人：女性，二十七岁

父亲：男性，四十九岁，农民，婚龄二十八年

母亲：女性，五十一岁，农民

暴力状况

我上小学时，曾经目睹过一次较为严重的父亲对母亲的暴力。当时母亲已经被打了一次，躺在床上，父亲拿着刀去威胁母亲，说要杀了她。我吓坏了，直接给父亲跪下了，哀求不要这样，最终父亲未下手。

父亲会在心情低落和喝酒很多的情况下，对母亲实施肢体暴力，比如殴打母亲头部、用脚踢等。父亲还经常指责、贬损母亲，说她没有像其他家庭的女人那样赚那么多钱。父亲对母亲及家人不尊重的言语是不分场合的。

父亲一般是骂人为主，偶尔打人。后来我也曾主动找父亲谈话，想化解他与母亲的矛盾。父亲对此的态度是："这是我和你母亲之间的事情，不用你管。"父亲认为是我母亲在儿女们面前说坏话，才使得儿女对他渐失好感。

分析

在此个案中，施暴者是来电人的父亲，受暴者是来电人的母亲。来电人虽然没有直接承受父亲的肢体暴力，但目睹母亲被父亲暴打、被威胁要杀死，被用不尊重的语言对待，也是一种精神暴力。这其中父亲对母亲施加的家庭暴力是最严重的，有较高危险性，需要家人一起积极进行防范。

暴力背景

父亲在家排行最小，上面有四个姐姐、一个哥哥，在老父亲、姐姐和哥哥的支持下，他年幼时提出的要求，大家都会尽力满足他。我奶奶在世时，也对我父亲很恐惧。爷爷奶奶之间也经常吵架，目前爷爷奶奶不在了。

我读初中时，父亲曾在当地带头搞种植业，但是一直赔钱，农地也被同行故意破坏，造成了较大的经济损失。我们当地的种植业是他带头搞的，之后从事这行的人都赚钱，父亲却迟迟未有所获，他觉得是老天不帮他。

父亲看到同村的人盖房子，觉得自己也得盖房子，不然就很丢脸。别人是靠自己努力去赚钱，而父亲是把希望寄托在家人身上，自己却得过且过。父亲一直未有稳定的工作，作为子女我们从未抱怨，几个子女都自力更生，很努力。

我比其他同学收入要高，未曾向父亲要过钱，父亲创办种植业欠下的债务，我已替他还清了，但是父亲并不知足，认为我不如别人家孩子，对家庭做出贡献，而周边了解情况的人，都认同我对家庭的贡献。

父亲实际年龄不到五十岁，却又黑又瘦，情绪低迷，看着像六十几岁。近两年特别明显，他的身体机能上显示出问题了。最近他又失业，心情烦躁，会电话联络我们，我们也安慰他，但他比较焦虑，说不了几句或是谈话不和，就会挂电话，一直说我们不理解他。

分析

父亲自视甚高，一心想赚大钱，但遗憾的是他事业发展不理想，做生意一直赔钱，还欠债，一直未有稳定的工作。在很多家庭暴力案件中，男性施暴者因为事业遇挫、男性气质受伤而对家人施暴。这种看似"发泄"的行为背后，是为了巩固自己在家庭中的权威地位，是一种父权制文化的体现。

父亲对家人要求特别高，把一切希望都寄托在家人身上，这是一种控制欲。作为丈夫/父亲，他是一家之主，高高在上，认为自己有资格要求家人。他喜欢与别人攀比，总觉得自己家人不够勤奋，不会赚钱。这种对妻子、子女的持续不满，与现实不符的期望与要求，亦是一种常被忽视的精神暴力。

另外，父亲的家庭背景同样存在严重的问题。父亲作为家中最年幼的儿子，受尽宠爱，提出的要求基本都会被满足，形成了自己处于家庭"中心"的错误意识。在其成年后组建的家庭里，他延续了这种模式，通过暴力来确认自已在家中的地位。此外，父母之间经常吵架，也可能给他造成了不良影响。

伴侣关系

有一次父亲的竞争对手持刀上门，是母亲毫不犹豫挡在父亲前面，挨了一刀，差点丧命。我曾以为父亲会因此改变，可之后他们之间还是暴力循环。

母亲曾经很乐观，但父亲让她觉得很压抑。她一直忍受家庭暴力，自始至终未有语言上的激烈攻击。母亲想离婚，我们都支持，但无法实现。母亲家人如外婆、舅舅认为这是家庭琐事，不是家暴。当地没有妇联和小区等组织，无法求助。最近母亲与我电话联系，说精神上已到极限，几近崩溃，存在宁愿自己坐牢、也要杀夫的念头，不想再继续忍受暴力。

分析

母亲应对家暴的方式是消极的，基本上是忍受和自我安慰，结果却导致暴力越来越严重。外界支持系统的不足，使她孤立无援，产生了杀夫的念头。来电人也是家庭暴力的受害者，对施暴者有较深了解，最好做一个危险等级评估，跟其他兄弟姐妹商量，看如何支援母亲。同时也要注意自己的安全，防止父亲因为迁怒，对子女进行报复。

亲子关系

我们家一共三个孩子，我为长女，下有一弟一妹。目前我已工作，妹妹已结婚，弟弟上大学，由我供应弟弟生活费。弟弟妹妹以前也经常做噩梦，现在都已经不愿和父亲交流了。

分析

来电人为家庭付出很多，却未得到父亲的认可，某种程度上一直承受着父亲的精神暴力。而来电人的弟妹因为曾生活在暴力环境中，以前经常做噩梦，现在不愿和父亲交流。这说明长期遭受家庭暴力的子女会在诸多方面受到消极影响，损害其心理健康，亲子关系会出现很深的裂痕。

整理与分析：薛芮、陈亚亚

在家只打老婆和女儿的父亲

基本信息

来电人：女性，失业，有一弟弟、一妹妹

父亲：今年刚退休

母亲：已退休五年

暴力状况

最近我父亲又打我母亲了。我父亲在我小时候就打我母亲，差不多有二十年。这次他们打起来是因为我爸刚退休，去学跳交谊舞，那种贴得很近的舞，我妈就开始抓狂，很气愤，说我爸是想另外找一个，怀疑他有婚外情。

我爸很脆弱，只要受了伤一点点，就过来揍你。我爸打我妈是往死里打，要置我妈于死地那种，把她的头摁到地上敲十几下，然后像武松打虎一样骑在她身上，往她胸口打很多拳，掐她脖子掐到透不过气来。我妈慌乱中去脱他裤子，他护着就不打了。我妈想拿凳子劈他，但打不到。我爸躲到房间里面，把门关起来，我妈就拿凳子把门劈坏了。

我爸刚退休，心理没调整过来，有一个苗头就是打人比较频繁。我们兄弟姐妹都在外面，家里就剩他们两个。我爸想离婚，再找一个。我们也希望他们离婚，但我妈不肯，她觉得被我爸打了这么多年，付出这么多却得不到回报。她还觉得以后会没有人给她养老，没有地方住，也不想住在亲戚那里，觉得丢人。她说如果要死的话，就跟他一块死，同归于尽。

我是老大，也是家暴受害者，心里有很多怨气。前几天知道我妈又被打，我很愤怒。小时候我和我爸顶嘴，他就会过来打我，包括他冤枉我，不容辩驳，让我屈打成招。我记得小学一年级时打得比较频繁，读初中没有，因为亲戚说他，他有所顾忌，而且也觉得孩子大了要注意，但上大学后还有打，只是时间间隔比较长。

我爸打得最多的是我妈，其次是我。因为家庭原因，我有很严重的心理问题。以前我去看心理医生，医生就说我有人格障碍、抑郁症。我的性格和我爸很像，他应该也有这方面问题，但叫他去看医生很难，他不会承认自己有病。我觉得无能为力，不知道该怎么帮。

分析

来电人的父亲有长期的、严重的暴力行为，导致夫妻关系、亲子关系都很差。父亲现在想离婚，子女也支持离婚，但母亲却坚持不离婚，这就使得家庭矛盾一直持续。来电人对此可能有不满，但这里首先要理解母亲，她不离婚，是因为许多现实困难，如住房、养老、社会舆论等，这些大多是社会对女性尤其是离婚女性的歧视造成的，不是她的过错。

来电人和弟弟在家庭暴力的环境下长大，目睹了暴力行为，而且来电人一直被父亲打，也是家暴的受害者。来电人曾有就医经历，在如何调节、控制情绪上有一定的自省意识和经验。在表达自己对家暴零容忍的前提下，可以引导父亲去了解相关知识，鼓励他反思，以便更好地处理家庭关系和家暴问题。

暴力背景

据说我爷爷也有家庭暴力，经常打我奶奶，对子女也不好。他不需要理由，只要心情不好就会去揍一顿，很野蛮，没修养。奶奶会讲爷爷怎么打人，我们想了解，就会去问。我爸是不会说的，他这个人很严肃，没人想亲近他，你很难从他口中得到什么消息。

我爸应该跟我爷爷一个样，一代一代传下来的，但我爷爷性格比较外向，我爸的性格就很内向，集我爷爷奶奶的缺点于一身。他总说他小时候过得很苦，但具体什么也没有说。不过他是农村长大的，又是长子，家里环境也不好，很小就要很早起来种地，用担挑水，干这些苦活。我爸身边没有一个能说得上话的人，兄弟也不怎么来往。

分析

施暴者原生家庭中有暴力，他受到影响，因而习得暴力。他从小生活艰苦，作为长子要承担很多责任，生活压力大，没有地方诉说，这可能造成了他沉默寡言的个性，不懂得与人沟通。这样的人在生活中很容易感到压抑，情绪没有恰当的发泄口，一旦被激发起来，习得的暴力模式自然而然地就出现了。

暴力处理

昨天我爸在电话里说，自己有错，但我妈也不完全对，意思是说他会和我妈死磕到底，不会让我妈好过，会奉陪到底。我爸我妈都拒绝沟通，不知道怎么打破这个局面。他们不会打电话求助，我们作为子女不知道怎么帮。我妈被打后曾打电话给我弟弟倾诉，没给我打。她知道我心情不好，怕影响我。她只是倾诉，但没有警告我父亲不要再打这种意识。

我曾经跟我妈说，"他要是再打你，你可以报警"，但我妈没有报警意识，她都想不到找居委会帮忙，觉得家丑不要外扬。其实我也觉得报警，寻求妇联、居委会的帮助没有用。在这样的小地方，警察就算干预，也不知道怎么处理。有的例子说找他们的话，施暴者会觉得你把他的事情让外人知道了，下次会打得更狠，我觉得我爸可能是这样的人。

分析

施暴人知道打人不对，但他不想控制自己，还要继续战争，因为他认为妻子自身也有过错，但实际上这只是他施暴的一个借口。夫妻之间有重大冲突，可以和平分手，协商解决财产的分割。死磕是毫无意义的，必将害人害己！

作为子女，会被动地承受很多东西，比如父母之间的冲突。来电人可以想办法帮助父母，但不要过度地卷入到他们的关系中，不需要把他们的事完全扛在自己肩上，当成自己的压力，因为他们才是自己婚姻的负责人。可能只有这样，才能在跟母亲沟通的时候，更心平气和一些，看到对方积极的一面。

来电人的母亲反抗意识较弱，比较消极，这可能是性格所致，也有社会环境不支持的缘故，比如来电人也认为小地方报警没有用。从另一个角度而言，执法者也需要学习和进步，应该给他们锻炼的机会。如果来电人觉得这种方式有后遗症，能否从减少这种可能的角度出发寻求解决方案，比如报警后给母亲找个安全的地方回避下,让父亲的情绪稳定了再说。

伴侣关系

家务活以前都是我妈一个人干,吃饭的钱也都用她一个人的,我爸一分钱不给她。这么多年,时间、精力、金钱都被压榨得很干净。过年过节我爸都不怎么给钱的,家用啊、买菜钱啊、子女补习费啊这些,能够让我妈出就让她出,基本上都是我妈在补贴家用。房子都是我妈出钱买的,但房产证写的我爸名字。现在发生这种事情,她已经死心了,不会再这样付出了。

分析

来电人的母亲不但被肢体暴力,还被施以经济控制,但她在这么艰难的环境下仍然付出爱,将子女抚养长大。从这个角度来说,她是很有勇气、也很有力量的一个人。建议来电人多给她提供一些情感支持和物质资源,让她对日后的生活有安全感,这样她的潜能才会慢慢发挥出来,做出自己真正想要的抉择。

亲子关系

我一般不会和我爸沟通,有什么都让我弟弟讲,我就负责跟我妈讲,因为我和我妈的关系相对好一点,我们是同一阵线的。我弟弟没那么多怨恨,他小时候没怎么被打,被打得最多的人是我。他们还是会重男轻女,男孩子会宠一点,他和父母的关系比我好,但是我出来工作了,这个比我弟好一点。

我弟弟也在读大学,他也很伤心,觉得自己无能,没有办法安置他们。如果他出来工作了,就能把妈妈接出来,不用这么烦。他给我爸挂电话,就是让他少动手打人,多沟通,但没说两句我爸就把电话挂了,他也很无奈。

我妹妹已经工作了,她从小跟爷爷奶奶在一起,读了小学才回来。她和父母不亲近,过年给他们钱,有什么事也不讲,就跟奶奶他们商量,很难得和父母沟通,对他俩都不关心。

分析

来电人想帮助父母,但由于父亲长期的家暴和父母的重男轻女,自身有怨恨和愤怒情绪没有处理掉,不太能真正地去接纳他们,跟他们之间的沟通也存在困难，尤其是与父亲难以沟通。来电人可能要先处理好自己的情绪，进行自我调整，修复心理创伤，才能够去接纳父母，才可能真正帮助到他们。

来电人的弟弟妹妹也是家庭暴力的受害者，弟弟虽然没有直接遭受暴力，但同样生活在暴力环境中；妹妹从小在爷爷奶奶身边长大，小学后才回到家里，等于是从一个家暴环境（前面提到爷爷也有家暴）到了另一个家暴环境。而在家暴环境中长大的孩子，会受到比较严重的负面影响。

男性气质

小时候，我爸打完人跟朋友说，不知道为什么会这样，控制不了。他知道自己错了，但还是会再犯。平时你和他说什么，他都是沉默，不知道他心里究竟想什么。他一个朋友也没有，有什么心事完全不跟人讲。当他面说的话，说到他一点点的不对，他就开始抓狂，会打我们。要怎么阻止父亲的暴力？

分析

施暴者有较明显的支配性男性气质，他要通过暴力的手段来掌控局面，不允许任何人对他有一点点非议。他不擅长沟通和交流，对人总是沉默，谁也不知道他在想什么，这种态度不但伤害别人，也伤害自己，是使得他情绪失控的一个重要因素。

施暴者认为打孩子是教育孩子，这是错误的观念，结果是孩子跟他关系疏远，惧怕他、厌恶他。即使是关系稍微缓和的弟弟，与他也沟通不了。如果他不努力改变，最终会落到众叛亲离的地步，以为离婚再找一个女人建立新家庭是出路，那是痴心妄想。

现在要立即制止父亲施暴很难，因为他的暴力行为已持续多年，不可能一下子终止。一方面要给父亲传递一个信息，即你们都坚决反对家暴，不能继续容忍，可以跟父亲坦诚谈谈当年受暴的感受，看能否对他有所触动；另一方面，给母亲支持、理解和爱心，让她有力量、有能力来处理问题。当然，寻求外力介入也是可以尝试的途径，如寻找当地的妇联、社区、警察等。

整理：田斌
分析：陈亚亚

父亲的家暴至今仍影响我

基本信息
来电人：女性，四十岁，心理咨询师，未婚，有一弟弟
父母：均七十岁，父亲是公务员，母亲是医生，早已离婚

暴力状况
在我五岁和十二岁时，我救过我妈妈两次。五岁时我爸爸打她，她想上吊。我抱着她的大腿，我还记得她衣服和上吊的绳子是什么样子的，那个印象太深刻了。十二岁时，他们两个夜里吵架到很晚，我一直没敢睡觉。当时我们住向南的单人房，楼道是开放的，是栅栏，可以跨出去。我们家是四楼，她要往下跳，我抱住了她。

他们五十多时，我爸有了外遇，然后家暴就变本加厉。当时我和弟弟都在外地读书，他们在老家。我小姨和他们住得近，向我描述过，非常不堪。因为我母亲个子很小，典型的南方女人，而我父亲非常有力气，打人非常狠，比如说他会把她的指头活活掰断。他情绪极端容易失控，失控的情况下完全换了一个人格。

后来他们去法院离婚，这在小县城里非常困难。父亲不同意协议离婚，分居时经常骚扰我妈，如半夜打电话，发出鬼一样的叫声。分居了两年，在我和我弟的帮助下我妈才和他分开。

他们离婚那段时间，我回过老家，他也很凶地打过我。他觉得我是支持我妈离婚的始作俑者，就拿着拖鞋从家把我打到街上。他那几年真像恶魔一样，经常骚扰我，几乎每天一大早给我发短信，打电话给我导师，给我单位的同事，给我所有老师和他认识的我的同学。

我小时候他也打我，打我弟，但没有打我妈那么厉害。他情绪容易失控，突然爆发，忽然就一个耳光打过来，打你脸啊什么的，这个在我和我弟小时候的记忆里，都是很正常的。他不会打到你鼻青脸肿、出血，都是教训式的，但是密度很大，一个礼拜有一到两次。

我上小学以后，他会深夜检查我的作业，觉得哪儿不对，比如数学题做错了，字写得不好，就会猛地一掀被窝，揪起来就打。这对小孩来说会觉得很奇怪，有时候睡得正香，晚上十一二点哪怕一点，他都不管，依然打我。我小时候经常睡眼惺忪地被他从被窝里揪出来，灯是突然亮起来的，然后就被打了，打完才知道是功课不对，要重写。

我有一段时间非常想成为一个画家，很爱画画。然后我爸在我大概初中或者小学五六年级时，做一件侮辱性的事。有一天回家，他把我书包里画画的纸片，在家里贴了一圈，然后开展览，让邻居来看，说她画的是个什么东西，很羞辱那种。他会做一些对小孩的来说极其侮辱性的事情。

他极度不尊重个人隐私。比如睡觉不允许关房门，后来我要求关，但他必须把钥匙插在外面，随时可以进入你的房间。还会半夜进来找东西，把灯打开，不管你在不在睡觉。他会翻看我所有抽屉里的东西，如果有男同学给我写信，那简直是天大的事。这对我来说是一个很严重的问题，他没有界限。在他那里，你是我的孩子，什么东西我都应该看。

分析

来电人是严重的家庭暴力的目击者和受害者。她亲眼看到母亲受暴以及之后想要自杀的场面，而她自己也长期遭受父亲的肢体暴力和精神暴力，这些都给来电人的心理带来了很大的伤害，极大地影响到了她的精神健康。虽然过去了这么多年，但来电人对当初的一些暴力细节仍然记忆犹新，可见这事对她的影响多么深远。

暴力背景

我父亲是农村出来的，是一个家暴家庭的成员。他有三个哥哥，有两个很爱打老婆。我三伯伯在农村，性格比我爸还要暴烈，他娶了个残疾老婆，腿有点问题，他经常性地打老婆，打得比我爸打我妈要狠。因为他老婆残疾，他觉得没有面子。我伯伯的孩子,也有打老婆的。

我爸五岁时,他父亲就去世了,他妈妈很溺爱他,因为他最小。他受到最重要的影响应该是来自他的兄弟,特别是他三哥,就像他的偶像一样,我爸任何事情都听他的。我小时候,他们两个当着我的面聊天,他三哥就不停地对我爸说,老婆就要打。

他们在讨论老婆就要打时,还指着我父母的结婚照。因为我爸长相很普通,我妈在结婚照中显得很漂亮、很年轻,他三哥说你这样的老婆,不打怎么会乖。这个一定对我爸是最直接和最有效的影响,他就觉得很优秀、很漂亮的老婆,不打她可能会出去乱搞。

分析

来电人的父亲是农村出来的,受到了重男轻女的影响。他的哥哥就曾当着来电人的面给其传输应该打老婆的观念,而他家族兄弟中也有许多打老婆的人,可见男人家暴在他们那个小环境中是家常便饭,被认为是很正常的事情。在这种环境中长大的男性,有很大的概率成为施暴者,家暴是他们控制妻子和孩子、确立自己在家庭中权威的一种手段。

暴力责任

他喝完酒就睡觉,经常醉醺醺的,但不会酒后施暴,反而很安静。他都是在极度清醒的情况下打人的。我觉得我跟我家人对他的纵容,是他暴力升级的一个重要原因。因为没有他害怕的人告诉他,这个事是不对的,没有人让他感觉做这个事是会坐牢的。他也没有真正意义上在我和我弟面前讨论过这个事情。

我爸打我妈,事后是忏悔、痛苦,会求饶、道歉,我妈要离婚,他会跪下来求她。但我爸从来没有觉得自己是错的,他忏悔只是怕我妈离开他,因为我妈很好的。他没有真正意义上的反思,一直到现在。他后来再婚,老婆也不跟他在一起,不知道是不是也因为暴力。

分析

来电人的父亲打妻子是在非常清醒的状态下进行的,说明他的家暴主要源于错误认知,即认为老婆可以打,而不是没有自控能力。因为他即使是在醉酒的情况，也可以很安静。施暴者打完人会忏悔、道歉、求饶，但这并不说明他真的认识到了自己的错误，因为他的目的仅仅是希望妻子不要离婚，并没有真正反思自己的问题，他的反复施暴也正说明了这点。

暴力处理

我们从来没有打过110报警，就是喊邻居，因为觉得家丑不可外扬。到最后离婚也没有报过警，觉得没用。小县城和大城市的观念不一样，我都不知道要报警。等到他们快离婚了，我也不小了，读研究生了，都没有这个意识。我很后悔，但真的不知道报警有用。因为我们对警察是很防范的，小县城里谁都认识谁，好像没有用。

我妈要离婚的时候，遭受了各种各样的阻力，所有的人都劝阻她，同学、同事、亲戚都来游说。她雇了一个女律师，那律师还算好，可是有一个女法官很贪婪，我爸赔了我妈六万多，她可能拿了一半去贿赂这个法官。

我爸的价值观就是要我当官，或者有钱，或者去银行工作。而我人生的整个选择是和他说的相反的，他说做什么，我就不做什么。他说什么东西挣钱，我就做那个不挣钱的事情。我弟现在每年还和他见面，我跟他十年没有见面了，也等于是反目成仇了。

分析

来电人的母亲在一个对家暴没有足够认识、对女性有很多束缚的地方生活，她不顾各种阻拦，仍然坚持要离婚，并成功地从这段暴力关系中解脱出来，可见是一个非常有勇气、有能力的现代女性。而她在家暴和离婚过程中遭遇的这一切，正说明了公众意识的提升和执法、司法机构的支持的重要意义。

作为施暴者的女儿和家暴的受害者，来电者对父亲的反抗是相对消极的。她在读了研究生后，也没有意识到家暴可以通过报警来处理，当然这可能是环境因素所限。她对父亲的反抗似乎更多体现在，当父亲想让她怎样时，她就故意不那样做，其实这在某种程度上仍然受制于暴力关系，因为她并没有从自己的立场、自己的喜好来考虑如何选择。

男性气质

我父母的婚姻是时代的产物。我母亲家庭成分不好,我父亲是贫农,我母亲为了改变家庭成分嫁给了他。他们俩在我们县城都是知识分子,都受过高等教育。我父亲是学核工业的,他的同学都出人头地了,而他为了我母亲,从一个省级单位调到老家去。所以他作为一个很聪明的男人,很有能力的男人,只能在一个小县城的官场里混,一直有一种不得志的痛苦。

我爸有很多人格和价值观的偏差,他和李阳一样,觉得是一定要成功,要当官、有钱,在社会上出人头地的。他有很多不近人情、很冷酷的地方,不温暖。比如我的亲属去世了,他觉得我可以不去参加葬礼,而我觉得这很可怕。

他在我妈面前自惭形秽,因为我妈是大家闺秀,光彩夺目,到现在看起来都很漂亮。她是个医生,事业上很成功,我爸在她面前就很自卑。他跟我妈在一起很冷,发自内心的阴冷。比如他不让我妈穿裙子,不让她化妆打扮、烫头发,就是不让我妈漂亮。我爸占有欲、嫉妒心非常强,会到她上班的地方监视她,会戴着摩托车头盔在她办公室走一圈,很阴的。

我妈也分析说,他这样的最核心的原因,是中国人的大男子主义。他必须要有一个发泄口。他是农村出来的,觉得老婆就是应该打呀,这是他那一代人的根深蒂固的观念。

分析

来电人的父母是政治利益联姻,感情基础薄弱。父亲有强烈的大男子主义思想,觉得男人就该出人头地,当大官、赚大钱,为了追求成功可以舍弃亲情。因为这段婚姻导致他事业上的不顺利,他心理不平衡,转而通过对家人实施暴力来发泄不满。

父亲有自卑心理,他不但不因为娶到漂亮能干的妻子而自豪,反而对此产生了很大的焦虑,害怕失去这样出色的妻子。于是通过肢体暴力、精神暴力等卑劣手段来对妻子进行控制,宣告他对妻子的占有权,这是一种男权主义的极端体现。

目前诉求

我现在有个男朋友,他很健康,希望我要个孩子。我自己面临人生的一个新节点，对要孩子这个事情非常犹豫。其实我知道我会是一个非常好的母亲，我男朋友也是非常好的一个人，跟我父亲完全不一样，他不应该受这样的委屈。我很想把这个问题专业地解决掉，家庭暴力的阴影不应该连累到我现在的对象。

分析

来电人从家暴环境中成长起来，对亲密关系、亲子关系都产生了阴影，多年后仍然心有余悸，在考虑是否要孩子时瞻前顾后，难以下决心。这里的原因可能是复杂的，也许来电人担心自己习得了暴力，不能正确对待孩子。如果有这样的担心，可以找专业的机构评估一下，看自己是否有问题。发现问题后，及时进行调整，应该是可以修复的。

许多遭受过暴力的人，并没有变成施暴者，一样拥有和谐幸福的家庭，所以不必对此太担忧。有过惨痛的经验教训的人，在处理自己的亲密关系、教育孩子问题上，也许更懂得什么是爱，更知道应该拒绝暴力。关键是要对自己有信心，积极面对生活，不要害怕尝试新的关系和可能性。

整理：田斌
分析：陈亚亚

一个残障受暴孩子的诉求

基本信息
来电人：男，三十岁，双下肢瘫痪，未婚

暴力状况
我是一个残疾人，我要告我爸！因为他抵制我的康复锻炼，每次我锻炼，他非但不帮助，反而老是阻挠，老说风凉话。不仅如此，他还总是对我精神刺激、恐吓，我双下肢瘫痪是神经问题导致的，越刺激就越是精神紧张、亢进，不受支配。他知道这点，但不但不以温和的语气说话，反而动不动就冲我和我妈发火。

他没有谱，有时候没说什么话就发火了，我们都不知道什么时候得罪了他。比如今天，大年初一，喜庆的日子。我和我妈一早上起来，乐乐呵呵地洗脸、刷牙，准备一天的生活。可谁知他哪儿来的邪火，冲我妈嚷嚷。这不是第一次。我心里紧张，一会工夫全身肌肉抽搐，持续了几个小时，现在还有点哆嗦，撒尿次数特别多，之后就是骨节疼。

有一天傍晚，我下班回来，我爸把要修的风扇放在我经过的路上，我妈说我走路不方便，那畜生就抓这茬儿做文章，一直吵吵。我受不了，就和我妈出去，到大街上聊聊天。晚上九点半左右，该睡觉了，我妈把我给劝回来。他见着我妈就喊："还知道回来？"抄起一个空啤酒瓶，就给摔碎了。

我马上穿好鞋喊："妈妈，咱们走！"晚上十一点多，满胡同都黑了，我妈推着我去居委会躲了一宿。这一宿可真难熬，那床非常不舒服，我总是有幻听，在半睡半醒之间，好像听到那个畜生在砸门，持续不断地争吵，刺激我，骂我不争气："一会儿你给你爸气出个好歹来，你就好了……让你妈给管的没样。"

分析

来电人是位残障者,因为父亲脾气暴躁,家庭环境中常年有暴力因素,给他带来了许多痛苦。尤其是他非常重视的康复训练遭到破坏,让他非常不满。从他的叙述来看,父亲的暴力主要是精神暴力,动不动说过激的话,摔东西。这些刺激到他的神经,让他非常紧张,在生理上有一些负面的反应,还出现了幻听,可见影响是很大的。

来电人可能需要去医院检查下,看除了残障外,生理上是不是有其他问题,或者是否有心理创伤需要治疗。如果经济困难,可以去社区、残联询问一下有没有公益的服务,或者拨打"白丝带"热线求助。总之自己要积极,多找一些可以利用的资源,先调节好自己的情绪,才能更有效地帮助自己和母亲。

暴力背景

我残疾有一半是因为他!我出生时,医生询问是否剖腹产,因为我妈生我是难产,我爸当时也不知道怎么想的,匆匆说让她自己生吧。结果我缺氧窒息,一腿长,一腿短,尽管只是一点,但落下了终身残疾。

上小学一直是我妈送我,我爸也管过,但很少。当时他是偶尔嚷嚷,我小时候一受惊吓,双腿就哆嗦不停,按住也不管用。后来我接受了神经分离手术,术后一直瘫在床上,用轮椅移动身体,我妈帮助我用双拐支撑,练习走路。他老找我妈的茬儿,还会无端打她耳光。

到了初二下半学期,我们搬家到了楼房。初中毕业的暑假,我好不容易盼着放假可以自己练练。他把奶奶接到我家,我对奶奶稍不好,他就冲我发火。有一次还拿着烟头在我鼻子前比划,当时烟头没灭,还有点火星,有些热,我就很害怕,现在想起来还后怕。

还有一次,我妈晚上回家晚了,因为我姥姥摔骨折了,她去照顾。她到家很疲劳了,正想上床睡觉,我爸一把把我妈从床上摔下来,扔在大衣柜上。当时我妈的屁股就紫了,我特别紧张!现在想起来,手都哆哆嗦嗦的。

一个星期六,我爸一早上出去了,我妈洗了一上午衣服,打电话叫我爸回来吃饭。那个畜生进门就说:"洗什么衣服?我叫你洗!"就把洗衣机给踢坏了,然后又是无休止地嚷嚷。那时我爸总是晚上出去,经常十二点、一点回来，有一次两点回来，是我妈给叫回来的，回来又是嚷嚷，又是打人。我当时十点多就上床睡觉了，之后被吓醒了。

每当晚上听到两个人的叫声，我就心里发慌，对着外面天空的星星祈祷："结束吧，结束吧。没事，一会儿就过去了。天快亮了，还要上学呢。"就这样，我也越来越不能行走了，架着拐走之前都要费很大力气起步，好像神经不受支配似的。

这么多年，我基本是在骂声中度过的。有一次学骑车，拐弯没弄好，那混蛋上来就一巴掌打在我脖子上。毕业以后面试，哪儿都不要我，他觉得我像个扶不起来的阿斗。在家好几年，也是三天一小吵，五天一大吵。后来我爸内退了，没有收入，全家三口光靠我妈一个人不行啊，就把住的楼房租出去，拿点房租。

我们搬家后，他老偷别人订的报纸，我妈说说，他就发火："我拿报纸怎么了，人家没出来拿，那就是不要呗，怎么了？""你那臭嘴，整天的老絮叨。"抄起玻璃杯就砸。当时我家还有小狗，胆子特小，也吓得心脏都噗噗噗地跳。

一年之后过春节，我妈说回爷爷家看看，他们就去了，把爷爷接来住几天。那畜生动不动就冲爷爷发火嚷嚷，都是因为房子问题。我劝阻，那畜生就说没事，和你爷爷聊天。后来我们不说了，我和我妈就在另一个屋听着，听他们吵到厉害时，我对我妈说："爷爷都快九十了，有这么对自己老爹的吗？"我越想越伤心，眼泪就流了下来。

我、我妈、爷爷在那畜生的压力下，又搬回了平房。搬回来到现在，爷爷被他给折磨死了，动不动就骂一顿。有一天他一早上出去，爷爷走路不慎摔倒，受了点伤。他回来见这景象，不但不说些安慰的话，还说气人的话："爸，你不好好走路，走路要是看着点，能摔吗？"爷爷年龄大了，看东西不清楚。那畜生也不带爷爷去医院看，还叫他每天站起来练练。我当时这个气呀，但是还不敢说。

分析

冰冻三尺非一日之寒，来电人和父亲之间的怨恨很深，从出生到现在，矛盾冲突不断。父亲肯定做错了很多，比如没有让母亲及时剖腹产，导致他身体残疾，在他的成长过程中，照顾也不周全，还曾多次对他和母亲施加暴力。这导致来电人非常怨恨和厌恶父亲，到了以"畜生"来称呼父亲的地步，表明他的心态已经出现偏差，需要进行心理辅导。

来电人提到父亲不仅是对他和母亲不好，对爷爷的态度也非常糟糕，这让他对父亲彻底绝望。不过可以看到父亲对爷爷还是有所顾忌，当孩子劝阻时，父亲并没有还之以暴力，而是用相对和缓的方式来遮掩。这说明劝阻和制止暴力在一定程度上是有效的，不应该轻易放弃。如果觉得自己的阻止力度还不够，可以求助于一些亲友，或者相关的机构。

类似地，在母亲和自己受到家暴时，求助者也要有一个明确的态度。必须让父亲意识到，你已经长大成人了，有自己的想法，不会再继续容忍他的暴力，他必须做出改变。此外，可以通过向社区、妇联、残联、派出所等机构求助，引入外力的监督，迫使父亲认识到事情的严重性，督促他及早调整自己，做出改进。

目前诉求

我今年三十了，不想以后再这样生活下去了，我想过平静的日子。我妈说过："不在乎住不住好房子、好地界，关键是气顺，比什么都重要。"我举双手同意。我只想让我爸离开我们，他愿意到哪儿到哪儿去，楼房我们不要了。只要不刺激我们就行，要不我现在的生活简直是生不如死！我还想让我妈多活些日子呢。我相信世界上一定有正义存在，我为此抗争了多次，都失败了，但是只要我还活着，我就要抗争，用笔、键盘或者其他任何方法抗争！

分析

来电人的意思似乎是要与父亲分家，但这里的核心困难是什么，并没有讲清楚。如果是想让母亲和父亲离婚，或者是分居，那么需要先得到母亲的赞同，因为他不能代替母亲做决定，必须由母亲本人提出来。如果是要自己搬出去，可能相对容易些，但是否有这个经济实力，是否有独立生活的能力，也是需要自我评估的。

如果母亲本人同意离婚，建议找当地的有关机构，看能否提供一些实际的帮助，比如要诉讼离婚的话，可能要请个公益律师，帮忙写清楚具体诉求。同时自己也不妨先准备起来，清点家里的财产，看如何分配。一般来说，只要下定决心离婚，总是能达成目标的，但在这过程中需要忍耐，保持冷静的心态。

　　这个案例中的来电人是残障者，在独立生活方面可能有一些困难，在遇到家暴时更难以反抗和摆脱。目前在我国反家暴的相关法律条文中，强调要保护残障者的权益，就是考虑到了这个特殊因素。所幸目前来电人有工作，一定程度上经济独立了，他想通过自己的努力来摆脱暴力环境，这点值得肯定，希望有关机构能为这类特殊的受暴者提供一些援助。

整理：志愿者
分析：陈亚亚

丈夫通过打人来"教育"孩子

基本信息

来电人：女性，三十岁，暂无业，婚龄七年
丈夫：男性，三十二岁
孩子：儿子，五岁

暴力状况

我对象通过打孩子的方式教育孩子。孩子差不多两三岁时，他就开始打孩子。对孩子一不满意，就会通过这种方式表达。孩子不听话时，比如对着他说"你不是好爸爸"，他就把筷子往地上一扔，然后对孩子说"你给我捡起来"。他说话声音就和钟似的很响，一生气就把孩子直接推倒在地，再踹几脚，打得挺厉害的，我觉着都吓着孩子了。

没有孩子之前，他也打过我。他发脾气是经常地、无缘由地，你不知道哪句话说得不对，他脾气很快就上来了，就得发泄出来，恨不得把东西都砸到你身上才能解恨。最严重的一次他把我鼻子打流血了，鼻骨都打碎了。那种暴力也算的话，也就一个月一次吧。我凑合着能过，不是特别严重，但是对孩子这样，我真的担心，不知道孩子会养成什么样的性格。

一开始我也想和他争一争，后来我就回避了，在家里都不敢说话，害怕吵起来吓到孩子。他可能过阵儿也后悔，但是上来那个劲儿，就非得发出来。他现在有一点转变，可能是社会的宣传吧，我也警告他，说你再这样，我就打110，我姐姐也说一下他。我提过离婚，但有孩子，离婚也不是很现实。

他对孩子说："你妈要是不在，我就彻底把你这个事儿打过来。"他觉得不打不成材，就想找个什么机会狠狠治孩子一下。他对我也这样，就觉得必须要通过这种方式把你压制住，你就不敢了。我挺害怕，现在不敢上班，感觉这对孩子是非常大的伤害。我心里真受不了，我怎么办呢，要不带孩子出去住，不跟他在一块了。

分析

因为孩子不听话，丈夫用打骂来"教育"孩子，完全无视这对孩子来说是很严重的伤害的事实。在夫妻关系上，丈夫也是如此，可见暴力是他用来支配和控制家人的工具。来电人对自己遭受暴力的认知不足，觉得还能凑合着过，有纵容施暴者之嫌。施暴者目前并没有对自己的行为反思，只是迫于社会和亲人的压力而暂时收敛，这样下去他的暴力行为不会消失。

暴力会破坏亲密关系，因为没有人能一面受暴，一面还与施暴者亲密无间。长期的暴力已经对受暴者的身心造成了极大伤害，在家里都感觉无所适从、不敢说话了。来电人因孩子而纠结是否要离婚，这种情况很常见，但作为一个母亲，应该考虑什么对孩子来说是最重要的，以及在一个充满暴力的环境里长大，对孩子会有什么样的伤害。

施暴者想通过暴力来实现对孩子和妻子的控制，"压制"他们，把他们"治过来"，以此来彰显自己在家里的权威地位。然而暴力不但破坏伴侣关系，也破坏亲子关系。建议来电人跟孩子沟通，了解孩子的想法，同时跟丈夫把道理讲清楚，督促他及时改变。

如果做了很多努力之后，丈夫还是没有改变的意愿和行动。来电人应该要考虑自己是不是愿意一直在这样的暴力阴影下生活，将来会不会碰到更加严重的暴力。建议来电人平时注意收集保存家庭暴力的证据，以后如果离婚，可能会有用处。

整理与分析：张凌华

儿子成了老公的眼中钉

基本情况

来电人：女性，四十岁，行政人员，婚龄十六年

丈夫：男性，四十六岁，行政人员

孩子：十五岁

暴力状况

比如说孩子玩游戏，多玩了几分钟，我老公觉得他到点应该下来，不该这样拖延，就过去打他。最后我儿子已经收手了，我老公趁着儿子不注意，一拳打到他眼睛，打到他眼睛出血。儿子小时候他也打过，因为孩子不听话。

有一次，大概是在四个月之前吧，我看他手机，发现他正在和一个同学暧昧。他知道我看了他的手机，就把我打了一顿。

他父母知道一点儿，但我不想让他们知道，这个事我不想扩大影响，包括他的同事、邻居。现在只有我们三个知道，但我尽量不在我儿子面前提这件事。

我现在有点担心，这样打的话，会不会形成一种暴力习惯。我想如果他这样下去的话，我们没必要生活下去了。但我暂时不想离，因为年龄的问题，还没有做好独身的准备，像我这个年龄带一个儿子，基本以后是独身的了，比较难。假如我做好独身的准备，就会和他离。

分析

这里提到的丈夫对孩子和妻子的肢体暴力，只是因为"游戏多玩了几分钟"、"看了手机"这样的小事，体现了施暴者对家庭成员的权力控制欲。来电人反复提到孩子不听话、调皮，但这不是家暴的理由。同理，妻子看了他的

手机，他可以抗议，也不能打人。

在家庭暴力开始之初，就要认真对待。因为越早干预，就越有可能阻止暴力的持续。不能因为害怕"家丑"外扬，就假装这件事不存在。来电人说尽量不在孩子面前提及，但孩子被打了，母亲还若无其事，这对孩子本身就是一种极大的伤害。

来电人作为母亲，担心丈夫养成施暴习惯后，会一直打孩子，想要离婚，但随即开始纠结，感觉自己年龄大了，离婚后可能要一直独身。其实这个顾虑是不必要的，再婚有难度，但不是绝对找不到。留在一段名存实亡的婚姻里，对自己和孩子的伤害都很大，可能还不如单亲家庭。建议来电人先收集家暴证据，同时积极考虑新生活的可能性。

暴力背景

他父母年轻时经常打架，他母亲脾气很暴躁，和别人吵起来一发不可收拾那种。他父母之间吵得很厉害，他母亲也打他父亲。他父亲对他要求很严格，会打他。他和父亲关系很差，他父亲前几年还打了他一次，他从厨房拿刀要砍他父亲。他家庭是一种父权家庭，他自己也是那种父权、男权思想特别重的人。

分析

暴力是后天习得的，与小时候的生活环境密切相关。本案例中，施暴者从小目睹和遭受家庭暴力，可能觉得暴力挺正常的。父亲对他的行为，被他不假思索地应用到自己儿子的身上。此外，这里可能还有父权、男权思想的影响，即认为妻儿是自己的附属品，可以随意打骂。

伴侣关系

他现在不愿意听别人的意见，别人一说，就觉得别人在针对他，会用那种很不屑、很不耐烦的语气来回应。他不善于把自己内心的东西告诉别人，觉得这样很失败，所以我和他的沟通比较差，我不知道怎么跟他沟通。

他要求我不许和他吵架，家里面一吵，他就不行了。他现在不想掩饰，就想在一种自由自在的情况下去热恋一场，宁愿什么都不要。我自己的情绪也不是太好，年轻时候我条件那么好，而他那个时候什么都没有，后来才发达的，我当初愿意嫁给他，现在肯定不愿意离婚。

　　我也不是不留恋这个婚姻，也去参加了一些爱的能力的学习课程，想把婚姻继续下去。因为男人到了三四十岁，有很多冲动去找回他的青春，大概是中年危机吧。我现在就是不管他了，不理他和那个女的事。

　　分析

　　施暴者始终按照自己的意志行事，不顾及家人感受，基本上想怎么样就怎么样，如要求妻子不许跟自己吵架，不愿跟妻子沟通等。而受暴妻子因为"留恋婚姻"和"不甘心"而对家暴行为妥协，虽然不满于施暴者的外遇，也只能置之不理。这样的方式不可能挽回夫妻感情，只会纵容施暴者，让他觉得自己没有错。

　　来电人意识到自己的伴侣关系出了问题，也曾积极面对，比如去学习一些爱的能力课程，但要认识到这件事需要双方共同努力，单方面付出不能解决问题。婚姻中应该给彼此留出一定的自由空间，但这样的方式应该是两人协商达成，不能只是单方面开放，采取双重标准，或者将自己的意愿强加于人。

亲子关系

　　儿子现在十五岁，很叛逆，别人说他一句都不行，他会觉得很不舒服，就要反抗，就要用那种令人很不舒服的语气来反驳我们。

　　我老公觉得假如没有这样一个没用的儿子的话，很容易就离得了婚。儿子偏偏很麻烦，他觉得他没有希望了。现在我不愿意签字，他就觉得很烦。

　　分析

　　当一个父亲觉得儿子是他情感新生活的绊脚石，心存怨恨，而完全忽略父子间的责任、义务和情感时，他会怎么对待自己的儿子，孩子又会是什么样的感受呢？结果不但是父亲没有新生活的希望，孩子也没有。丈夫想要结束这一段伴侣关系，这本身没有什么问题，但应该承担起相应的责任，而不应让孩子付出不必要的代价。

　　令人遗憾的是，孩子在这样的家庭环境中，已经习得了暴力行为。建议来电人咨询专门做青少年辅导的心理老师，学习好的引导办法，教孩子一些疏导情绪的方式。此外，还可以跟他讨论家庭暴力的问题，避免他对暴力产生错误认知，用包容的、陪伴他成长的方式来应对，而不是去打压他，避免让他产生逆反心理。

男性气质

丈夫很聪明，能力也很强，事业做得非常好，职位比较高，很要面子，轻易不肯暴露自己真实的想法。别人也觉得他这个男人非常棒，温文尔雅，什么都好。

他就不能接受儿子这个样子，觉得他儿子应该像他那样很聪明、很能干、很自觉，什么都不用人管。他经常说这儿子"不行""没用"，一点都不像他。

分析

施暴者在外面追求成功、地位，用这样的方式来彰显自己的男性气质，同时要求儿子必须跟他一样，不能够忍受儿子的"不行"，认为儿子的表现让他没面子，支配性的男性气质表露无遗。从这个案例来看，表面温文尔雅的人也会具有支配性男性气质，成为家庭暴力的施暴者。

整理与分析：张凌华

离婚后我虐待孩子

基本情况

来电人，女，五十岁，离异六年

孩子：两个小孩，分别是二十岁和十岁

暴力状况

孩子小时候，我把他往死里打。孩子不好好学习，我就拿皮带抽孩子，然后把孩子捉起来，扔地下，再把他揪起来，再让他趴下。现在孩子大了，我打不动了，但是我有语言暴力倾向，我会吼："你敢学习不好，我马上不要你"，"你就不是个人，你是个畜生"。我骂人特别难听，但脾气上来时才骂，平时对他们挺好的，就是一个月总会有几次打骂他们。

在婚姻中我虐待丈夫，刚离婚时没人虐待，我就虐待小的孩子。因为他不吭声拿我钱，我就往死里打，孩子被打得皮开肉绽，皮肤都快打烂了，小屁股肿起来。我知道孩子受伤，道理我都明白，但是我控制不了。我一见他在家待着，就会骂他："你养不了你自己，你让我养你到啥时？"

现在比以前好多了，原来家人说我浑身长刺，没人敢惹，现在可能是社会磨炼的吧，棱角已经没有了。我对他们咆哮、施暴的时候，想让他们离我远一些，我就没那么大负担了。因为我不能给予他们，所以先责备他们，让他们感觉这不是我的问题，是他们的罪过，不是我造成的。我先去说他们不好，他们就没法埋怨我，我感觉我是在推卸责任。

我在外头非常成功，不能容忍不正确，容易把我的想法强加于人。在外边我是女强人，回到家就想把家照顾好，总是被人需要的感觉，我觉得自己被掏空了。人家看着我是个非常温和的人，回到家里这个样子，我都不好意思跟人家说。我觉得生活放松了,钱多了,就不会频繁骂人。我钱少的时候,没事就开始发脾气,就开始骂。

我控制不了自己,觉得自己很恶毒,跟泼妇一样,受不了我自己。我觉得我现在更多的是惭愧,我就是想分析一下这些问题原因。

分析

这个案例中,母亲对孩子的暴力是非常严重的。暴力是施暴者对受暴者的控制,这里母亲对孩子也是一样。她自己也很清楚,并不是因为具体的什么事要打孩子,就是心理压力太大,生活负担太重,要找一个可以控制的人来虐待,发泄自己的负面情绪。

来电人千万不要给自己找借口,无论有多大的压力,需要承担怎样繁重的责任,都不应该成为施暴的理由。就家庭暴力而言,没有任何借口。不管孩子多么不上进,学习多么不好,施暴都是不可原谅的行为。要有这样的意识,才可能逐渐改变自己的行为。

来电人主动打电话来请求分析,是一个好的开始。施暴者改变是个艰难的过程,不是一朝一夕就能完成的。因为施暴者已经习惯了这套行为模式,会给自己找很多理由,以便继续维持这样的方式。建议来电人不要放弃自己,要坚定改变的决心,积极进行自我调整。

来电人可以考虑去接受专业的心理辅导,学习控制情绪的办法,当有负面情绪时,及时用其他方式来处理。比如说今天工作不顺,觉得自己可能要发火,就想办法让自己平静,先做点别的事。平时如果有闲暇,最好培养点兴趣爱好,给自己一些修养身心的时间,慢慢调整。

暴力责任

我妈妈经常指责我说:"我笨死了,宁愿掉山沟里,怎么会生了你。"我妈妈还打我哥、我姐,往死里打。我从小就见到的,她拿着扁担打我哥。我觉得我有暴力倾向,体内有暴力基因,因为我姥姥对我妈妈就是暴力,然后我妈妈对我哥哥姐姐又是暴力。

我离婚,是因为我虐待前夫。我对我的孩子,真的是没有尽到做母亲的责任。比如我乱放东西,一找不着钱,就会打电话给小孩:"你是不是又拿我的钱了？我冤枉你，除了你还有谁？"

是不是我年龄大了，性格不好改变了呢？

分析

暴力多是习得的，在暴力环境中长大的孩子，容易学会用这样的方式来对待自己的亲人，将暴力行为传承下去。这里施暴者的母亲指责施暴者的言语，以及对施暴者哥哥姐姐的暴力行为，就被施暴者转而施加在自己孩子身上。

施暴者承认自己有暴力，但对自己的责任分析很少，认为暴力是基因遗传，年龄大了不好改变等。这明显表现出推诿的态度，不愿意承认自己的错误，不想承担相应的责任。此外，施暴者对自己的行为也有美化之嫌，比如暴力是侵犯人权的行为，不是简单的没有尽到照顾义务，对小孩子有不当的猜疑等。

暴力处理

孩子自己调整自己，我控制不了自己。有时候孩子生气走了，我就自省，但是孩子一回来，我又开始发火。我说完就后悔，把人家训完了，第二天就打电话道歉："我昨天有点急，不好意思。"

我在心理沙龙待了一年，就不待了，我觉得作用不是太大。住过一星期的精神病院，好想死，是我要求住院的。本来没啥事，进去之后越发重了。我现在也不吃药，也不看病，爱咋地咋地，就过去了也没啥事。

分析

来电人反复强调"道理我明白，但控制不了"，也就是说表面的道理并不能够让施暴者醒悟，有效地控制自己的行为。后来她去参加心理沙龙，主动要求去精神病院，但似乎都没有什么效果。其实问题的根源在于她对暴力没有正确的认知，没有真正想改变自己的意愿，更多是做出一种姿态，所以当然不可能起作用。

亲子关系

我小儿子学习不好,我就说"不要你了",但是过后我会说:"儿子啊,只要你好好学习,你学到哪,妈供到哪儿。"

老大会自己调节情绪,我骂老大,老大能撑得住,我就使劲骂老大。我有时问他:"哎,你昨天生气了吗?"孩子说:"生气啊,怎么不生气了,习惯了。"他已经离开我很多次了,都是出去走一下又回来。

分析

暴力不但破坏伴侣关系,还会破坏亲子关系。这里孩子的离开,就是为了躲避暴力的伤害。因为孩子还小,对暴力行为无能为力,久而久之形成了"自己调节情绪、习惯了"的生活模式,这种方式有意无意间纵容了施暴者,使得暴力升级,并持续下去。这种方式虽然在短期内能让孩子减少痛苦,但长期来看负面效应很严重,孩子可能形成对暴力的错误认知,甚至习得暴力的行为。

整理与分析:张凌华、陈亚亚

有虐狗倾向会导致虐子吗？

基本情况
来电人：女性，未婚

暴力状况
我对家里的宠物有时候会有暴力行为，是小狗，也不算太小，反正不是大型狗。我觉得不太正常，有一点虐待的倾向。比如说我叫它过来，它不过来，或者出了门它不愿回家，我就比较生气，会打两下，不是特别严重。我对它这样，自己心里也不好受，有点感觉控制不住。但是它叫了，我可能就停了。

我跟男朋友谈恋爱两年了，计划结婚后生小孩，狗是我们俩一块养的。我们俩发生争执时，我不会想对他有暴力。我俩很少争执，但有时候意见不合，我就有那种冲动。比如说摸两下或是捏两下、掐两下那种，但尽量控制力道，不会那么重，是打情骂俏那种。我对他还好，有时候对狗不太好。

我害怕自己有暴力倾向，怕生小孩之后，万一对孩子有这种行为，挺不好的。我也不知道为什么会担心，可能就是我在欺负狗时，感觉不是自己，很难控制，觉得自己很可怕，怕这个行为会加重。我是否需要做个计划或是采取其他方式来控制这种行为出现？

我父母之间没有暴力，小时候他们打过我，上初中之后没再打过，就是小学有过。怎么说呢，可能多少对我有点影响，但不是特别严重吧，或者我自己也不清楚。在当时来看的话可能还是挺委屈的，现在回忆起来说一点感觉都没有的话，也不可能，但是应该还好吧。

分析

　　来电人从小遭受家庭暴力，可能受了一些影响。平时她把小狗当孩子来带，小狗一不听话，她就有点情绪失控，会打小狗，从而担心有了孩子也会这样对孩子，因为孩子往往比小狗还淘气呢。从来电人的叙述来看，问题还不是太严重，不用太紧张。但是有这种敏感度，有这种警惕的意识，是非常好的，因为对暴力最好是防患于未然。

　　来电人既然意识到有问题，可以积极反思一下，在对小狗施暴的时候，内心是什么样的感受，在什么背景下才会这样。自己先分析一下，慢慢找到暴力的根源，再看怎么控制，尽量减弱这种暴力的倾向。至于强行禁止，这个阶段可能也不必要，因为如果有这种隐秘的欲望，禁止可能反而会刺激自己，导致暴力倾向的加强。

　　来电人与男友的交往模式是否有问题，暂时无法判断。建议跟男友开诚布公地谈谈，了解他的真实想法，是不是有不舒服、不愿意的地方，如果男友表示不喜欢这种打情骂俏的方式，就要想办法改变。如果男友无所谓，觉得可以，那也可能发展成一种彼此都能获得愉悦的沟通方式。关键是要彼此坦诚，才能解决这个问题。

整理：志愿者
分析：陈亚亚

我对母亲精神暴力的回击

基本情况

来电人：女，二十四岁，未婚

暴力状况

我要说的家暴并不是男性针对女性的性别暴力，而是发生在我和妈妈之间的暴力。前几天我们争执以后，发生了肢体冲突，因为有爸爸在，所以不是很严重，只是有部分小物件和纺织品被我扔了出去。

这不是我们家第一次家暴。前几年我上大学期间，父母之间发生过两次家暴，中间间隔大约半年，我妈认为是我爸酒喝多了。后来可能隔了一两年，我记得是元旦的时候，我跟我妈第一次吵架到打架。看上去我跟我爸有一脉相承的暴力血液，但实际上我和我爸都是脾气十分温和、很容易满足的人。

家里压力最大的是我妈，她是家里的经济支柱。我妈妈脾气很不好，对家里人口无遮拦到没有底线。比如我初中升学时她很操心，但表达出来的却是："你不要读就去站街做鸡好了"。我可以理解妈妈的焦虑和担心，但这种话确实很难接受。坦白讲，我看到李阳在采访里说"一只碗不响，两只碗叮当"，其实是认同的。如果精神暴力也是家暴的一种，那么我和我爸就是长期受到精神暴力以后，用肢体暴力来抵抗的。我和妈妈第一次打架以后，甚至开始理解当时的爸爸。那是一种你想逃走却被一把抓回来的感觉，比如"你走了再也别回来，就断绝关系"；你想辩解却被亲情绑架，比如家里什么什么还有学费生活费都是她负担；你发火了却被指责比狗都不如，"养条狗还知道摇尾巴"，我觉得我基本就是被这个套路逼到咬人的。

我不是要正当化自己的行为，我自己心里很复杂。有很多方面，第一这是不孝；第二我们平时关系没那么差，甚至感情很好；第三我觉得一直是我单方面在改变。上次失控以后，我诚心分析了自己不考虑别人、不懂事的缺点，确实对家人上心了很多，可我妈还是老样子。这次我们虽然和解了，她还是一直指责我太肤浅，总是纠结她的一两句话。

我对改善跟妈妈之间的关系很无助，自己单方面示弱检讨，恐怕只能进入到"打架—认错—争执—被贬低—打架"的死循环。我也不是第一次心平气和地想跟妈妈沟通，想让她改善一下语言方式，但她已经从"我就是这样的"发展到"我就是这样的，你这样都受不了外面更混不好"的态度。我也想大家保持距离一走了之，但现在走太伤感情，也解决不了问题。

我是真心想解决这个问题。去年我动过一次手术以后，原本人生苦短、闯荡天涯的少年情怀变成了对家和家人的依恋。现在身体恢复好了，又感到不会再在父母身边很久，搞成现在这样，心里实在痛苦。

分析

母亲对女儿的言行，无疑属于家庭暴力中的精神暴力。长期以来，我们讨论家庭暴力的时候，只关注男性对女性的暴力，而忽视了家暴的多种可能性。即使在男性对女性伴侣的暴力中，也有许多男性声称，是女性的"言语暴力"激怒了他们，才导致他们的肢体暴力，正如这里女孩对母亲所做的那样。

这时我们通常做的是，告诉施暴者，任何事情都不可以成为施暴的理由。而说这话时，我们似乎否定了女性对男性施加精神暴力的可能。当然，即使面对暴力，确实也不能以暴制暴。但单方面地谴责用肢体暴力回击女性"精神暴力"的男性，不仅不能从根本上解决问题，甚至可能使男性感觉更加委屈，找不到出路，从而不愿意做出改变。

此案中，女儿以肢体暴力回击母亲的精神暴力，比较容易引起公众对女儿的理解和同情。但如果是儿子回击母亲，或者老公回击妻子呢？公众的情感指向可能就不一样了。但是，三者的性质是一样的。我们在面对性别暴力的时候，要具有社会性别分析视角，同时也要具有人权、民主、多元的视角，认识到权力关系的流动性，亲密关系的复杂性。

"白丝带"的理念是：我们认同女性是性别暴力的主要受害者，但反对将性别暴力等同于针对女性的暴力，反对忽视其他受暴者，因为这无助于阻止性别暴力，甚至可能促生新的性别暴力。"白丝带"在关注性别暴力的议题时，全面关注各种形式的性别暴力，同时也会因为不同形式性别暴力的多寡，而有所侧重，比如更多关注男性针对女性的暴力。

具体到这个咨询的回复，我们首先要对女孩子的感受表达高度的理解；其次要告诉她，以暴制暴不会解决问题。正如她已经认识到的，这样只会伤害亲情，甚至延续与加剧暴力。我们希望能够为这位母亲提供咨询，最理想的办法是她能参加施暴者的团体辅导小组。

然而在通常情况下，让施暴者做咨询很难。我们建议女儿买一些家庭暴力对人际关系影响的书，或在互联网下载相关文章给母亲看。可以针对母亲的阅读习惯和兴趣，选择适宜她的、她能读下去的文章。又或者可以给母亲写一封信，心平气和地告诉她，她的言谈给家人带来的伤害。我们相信母亲是爱家人的，这些办法有助于她的觉悟和改变。有些施暴者拒绝阅读，或无法从阅读中受益，我们会推荐他们看一些反对家庭暴力的电影。可惜，目前我们还没有注意到反映家庭暴力中精神暴力的优秀电影。

目前，我们可以对女孩提供的建议还有：

（1）试着体察、理解母亲。进一步去和母亲沟通，聊聊母亲的处境。这位母亲面临较大的生活压力。作为家庭经济的主要承担者，她对生活有什么不满？她在工作中是否遇到了难以排解的困难？她如何看待自己的丈夫和女儿？她希望自己的生活有怎样的改变？在母亲还不愿意寻求专业帮助时，最能够张开臂膀接纳她的，是自己的家人。所以，女儿是否愿意试着从这个方面来进一步了解、理解自己的母亲？

（2）试着为母亲提供更多和朋友交流的机会。母亲有要好的姐妹或者同事吗？除了工作和家庭，母亲有别的心灵寄托吗？试着了解她的精神需求，为她安排一些活动。人到中年，特别是步入中老年，如果能满足一些年轻时因为工作和家庭的付出而暂时搁置的爱好，对母亲而言，也是释放压力的途径。

以上两点，最重要的是，女儿主动倾听、了解母亲，为母亲做一些安排，也许是拉近彼此亲密距离、改变原有亲情关系的一个契机——女儿不再只是依赖母亲的一个小孩，而是可以理解她、平等和她交流的朋友，母女之间的关系，由此可能开始改变。

整理与分析：方刚、朱雪琴

弟弟将父母视为仇人

基本信息

来电人：女性，大学在读，未婚

弟弟：二十岁，待业，未婚

父母：均四十九岁，农村人，父亲收废品，母亲做小生意

暴力状况

弟弟上了初中之后，变得很暴力。他对我还好，对我姐不好，对我爸妈非常憎恨，态度很恶劣，经常和他们吵架，还隔三岔五打他们，甚至有想要杀了他们的冲动。

前年过年时，我妈讲家里的事，他很反感，说"吃饭就吃饭，絮叨那些干吗"。他把桌子给掀了，要打我妈，我姐就拦着，我姐打他，他也打我姐。我妈怕有人受伤，就报警了。警察把他抓去关了一天，我妈心疼他，打电话让人家把他放了。他回家后脾气更加暴躁，说他长这么大还没去监狱蹲过，凭什么把他抓进去，因为这个，他打我爸妈打得更厉害了。

他今年这半年和我爸妈在一起，平常也有吵架，比如吃饭的时候，他抽烟，我妈不让抽烟，就会立马翻脸，把桌子都掀了。有时他一个人在家，经常会因为没人照顾他，打我妈。我妈怕跟他在一个房间，就住在另一个房间。他有时会故意说他要倒茶，然后进房间拿杯子，就去打我妈，都打得比较严重。

国庆的一个晚上，他好像没什么异常情况，我妈让我跟她一起，我就从学校回去了。因为他打我妈，一般他跟我说话，我都不理他。他问我："你放学了吗？"我没理他，他问："你在学校学的什么？"我也没理他，就去睡觉了。然后他自己坐在那里泡茶喝。

大概夜里一点多,我被外面打架的声音吵醒,起来才知道他拿了很粗的钢筋去打我爸。我妈拦着房门不让进,他就打我妈,让我妈让开。我妈一直让我爸快走,他可能怕把我妈打坏,走开了两步。屋里有两箱酒瓶,他用钢筋全部砸碎,外面有辆电动车,他也去砸了,就是没有再继续打我妈。

分析

弟弟虽然还小,但暴力倾向已经非常严重,而且具有较强的针对性,即父母。有时候即使父母没有惹到他,他也会想办法主动去对他们实施暴力,属于明显的"没事找事",可以看出他对爸妈的强烈不满和恨意。这种行为要及时矫正,如果继续纵容下去,暴力还会升级。可能有的父母会想,孩子大一点就好了,但实际情况往往不是这样,而且这里的弟弟已经成年,远非小孩子。

暴力背景

我爸妈没有溺爱他,家里小孩子多,爸妈把他放到全封闭式的托儿所,就出去打工了,没怎么管他。他上小学到五年级还好,上初一之后,经常和舅舅家的小孩一起打游戏。我家经济条件不好,他会受到一些限制,比如想上网没钱什么的。有一次,他偷了别人的钱上网,被人逮到绑起来,人家通知我舅舅去领人。可能因为那个事他受到一些创伤。

我爸妈把他领回家,那段时间也没让他读书。后来他就转校了,之后也无心上学,经常和社会上的人去上网、玩游戏,不爱去学校,学校也打电话说让他别读了。后来他就不读书了,去我妈打工的地方,和我妈在一起,让我妈给他找工作。他打工不到半年,也是经常玩,不爱上班,经常找我爸妈要零钱,那时就开始吵架。

我爸妈没有什么不好的,但他很叛逆,讨厌我爸妈,说不要和他们在一起,要到另一个城市去。他就去浙江了,在那边也不好好上班,经常和社会上的人玩啊混啊。有一次他出去玩,没带身份证、暂住证,被巡逻队抓去,摁到地上打。从那一次之后,他说经常头痛,不知道是不是脑袋被打坏了,就打电话给我爸妈,让给他治。

我妈挺心疼他的,让他过来这边给他治。去了很多医院,拍片、CT扫描什么的,诊断都正常。医生建议带他到心理诊所去看,所以我们又去找了心理医生，做了个暴躁抑郁精神分裂的测查，也说他正常。有人介绍说去某个心理医院，我们又去那里，医生也说没有什么。辗转很多地方，人家都说没有什么。

我妈打过他。小学一年级时，他要一角钱，我妈就是不给他，因为赚钱不容易。他说你不给钱，我就不上学。我妈就拿棍子打他，打了几百米远。还有一次，他偷拿钱，被我爸知道了，拿绳子拴他脚脖子，给吊起来，我姥姥过来才把他放下来。平时我弟弟做错事、不听话，我爸也会打他。在我们那里，农村小孩不听话，大人就打，很平常的。

我性格内向，从不跟人吵架打架，都是他和我姐吵。他打我姐，我不让他打，也会拦。小时候有一次我们在吃饭，他咳嗽，我姐就和他吵起来。后来还有一次爸妈不在家，就我们三个，他俩打起来，他还去厨房拿菜刀过来，那天还打到我了。他常和我姐打，跟我打得少。

我们和邻居也不是很合，爸妈经常会和他们吵架。我爸和他兄弟也打架，我妈和我奶奶也打架。更严重的是，我姥姥有四个儿子，加上我妈和小姨六个小孩子，出去做生意，也是打架，经常打得头破血流的，跟仇人似的。我不知道这些是遗传，还是受家庭影响。

分析

弟弟的成长道路上严重缺爱。虽然是个男孩，但父母并没有溺爱他，一直在外面打工，对他疏于照顾。他在家庭里没有温暖，就开始逃学，结识了一帮社会上的朋友，热衷于一起上网打游戏，在外面寻找情感上的归宿和认同感。然而由于他没有钱，社会地位不高，在外面也受到很多挫折。

弟弟在外地被巡逻队打了之后，会主动向父母求援，可以看出他其实很想要家人的关心。可是由于父母脾气不好，从小管教孩子的方式不当，频繁使用暴力，留下了很多亲情关系上的伤痕，短期内难以愈合。这些导致父母现在没有办法与孩子很好地沟通，也不了解孩子的内心想法，这是比较遗憾的。

此外，弟弟从小生活的环境中充斥着暴力，不论是家人、亲戚还是朋友和邻居之间，到处暴力不断。人们普遍对暴力的容忍度较高，尤其是父母打孩子，觉得这很正常。这些可能导致了他的认知误区，让他认为可以用暴力来解决问题。

暴力处理

这一年我弟弟都没有叫过爸妈，就直接喊他们的名字。他老打我爸妈，我爸妈已经伤心透了，我爸跟我说，就当没这个儿子。有时他刚打完架，我爸会说气话，干脆不要他了，买药把他毒死好了。我妈生气归生气，那毕竟是她的儿子，会劝我爸不要那样想。

他好像没有认为自己有错，一直没有忏悔、后悔的表现。过年那次报警，是我妈让我爸打的电话，他怪我爸打了电话，说我爸从来不关心他。我觉得也是这样，我爸对他的关心很少。我爸想不通为什么会有这样一个儿子，儿子为什么这样对待自己。他也有抱怨，曾经跟我妈说，与其这样，不如让他到马路上被车撞死。

我妈现在对他已经很容忍了，说话低三下四的语气，天天变着法给他做饭。他没钱上网，会跟我妈要钱，我妈比较犹豫，但也不会不给。我爸妈给他盖楼房、买车，就希望他早日找到人结婚。我妈说他有什么要求都可以提出来，可以满足他，如果他们哪里做得不好，也可以讲出来，希望他不要再闹下去。不然回到老家，谁还愿意跟他结婚呢？

分析

父母面对孩子的偏差行为无可奈何，除了说狠话以外，就是一味忍让，但这样是没有用的。如果弟弟认识不到自己的问题，他是不可能改变的。但父母更应该先认识到自己的问题，学会调整自己的心态，避免暴力的恶性循环。比如不要以暴制暴，如果当着孩子的面讲狠话，也是一种精神暴力，可能使得矛盾更激化。

对于以前的暴力行为，父母可以跟他道歉，但一定要是发自内心的，认识到以前那样打孩子是不对的。在检讨自己的基础上，提出希望他不要再学父母的行为。因为父母这样打他是不负责任的，对他造成了伤害。只有父母先承担起自己的责任，弟弟才可能会意识到这种行为的后果，才会去反省自己该怎么办。

目前诉求

弟弟现在就是青春期很叛逆的感觉，我妈不让他出去上网，他就顶嘴、吵架。他拒绝听我妈讲话，不让她说话，很憎恨她，不想听到她的声音。他平时爱抽烟，我妈说不要抽这么多，对身体不好，他就会说我妈烦，然后打我妈。怎么能让弟弟不再打父母？

分析

来电人和弟弟都在暴力的环境下长大，建议来电人先回想一下自己的感受，当你目睹暴力的时候，是否也焦虑、恐惧。弟弟受到的暴力更多，会有心理偏差是正常的。要先从这个角度来想，意识到并非全部是他的错。因为只有你在一定程度上理解他、接纳他，才能与他沟通，进而才能够影响到他。

弟弟在家庭和学校中没有感受到温暖，和社会上的人交往，又受到很多伤害。没有人了解他的内心：他为什么要打人，他有什么样的痛苦，他对自己未来的职业、家庭有什么想法？从来电人的叙述来看，他有想和姐姐亲近的欲望，这其实是一个沟通的契机。不要轻易地将他拒之门外，让他感到被抛弃了，要相信他也希望改变，而且有改变的潜能。

弟弟还年轻，刚刚成年，可能有青春期叛逆。他喜欢抽烟，脾气暴躁，不听父母的话，这是许多男孩子都有的表现，是受到支配性男性气质的影响。建议家人尽量理解他，而不是一味絮叨和责怪。如果形成一种不良的沟通模式，即使说再正确的话，他也听不进去。如果能产生共情，建立信任，循序渐进地沟通，才可能会有改善。

首先，让他先建立一种价值感。比如他得先有一个被认可的工作，有感兴趣的职业。如果他不知道自己能做什么，对未来没有信心，就会焦虑、恐惧，积累起来会情绪失控。要多鼓励他，帮他分析，看能不能找到努力的方向。其次，要让他明白他是家暴的受害者，有心理问题很正常，通过努力是可以修复的。他现在长大了，要为自己的行为负责，如果真的把爸妈打伤打残，不但自己痛苦，还必须承担法律责任，这是非常危险的行为，要尽量避免。

整理：田斌

分析：陈亚亚、孙泽鹏

想杀父母的男子

基本情况
来电人：男性，二十七岁，未婚

暴力状况
我在很恼火的情况下，或者很闷、情绪低落的情况下，忽然就会有一种想杀人的冲动。有时候火大，脾气呛上来之后，就喜欢摔碗。那种感觉我也说不出来，就像做梦一样，第二天醒来，不知道昨天做了什么。

有时候我稍微喝了一点酒，就会有一点点那个想法，一点点小冲动，但还是克制住了。可能主要是工作当中的一些事情吧，有点不开心。如果这个事情解决了，也许就会好起来。具体我也说不清，可能就是一瞬间，看谁都不顺眼的那种感觉。特别是晚上某一个时间段，会有这个想法。这个是不是心理有问题啊？

我现在是创业，最近一个月遇到一些问题和困扰。一个人创业的话肯定要忍受孤独，有些东西需要自己一个人默默去承受，我一直自己一个人消化。现在我跟我爸爸妈妈还有妹妹住一起。关系还好，很少争吵。不过有时候说到谈婚论嫁，他们就催我结婚，比较唠叨。他们没有很强地管束我，只不过他们的想法比较传统。

我暂时还没遇到合适的。在我们这边的话，好像到我这个年龄差不多该结的结，该嫁的嫁了。我这边是在乡下，靠近郊区。我现在基本上就吃饭时候在家，其他时间不在家。这边老年人基本上以劳作为主，其余就是走街串巷之类的。

分析

从来电人的叙述来看，还不能够确定是否有心理和精神上的问题，但有杀人的想法肯定非常危险。不过来电人能主动打电话咨询，值得肯定。这说明他特别关注这问题，并且想要改变，这是非常好的表现。有了这样一个态度，就可以来讨论如何解决问题，避免做傻事。

建议来电人反思一下，这一个月发生了什么，之前有没有类似的想法？工作上的不开心可能是短暂的，过一段时间会解决。如果一时冲动做了错事，肯定要付出很大的代价，得不偿失。如果感觉很困扰，除拨打热线外，也可以找信任的人分担一下，化解一下压力。

来电人没有具体说到自己想杀的目标，但从他隐晦的言词以及其生活状态来看，应该是他的家人，很可能是父母。因为这是他目前主要接触到的人，起因大概是父母对他催婚，有些太唠叨，而他由于事业不顺利，暂时也没有合适的结婚人选。所以听到这些唠叨会非常烦躁，从而产生危险的想法。

建议来电人换位思考，父母催婚，形式也许欠妥，但出发点应该是好的，想让孩子过得更安稳。首先要谅解父母的动机，然后平心静气地去和他们交流，说明自己的想法。二十七岁还很年轻，没结婚的人很多，多跟父母交流一下，他们会慢慢理解的。

老年人的生活方式可能不太好改变，比如晚上喜欢看电视，如果这段时间容易冲突，可以自己出去走一走，干点别的事情，避免长时间待在一起，产生口角。另外，也可以帮老人安排一些其他活动，比如养宠物，他们如果生活中能找到其他乐趣，很充实，就不会把目光太多集中在子女身上。

整理：志愿者
分析：陈亚亚

我与奶奶之间的冲突

基本信息

来电人：男性，三十四岁，机关工作，未婚

奶奶：八十五岁

暴力状况

我跟奶奶住在一起十年了，现在不知道怎么跟她沟通。我作为晚生下辈，帮她安度晚年是无可厚非的。虽然从法律上并没有规定，但毕竟有亲情在。我遇到的事情不是通常意义上拿刀动枪的那种暴力，但确实给我带来一些伤害。

举一个刚刚发生过的例子。我白天忙于工作，没有时间照顾她，就由她女儿过来做饭。老人每天中午吃饭都凑合，我有点过意不去，想着给她做顿顺口的。说句不该讲的话，她还能活多少年？再说给她做，自己不也跟着享受？所以我有一天晚上就稍稍费了点事儿，包了饺子。

我不多弄，包三四十个，想着她有十个八个够吃，剩下的我全包员了也差不多。我呢，很静心地一个一个捏好煮好。她却说："够吃吗？我吃这片汤得了（中午剩的）。"我说先吃，不够吃再说。她又说不够吃怎么办，我说您还没吃，怎么就说不够吃。当时心里多多少少有点不舒服，就说你要真不吃，就吃那片汤。听完她还真站起要去热剩饭，我心里很不舒服。

平时她能自理，自己弄点吃的没问题，但她告诉我自己年纪大了，动不了，弄不了饭。那说句不该讲的，你说弄不了，现在端着中午的饭去热，到底能弄不能弄？用咱们土话讲，有点"拱火"的意味。我就追出去，想着给她个台阶下，让她回去吃。她说吃不下去，我说您怎么这么说话呀，非逼着我闹点矛盾出来。

她不是真糊涂，她分人，别人随便给她做顿饭糊弄，她认可，我精心去做，她不接受。我心里边莫名地扎着痛，进退两难，当着她的面，抽了自己几十个嘴巴。我蹲在地上，恨不得马上大哭一场，或者大喊几声，心堵得狠。她看我确实动怒，也害怕了，说："你吃点药啊，要不去看医生。"我说："行了，您别跟我说话，我不想说话，您自己吃去吧。"

对于老人，我可以负责任地说，我对她真是实实在在的。我这样照顾她，一点私心没有也不现实，但也是为了落个心安吧。即便再生气，我仍然对她有一丝敬重，因为我觉得传统的东西到什么时候永远是传统的，根儿上的东西变不了。但是冰冻三尺非一日之寒，我也不是因为这一件事就如此愤怒，过往也发生过很多让人感觉很无理的事情。

有时候不是什么大事，但整得我很难受。到现在我一想起来还浑身发抖，胸口疼得厉害。可想而知我的压力多大，受多大的委屈。不是逼到一定程度，我不会采取这样自虐的方式来舒缓压力。事后她又说："你别跟我真生气，我岁数大了，糊涂，想说什么说什么。"听了这话我真是无语了，后来我也觉得为这样的人动这么大的气，真不值得。

分析

来电人跟老人住在一起，照顾对方，并有孝敬老人的观念，这是值得肯定的。但他未能注意到老年人的特点，有些老年人上了年纪，对很多事情比较敏感，情绪容易波动，有时候会跟小孩一样，有点爱较真，家人应该尽量理解。老人都已八十五岁了，为一些家庭琐事与她激烈争执，既无必要，也不妥当。

就事论事，这里的争执一开始只是口角，谈不到谁对谁施加暴力。之后来电人反应过激，打了自己几十个耳光，这种自虐的行为应该是一种对老人的精神暴力。来电人需要自省一下，自己为什么控制不住情绪。如果有必要，最好去做个专业的心理辅导，学习如何自控。

暴力背景

家里有点特殊情况，所以是我而并非我父亲跟我奶奶住一起。开始我去住那几年，相对来说平安无事。后来变了，这里面有很多因素，包括她跟我母亲的关系。但是我本着一颗执着的心，觉得照顾他们也应该。另外说个私心话，起码我有个住的地方，能踏踏实实工作，算是两全其美的事。

老人最小的儿子今天去看她，刚刚给我发了短信。他以前给我发信息从不超过两行，今天突然发了五行半，我给您念一下："我在你奶奶家呢，听说你受气了，在这里衷心地说一声对不起，事情都过去了，就不要再生气了，你奶奶老了，不要和她纠缠。"我勉勉强强回了一句："生气不解决任何问题，不生气。"他回复："那就对了，这事就算过去了。"

说实话我心里不舒服，因为过去不过去，不是由他来判定的，你得尊重当事人双方的个人情感。以前我跟他比较接近。他五十多岁，我三十多岁，他是奶奶最小的儿子，我又是长孙，年龄跨度小一点，共同语言多一点。以前他一些私事都由我来打理，后来家里出了点变故，就有一点点疏远，但不是大问题。

我认为我心态蛮好的。我刚刚给我父亲打电话表述了这个情况，劝他千万别着急，身体最重要。我父亲年纪也大了，身体不好，而且发生在我身上的这些情况，在我父亲身上也都发生过。我怕他因为我再跟老太太发生点冲突，很不值得，就提前给父亲打"预防针"，让他千万别玩真的，玩真的就输了。

之所以出现这种状况，是有人在背后影响。另一方面老人自己没有主见，参与过多，加重了事态的发展。如果说老人有自己的主意，不去听那些耳旁风，就不会有这么多不愉快。如果不给你提供这个温床，不提供这个土壤，你出了半天主意，白搭，就没那么多问题了。

分析

来电人的家庭关系很复杂，为什么他要跟老人住在一起，父亲却另外居住？为什么他跟小叔的关系一开始很好，后来却日渐疏远？那个出主意的人跟来电人是什么关系……这些都讲得含含糊糊。不过可以看出，矛盾背后的根源是（经济）利益冲突，这个根本问题得不到解决，彼此就会一直有心结，这种情况下再生活在一起，当然会互相看不顺眼。

暴力处理

那个出主意的人曾经借故家里要拆迁，到这借住了一年多。刚搬来没多久，一次她以为我睡着了，跟我父亲说，"这么大的人了，在这吃饭得交饭钱"。这句话刺痛我了，从那以后我就没回去吃过饭，即使单位不安排值班，我也要求值班。周一到周四就在单位住，周六她走了，我再回去。后来她跟其他亲戚也出现隔阂，觉得挺没趣的，就搬走了，我也就回归正常了。

老人年纪大了，身体难免闹个小毛病，需要人照顾。开始呢，她有别的借口，来不了，后来借口没了，来了就开始搅和，今儿这个，明儿那个。之前老人也没那么多事，就是她在这里面鼓捣。

老人不是个明白人。我现在就寻求一个自我解脱的方式，不想再跟她多讲话。我做了您不愿意吃是您的事，猪肉炖粉条好吃，你不吃，非要吃那烂粥、片汤。我高兴给您热热，要不然您就自个儿弄，我也不跟您去纠缠。傻事我不会再做了，自己抽自己太不值了，我得长记性，一切到此为止。说句不太敬重的话，也不可能把她掐死，由着她去，穿得过针，纫得过线就行了。

我之所以选择冷处理，最终目的是想让老太太明白这样下去不行，让出主意的人别来了，把事情好好安排一下，规划一下就完了。我打这个电话也并非要让您给一个什么标尺、公式或者标准答案，更多是想聊聊，倾诉一下，让您帮我听一听，这个事情到底梗儿在哪里。

分析

来电人对那个他认为从中捣鬼以致祖孙关系恶化的人非常不满，但他没有与其正面交锋，而是选择了回避。他对奶奶很不满，但也不想摊开来说清楚，而是打算尽量不搭理她。这样的处理方式有些消极，会使得彼此间的隔阂加深，关系越来越紧张。而来电人长期压抑自己的情绪，也会影响到自己的身心健康。

来电人的真正诉求是那个他讨厌的人不再出现，让他有机会掌控局面，好好谋划自己的利益，但这通过冷处理是很难实现的。这样下去反而会使得奶奶对他产生恶感，更不可能做出有利于他的决定。作为小辈来照顾老人值得赞扬，但不能因此将自己的诉求强加于人，应该尊重奶奶作为独立个体的真实意愿。

当来电人想要的利益得不到时，他的情绪可能会更糟糕，又会出现暴力，这是非常危险的。需要时时警醒，避免失控酿成大错。在咨询过程中，来电人更多是一种倾诉和发泄，而不是征求意见，看起来他的确需要自我调节，及时清理心理垃圾，保持健康的心态。建议找当地的心理咨询师进行辅导。

整理：张一曼
分析：陈亚亚

被殴打致残的继母

基本信息
来电人：女性，五十八岁，丧偶

暴力状况
我丈夫去年去世，第二天我就被丈夫前妻的子女打昏扔出去了。老头刚死，他儿子就去干休所说房子是他们的。干休所领导知道这个情况，也不报警，也不制止，让他儿子给我打成这样，还说房子已经过户给他们了。我说："你要等老人后事办完了，再跟我谈这个事。即使我是租户，你也要允许我搬走我的财产、我的个人物品，不是说给我打了就扔出来。"

那天他叫两个人进去打的，把我打得不能走路。他们那么残忍，把我头发给揪起来打，拼命用脚踢、用手打。隔壁老干部说："现在是法制社会，你们再这样打下去会死人了。"他们才罢手。我被打了出来，背心都被撕破了，等于没有穿衣服。刚好隔壁有人，我就去拿了一把刀保护自己，看他们人那么多，感觉没有刀就进不去。结果他儿子抢了我的刀，划自己一个口子，就说我是故意伤害他，要给我关起来。

法院不给立案，我去上访才立了案，但是检察院的起诉书说是家庭纠纷。他们两个人撬坏门，我被打昏了扔出来，还用水泼得我全身湿淋淋的，怎么不写？我都有拍照，从头至脚软组织受伤，这些怎么不讲？只说家庭纠纷，我拿刀杀他，他才会这样，给他从轻判，判故意伤害罪，缓刑六个月。他六十岁了，就要从轻判，如果一百岁打死人，就没事了？我有异议，提出上诉，都不让。

我在反家暴庇护中心住了一年多。他说公检法都是他的人，黑白两道都有人。他还跑到救助站来，说你拿我没办法，你告到哪里，我都是一个样。到现在连最基本的医药费、伤残费,都没拿到。我所有的工资卡、财产都在家里,也不让我进去拿,想拿衣服都没办法,已经一年多了。我真的没地方去讲理,不知道还要去哪里讲。

我脚的韧带断掉了,现在里面钉了两个钢钉,走路要靠拐杖,耳朵也打坏了,要靠助听器才听得到。走了好多部门都没用,救助站也说:"我们只能供你吃,供你住,供你穿,其他我们帮不上忙。中央领导来了,也只能给你安慰几句。"我说:"我要实质性的,家里面我的东西归还给我。天气冷了,让我进去拿点衣服。"但是街道跟司法所都不配合。

他当时七十八岁了,连保姆都请不到,后来经朋友介绍,我们在一起了,那年我四十七岁。他和我说,要两个人一起走到老。他后来住院,子女以为他会死,一直在医院跟我吵,要我走。老头跪着求我说:"你不能走,你走了我就完蛋了。"他说那些子女只要享受,根本不想照顾老人,他一生没有占到子女的便宜,都是他们来占他的便宜。我还不相信。

我伺候他十年,不知付出了多少,冠心病、糖尿病、高血压,所有的病都在老头身上。有同事说我活该,爱老人的钱,今天才会这样。有的说,报纸上说的有人卷款卷了四十五万走了,是不是你啊?有的又说,你是偷老人的钱,偷了十几万,结果被老人的子女发现了,才被打成残疾。各种各样的话都有,我听了真的要疯了。我被他们折腾十几年,现在手上有官司,日子真的很不好过。

分析

这个案例涉及的是子女干涉父亲的婚姻,并为了争夺财产,对父亲和父亲的继任妻子都采取了暴力。对继母的暴力是非常严重的,造成了伤残。尽管继母和子女没有血缘关系,也没有共同生活,但由于特殊的姻亲关系,仍被司法机构认定为是家庭纠纷,不但经过艰难的努力才能够立案,而且至今受害人的权益仍然没有得到保障。

从这个案例中我们看到,不但警察、法院对家暴的处理有问题,就连舆论也对来电人非常不利,认为她肯定是侵占了丈夫的财产,才被人家儿子打。但这些都不是施暴的理由,何况并没有确凿的证据,说明她曾有过不当得利。即使是财产问题有争议,也应该通过诉讼的方式来解决,而不是将人打伤了强行赶出去，这是严重侵犯人权的犯罪行为。

暴力背景

他儿子现在也退休了，有时间来折腾。去年四月，把他老父亲关起来，逼他父亲跟我离婚，不让他父亲跟任何人见面。结果不到七天就送到医院抢救，抢救期间以老头的名义起诉离婚，这段时间老头就气得死掉了。

他们关键是要那个房子。他跟干休所的人说，当时是他要来拿父亲的衣服，我不开门，我们拉拉扯扯，才打起来的。我说你要拿你父亲的衣服，我帮忙都来不及，还会跟你拉拉扯扯？我丈夫有五个子女，四个儿子一个女儿，打我的是其中两个儿子，但只抓了这一个。

分析

家应该是给人温暖的地方，但这里的家庭却不是如此，子女为了经济利益，争夺遗产，将老人强行带走并进行人身控制，这也属于家暴的一种。据来电人的讲述，矛盾根源在于争房子。这应该不难判定，按法律该怎么样就怎么样。她作为继母，是否有一定的份额，有无居住权，都应该依法办理。

之所以会出现这种局面，应该是施暴方想一毛不拔，不给来电人任何遗产，但可能在法律上又不是完全站得住脚，才强行去做的。暴力事件的发生，以及遗产分配的不公，跟当地执法和司法部门的不负责是有关系的。这个案例也提醒我们，法律条文再完善，没有相关机构的配合，也会成为一纸空文，不能保障任何人的权益。

暴力处理

老头被他儿子抓走时，我报过两次110，但110说这是家务事，他们不管。那天他们撬门进来打我，我也报警了。后来有五部警车来，派出所所长也知道，但没有来制止。我到办公室去问，他们说，他们家人这么多，又那么凶，我们怎么敢？我说，你们作为公务员，我作为老干部的家属，被他们子女打，你们应该出来制止一下。他说这个是你们的家务事。我说既然是家务事，为什么我现在连家都回不了了？

找妇联，妇联说她们只能关注，不能介入司法。我说你们不能介入，起码也可以帮忙反映,第一时间什么情况,我也告诉你们了,情况你们也很了解。派出所也说妇联不要婆婆妈妈,管那么多事干吗?你让她去告嘛。

我到公安局、市政府去讲,他们才叫派出所来管,说这个事情要认真查,查了之后有证人了,才开始立案,不然都不给我立案。立案的时候,还问我说:"你拿刀是要跟他同归于尽?"我说:"我为什么要跟他同归于尽?"他们又问:"你拿刀刺他?"我说:"我哪有刺他啊。"

请政府相关部门帮忙,司法所说:"对方说要保证我不住在家里边,要给他签字。"司法所和街道解决不了,拖了一年多。我走司法程序,但再怎么样也打不赢。公检法三个都联合起来,不把事实真相弄明白。

我住在救助站、反家暴庇护中心,她们提供法律援助,就是生命权与健康权受侵害的案件,到现在还没弄完。她们领导也很忙,我真的不懂要怎么做。

分析

来电人现在居无定所,到处求助,却被互相推诿,理由只有一个,"这是你们的家务事"。来电人与施暴者属于姻亲关系,他们之间发生的暴力可以算是家庭暴力,但家庭暴力并不是家务事,不是个人的私事,而是侵犯人权的公共事务。如果执法机关和司法机构能切实承担起自己的责任,秉公处理,就不可能是这样一个局面。

家庭不是法外之地,不是靠丛林法则来生存的。不是谁的力量大,就可以通过暴力来控制他人,达到自己的目的。"反家暴法"出台后,可能会对这类案件有一个促进的作用,至少相关机构不能再用"家务事"来推脱责任了。

来电人如果走不通司法途径,也可以考虑向媒体求助。在生活上,可以先通过一些途径,解决经济问题。比如银行卡暂时不能取出,就申请挂失,重新补办。在找公益律师积极维权的同时,也要调整好自己的心态,努力开始新生活,不要一直沉浸在这件事的阴影中。只有重新找回生活的希望,才有精力来继续维权,争取自己的合法权益。

整理:田斌
分析:陈亚亚

第五辑 恋爱关系暴力

这一辑主要收录恋爱关系中的暴力，一共有十个案例，前面七个是男友施暴，后面三个是女友施暴。从暴力的内容来看，主要是男友对女友施暴，不少涉及分手暴力；女友对男友施暴的情况少一些，程度也较轻。当然，这也可能是男性受暴后更少求助所致。

恋爱关系暴力具有夫妻关系暴力的一些特征，如更为隐蔽，难以被发觉，受暴者普遍会替施暴者辩解，难以从暴力环境中解脱等。相对于夫妻暴力而言，恋爱关系中的暴力程度要轻一些，因为不涉及子女、财产和亲属关系等复杂问题，相对更好解决。但也正因为没有正式进入婚姻，可能更难以得到家人的支援、社会的支持。

即将出台的反家暴法中，可能不包括恋爱关系，而只涉及正式的家庭成员间的暴力。在这种情况下，恋爱关系暴力的受害者更多要依赖自己来解决问题，这可能使得她们的处境非常艰难。同时，这也提醒我们，必须在全社会普及反家暴的理念，倡导人人参与反暴力。同时也需要进一步向有关机构诉求，将恋爱关系暴力也纳入法律法规的保障范围。

一提分手男友就打人

基本情况
来电人：女性，二十一岁，大三学生
男友：二十五岁

暴力状况

我和男友谈恋爱一年多了。我在外地上大学，他是当地人，家里让我考研，离开那个城市，不同意我们交往。我提出分手以后，他就打我，说我玩弄他的感情，毕业了就抛弃他。原来我们交往的时候，也出现过暴力，提出分手后更严重了。他打过之后也后悔，但是一提分手还是会打我。

这样的情况已经持续一个多月了，本来我想跟他断绝一切关系，把他的联系方式都拉黑，但是他知道我的学校，找我很容易。他来找我，我要是不出去他就威胁我，诸如把我弄到监狱，或者找人揍我之类。据他朋友说，他还曾为此自杀过一次。

现在我的嘴唇还是肿的，我没跟任何人说，只说是自己不小心碰的。我没有跟朋友说，因为我觉得他们给我出的主意都没啥用。我也不敢跟我爸妈说，说了他们就会夜夜睡不安稳，然后让我回家，我怕他们操心。爸爸是个很严厉的人，如果说了不知道要闹出什么事来。平时有什么我从来不跟他说，都是先跟妈妈说。

我也没有报过警，因为我觉得那都没有用。他是当地人，有很多警察朋友，即便处理也就是拘留几天，出来之后也许会做出更危险的事，可能威胁到我的人身安全。

现在这种状况太难受了。我打算考研的，但是在家的时候看不进去书，在学校又会受到他的骚扰，心烦意乱的。我就是躲不开他，自己一个女孩子，还身在外地，非常害怕与无助，怎么才能逃离他的魔掌呢？

分析

从来电人的描述中可以看出，男友有一种流氓习气，只要提出分手就开始谩骂进而殴打，还扬言威胁，控制欲与支配欲表现得很明显。来电人被施暴者的威胁吓到了，尽管她的安全已经严重受到威胁，但仍寄希望于施暴者的悔悟，一直容忍，不敢刺激对方。当然，也可能是潜意识里她觉得自己有不好的地方，且认为被男友打很丢脸，所以不敢张扬。

她没有启动任何社会支持系统，因为她觉得这些都没有用，不会有人真正来支持她、帮助她，所以感到异常无助。她自觉无法从暴力的环境中解脱，整天惶惶不可终日。显然，暴力已经严重影响了她的正常生活。远离暴力，终止暴力，应该是来电人首要的诉求。

来电人首先要认清，施暴者对她施以暴力是违法的。暴力没有任何理由。暴力的实质是想控制对方，跟你有无过错没有关系，即使你完全没错，他也可能会施暴。一味容忍，并不能改变他的施暴行为，只会让暴力愈演愈烈。来电人现在最关键的是要保证自己的人身安全，然后才能谈到考研等其他事。

来电人需要思考一下，把自己的处境理清楚，哪些是现实生活中的威胁，哪些是想象中的威胁，然后再看如何处理。不必把对方想象得那么强大，多找生活中的朋友、老师谈谈，寻求他们的帮助，人多力量大，他们会提供一些有用的信息。而且作为学校的老师，也有责任维护学生的安全。此外，要有意识地收集暴力的证据，以备后用。

整理与分析：葛春燕

男友说宁愿杀死我也不分手

基本信息
来电人：女性，二十七岁，父母离异
男友：做生意

暴力状况
我父母离婚，我和妈妈住一起。我工作时认识了现在的男朋友，谈恋爱四年。头两年我们关系很好，后来我发现他和前女友有联系，很生气。我要分手，男朋友不同意，说宁愿杀了我也不分手，说我生是他的人，死是他的鬼。他第一次动手打了我，那时我原谅了他。

去年我坚决要求分手，他不肯，我逃到外面躲起来两个多月。他跑到我家里闹，我只好回来。他要我和他出去谈，我不肯，他就在我家里大吵大闹，还打我妈妈。他打骂我时，我面无表情不理他，但我很害怕时会屈服，因为不屈服他会打得更厉害。他打完也不会后悔，不会道歉，说是我找事，是我逼他动手的。

他现在打我越来越频繁，打耳光、掐脖子、抓住手往地板上砸，但是控制得很好，都是轻伤。以前闹得很激烈才动手，现在稍微情绪激动就威胁要打我，弄得我全家不得安宁。我晚上经常做噩梦吓醒，半夜三四点睡不着。我每天出门做什么、穿什么衣服他都要管，晚上六点前要到家，如果没到他就疯狂给我打电话、发短信，非常恶毒地辱骂。

我自己挺懦弱。去年跟妈妈说过，妈妈叫我报警，但是我觉得报警没用。爸爸妈妈也帮不了我，他们打不过他，只能白担心。现在我宁愿不告诉他们，自己忍着。妈妈去年被他吓到后，已经有点不知道怎么办了。我只希望和平分手，以后各不相干。我想逃到外地，但是母亲年龄太大，不能跟我一起走，我自己走了，他会找到我家去。我应该怎么做？

分析

来电人的男友因为不想分手，对女友及其家人实施了严重的暴力，这是侵犯人权的违法行为。之所以会发生这样的事，是因为施暴者有严重的男权思想，有极强的控制欲，将女友视为自己的私人物品，不但不允许她离开，而且管束她平时的言行。现在施暴者的暴力日益升级，甚至威胁要杀死对方，说明危险等级较高，来电人要做一些必要的防范。

施暴者打人的时候，会留心让受害者的伤情程度在可以掌控的范围内，极端的手段也只是言语上的威胁。这可以看出施暴者在施暴过程中其实是很理性的，一定程度上也能够控制自己，并不是一时冲动。他之所以不下狠手，并不是什么良心发现，很可能是想借此逃脱相关机构的干预和法律处罚。

来电人反复说自己性格懦弱，不知道怎么办，可见她现在自信心已降到最低，需要及时得到心理支援。建议来电人不要一个人面对，尽量寻求可能有用的社区、机构和亲友的帮助，多管齐下，共同应对。要相信自己可以解决问题，因为办法总是比困难多。

暴力处理

去年他在我家闹，还打我妈妈，我报警了，但是警察来了他就跑了。警察说我的伤是轻伤，只能调解，不能拘留，除非医院证明是重伤才行。我现在实在太害怕了，如果警察来了只是调解，会更激怒他，那我要怎么办？

有天晚上他打我，用人家送礼送的金砖（很大块，形似砖头）砸我，我感觉到他很激动，害怕砸下来我会死。我就躲到洗手间报警，由于太害怕了说不清楚，警察没有来。我躲洗手间太久，他就开始砸门。我出来后不敢拿手机，警察打电话过来也没有接。后来我手机没电关机了，那晚也被他打了。

我曾经告诉过他的男性朋友，希望劝劝他，但那个人只是听听，没有给建议。我也有跟自己的女性朋友说，她建议我告他强奸，我觉得不靠谱，害怕他因此坐牢，出来再报复我，而且我内心也不想这样对待他。我觉得告诉朋友后心情没什么改变，压力也没有缓解。

分析

受暴者应对暴力的办法是报警,这也是大多数人遇到伤害时的第一选择。然而警察不仅没帮助她,还给了她错误的暗示,即"轻伤我们没法管,重伤后去医院验伤了,我们才能插手",这无疑给绝望的受害者又带来更大伤害。

警察作为社会秩序的维护者,在受害者需要帮助时应该站出来,然而由于社会对家庭暴力的危害认识不足,导致家暴成了"四不管",即"邻居不劝、居委会不问、单位不管、不出人命执法机关不理"的真空地带,这实际上是对家暴的默许,是对施暴者的姑息纵容,这种现象必须改变。

受害者向朋友求助时,选择了男方的男性朋友,这可能是错误的做法。因为他更多会从男性角度来考虑问题,较难对受害女性产生共情,而且由于与男方的友情会不想参与进来。此外,受害者的女性朋友建议诬告男友强奸,也是错误的做法,诬告不仅无法解决问题,还可能导致女方承担法律责任。

男性气质

他做事很执着,不论工作上还是生活上。一个项目他可以跟很久,几年都可以。他的性格是吃软不吃硬,人家求着他,他会去做,人家来硬的,他反而不做。他对前女友挺好的,但是他自称不爱前女友,所以不在乎前女友做什么。

他朋友很多,什么行业都有,包括一些不好的行业。他见过的市面也多,像人家闹事,他可以轻易地叫人过来处理。他很聪明,虽然没有什么学历,但是对于法律,特别是家庭暴力这方面还是比较熟悉的,所以他一点也不怕警察,不会动特别重的手,留下证据。

分析

从一个人的为人处世,可以看出他的性格特征。施暴者在工作上雄心勃勃,不惜任何代价要实现目标,具有典型的支配性男性气质。他一个项目能跟几年,这需要极大的耐力和自我驱动力,这种人在遇到阻碍目标实现的人或事时,有可能会采取攻击方式,有一定的暴力倾向。

施暴者自称不爱前女友,所以不在意她做什么,隐含的意思似乎是他施加给受害者的这些伤害，是因为爱她、太在乎她。这种以爱为名的伤害在家庭暴力中很常见，但其实这根本不是爱，而是大男子主义：极端控制欲和占有欲的体现，是一种暴力行为。

整理与分析：余伊宁、陈亚亚

男友说话太难听导致互殴

基本情况

来电人：女性，二十四岁

男友：硕士学历

暴力状况

我跟男朋友谈恋爱两年半了，准备明年结婚，但是近一年经常冲突。我主要觉得他言语上很不尊重人，但他自己不觉得。我这方面特别敏感，他觉得我是无理取闹。比如说我妈妈给我打电话，他就问："是不是你妈？到底是不是你妈啊？"问多了我就觉得是在怀疑我，就很烦，会发脾气，有时候会吵架，更严重一点就会打架。

他以前不这样的，不知道怎么回事，我们俩就这样儿了。因为我被他打的次数有点多，现在就是他对我说话声音稍微有点重，我就不能接受，就没办法控制自己发脾气，然后就演变成我控制不了摔东西。他看到我摔东西就会打我，而且越打越重。

刚谈恋爱时，我们不会打架。他总是骂我，会把我骂哭，我很委屈。到后来我们对骂，我受不了，有时候会打他一巴掌，他都不会还手。再后来，他就还手了，我打他一巴掌，他就还我两巴掌。打起来我会失控，他也会失控。我从来没有见过他那么失控，像上次那样，差点儿要死在我面前。我觉得活不下去了想自杀，他把刀抢过去，想捅他自己。

有一次，他把我放倒在床上打。我抓到一个杯子，朝他手就打过去了，打成骨裂了。他也没有怪我，觉得情侣之间打打架没什么。我觉得他没有受到什么大的伤害，被打得更惨的是我。他是男性啊，下手肯定重一点，我根本打不赢他。

我们两个自身条件还算不错，感情很稳定。就是这些小问题，我们觉得是小问题，但是时间久了，这种恶性循环状态，很影响工作。他昨天打我，我就没怎么还手，但我过不去心里那道坎，他打完可以若无其事，中午还回来给我做饭吃，我不知道怎么面对他。他承诺过再也不打我，但还是打了。

我们对亲人朋友都很识大体、懂礼貌，在外人看来我们很知书达理。我们俩认识彼此之前都没打过人，也都谈过恋爱，都不会发生这种事。为什么我们俩在一起，越来越暴躁，越来越凶？我不知道是不是我们的相处模式出了问题。

我就希望他不骂人，我说过很多次"你这样骂人，很伤我自尊"，他骂的超级过分。我从小就不骂人，家里也是，我的好朋友也是，有时候称个老子啊，我都觉得不好，会提醒他们，没想到男朋友会是这样的人。

我就是不明白，一个人对你连命都可以不要，但是生活中一些小事却不能多点宽容，我不知道是不是跟他爸爸管他有关。他不觉得用那样的方式有什么不妥，他就是在那样刻薄的环境下长大的。

分析

这不是小问题！从来电人的叙述来看，最先是男友的语言暴力，激发来电人的语言暴力和肢体暴力，随后男友回以肢体暴力，变成互殴。两人的相处模式肯定出了问题，都有暴力倾向了，而且越来越频繁，越来越严重，有危及生命的可能，需要及时干预，不能掉以轻心，等出了事就追悔莫及了。

男友说话刻薄，经常对女友说一些很难听的话，让女方非常烦躁，这通常情况下属于一种言语暴力、精神暴力。可能跟他自己的原生家庭有关系，因为他就是从这种环境中成长起来的，自己习以为常，不觉得是大问题。这种情况要改可能不容易，但首先要有个态度，即认识到这是有问题的，有想要改变的意愿。

暴力责任

我一开始觉得他是施暴者，但是他不这么认为，他觉得我们是在打架，慢慢地我也不觉得了。他也受过伤，身上都是我抓的血印子。现在我连自己是不是被施暴者，都搞不清楚了。

我男朋友对于打我这个问题，不像以前那样的反省、道歉，很容易就过去了。他觉得我也打了他，但是怎么说我都没有他力气大，我受伤更重。他总是朝着我的头打，上回我两个太阳穴都被打肿了，脸也打肿了，身上青一块紫一块的，虽然没有很重，只是皮外伤，但很疼的。我接受不了，一直在那个阴影里走不出来。

我有一点挺不对的，他对我的不好，我都跟好朋友讲，跟我所有的朋友讲。我以前是一个非常任性的人，我知道自己错了，但是这个错是不可逆的。有时候他发脾气，我只要控制一下，可能就不会打，连大吵都不会。只要我对他的那些小举动稍稍让一下，不针锋相对，我们是不会打架的，他也不会无缘无故来打我、骂我。

分析

两人互殴，当然双方都有责任。不过从来电人的叙述看，男友责任更大一些，因为主要是他的言语暴力引发冲突，后果也是女方受伤更重。现在的问题是男友对此没有认识，不觉得自己在施暴，可见他对暴力有错误认知，至少是没有引起重视，这样要改变几乎不可能。

来电人对自己进行了反思，比如自己是不是太任性，是不是没有控制好情绪，这些是很积极的态度。但同时也需要认识到，光是一方的反省、忍让和妥协是不够的，要解决暴力问题，需要双方一起来努力。

伴侣关系

他除了上班就是跟我一起，我有时不想让他那么粘我，有一回有三天假，我跟公司出去旅行，他就很生气。他唯一的爱好是打台球，以前我总陪他打，但他控制能力很差，一打一天多。因为打台球错过很多在一起的假期，后来我就不陪了。他很散漫、拖拉，工作上也是，我总觉得他说话不算数。

他非常不放心我，可能是怕失去我。我不知道他自卑从何而来，他说我没有夸过他。可能他觉得在别人眼里他很优秀，年轻、有作为、家世又好，很多女孩子都会觉得是结婚的不二人选。但我接触的优秀男生很多，刚开始谈恋爱时，就觉得他不算什么，后来我是真的被他的才华吸引，但我没有告诉他。

他说我说话好假，因为我没表扬过他，不相信我觉得他很优秀。还有一个事情，以前他总喜欢说他前女友，其实我不愿意提前男友的，我前男友是广东人，毕业之后就回广东，分手了。但是听他这么提，我很不乐意，就提前男友来刺激他。没想到就是这个事情，这么深入他的心。有天很晚的时候，说我前男友脾气很好、很温顺，他就很在意，没想过他会这么在意。

上次打架，我俩约了去看心理医生，但是去的路上接到电话，说他妈妈那边出事了，就先去弄他妈妈那边事情了。那几天我们感情特别好，我们以前都去酒店吃饭，这次为了增进感情买了电磁炉，我不会做饭，他做给我吃。没过几天因为很小的事情又吵架了，但没有大问题。因为感情挺好的就过去了，而且他觉得上次约咨询师就是为了我。

分析

这里面还有情感的问题，可能在这段关系中，来电人没有给男友足够的自信，让他没有安全感。可以从三个方面来调整：第一，要多看到他的优点，及时肯定，多表扬；第二，要从自己的角度想一想，是不是有些苛求，不要总觉得所有问题都在对方身上；第三，培养一些共同爱好，增进感情。总之，两个人都年轻，如果要走下去，就要学会互相包容。

来电人选择去做心理咨询是对的，可惜碰到意外中止了。暴力发生后，因为双方都有愧疚，可能会特意表现出好的一面，感情有升温迹象，进入一个蜜月期。但如果不解决根本的问题，下一次遇到类似情况，暴力又会激发出来。建议来电人不要放弃，最好是两个人一起去找专业的心理咨询，帮助调整沟通模式，减少乃至消除亲密关系中的暴力。

男性气质

我长得挺漂亮的，我男朋友各方面也还挺好的，是名牌大学的研究生。我就不接受他总是说一些脏话、骂我。走在学校里，别的女孩子穿得稍微露一点，就说人家像坐台小姐，像什么洗浴中心小姐。

他对我管的特别严，我没有异性朋友。我连女性朋友打电话时间长点，他都会反感。他总是用女性贞洁什么的来骂我，一开始谈恋爱时，就用这话骂我。我会哭，没有女孩子能接受自己心爱的人用这种话骂自己。他明知道我很在乎，但还是会用这种话来骂我。

我们讨论过，就是信任问题。他不信任我，所以会说那些话来侮辱我。不能接受的还有翻我手机，连我爸妈来电话，他都会叫我长话短说。有段时间我都不敢工作，因为一开始都是女的，后来调到另外一个部门，就有男同事。他来公司，看到一些男同事，就说你不说你们部门都是女同事吗？

我对他也不放心，做过很多以前根本不会做的事情，现在那些问题已经解决了。但他对我还是不放心，我以前同学给我发条短信，他都会很生气。他说他太在乎了，一直不放心。我说，我跟你住在一起都两年了，你这是对我的不认可，是不相信我的感情。

我还想跟他好好过下去，想减少这种状况，想改变，因为对我们来说都是伤害。我主要就是想知道，我跟他之间存在的问题如何避免，有什么方式？现在骂人我可以接受，就是不想打架了。要是让我什么都忍着，我就觉得那不是我想要的生活。

分析

男友的控制欲、独占欲很强，大男子主义思想严重，比如对女性（包括女友）有一些侮辱性的性别歧视言论；又比如单方面要求女性贞洁，不允许女性跟其他异性接触等，这些都不能用不放心、太在乎和不够信任来解释，而是他的意识太落后，没有把伴侣当成独立的、平等的个人来看待，才会产生这样的问题。

对于亲密关系暴力，不能因为程度轻就轻易妥协，如这里来电人说的，为了能继续走下去，感觉男友骂人现在都可以接受。不过她也同时提到，什么都忍着，不是她想要的生活。联想到他们之前的激烈冲突就是因为她无法容忍男友骂人，可见她认为自己忍耐是不现实的想法，因为积累下来的负面情绪需要一个发泄口，最后会爆发出来。

改变需要两个人一起努力，单方面的付出很难有好的效果。建议与男友深入沟通，最好两个人一起来做心理咨询。尤其是男友必须要有改变的意识，不能继续这样下去，否则亲密关系最终还是会被破坏掉。

整理：志愿者

分析：陈亚亚

女权主义者的"直男癌"男友

基本情况

来电人：女性，二十四岁，研究生一年级
男友：二十四岁，研究生一年级

暴力状况

我觉得男朋友有心理问题。他特别多疑，一点小事就大发雷霆。他对我动过一两次手，这算暴力吗？我对他也动手，但都不是很厉害。最大的问题是他不相信人，我俩谈了三年多，他还是一点小事就疑神疑鬼比如说，接电话慢了，他就想你是不是和别的男人在一起。我有一点不开心，他就说你是不是看见比我好的了。我们俩都是因为这种问题争吵。

他根本不理解人，我没法和他交流，觉得很委屈。他压根不相信我，而且还不愿意放弃我。每次闹完以后，他都比以前更变本加厉。他是自卑吗？我不知道怎么回事。他就是怎么都不愿意和我分开，他觉得他是爱我，但我觉得这不是爱，是一种占有，是一种控制。

他不让我和别的男的接近，包括我同学帮我修个电脑，他都不愿意。我是研究生，舍友结婚了，她老公会进我们宿舍，他就不愿意，就吼。我说我们俩的窝，你凭什么去约束别人。他就觉得别的男的都不能看我一眼，搞得我和舍友关系特别尴尬。其实他跟别人交流都挺正常，跟他同学关系也挺好，不知道为什么一到我的事情，他就变得特别浑。

我真是快疯了，受不了他，觉得这是严重限制我的人身自由。我很痛苦，要分手，他又不跟我分，老是来我们学校闹，闹得学校都知道了。今天我们俩又因为接电话吵，他说我现在就去你们学校，你给我等着，然后就开始骂我。

我觉得他就是个流氓，真受不了他。

现在就是让人窒息的感觉，一两天就吵一次。平常我跟他说话，带点语气词啊什么的，他觉得很好，觉得我很温柔。但是只要他感觉我不温柔，他就会觉得我心里有其他事，又有别的男的招惹我了。他就是神经病，特别容易怀疑。

分析

男友的表现是有一点心理障碍，担心太多，对女方盯得特别紧，有很多要求，很多限制，大多是毫无必要的，看起来他很缺乏安全感。这种行为表面上看是很紧张对方，很爱对方，但其实会让对方有窒息的感觉，是亲密关系中的一种精神暴力，已经严重影响到了女方的日常生活，达到了她能忍耐的极限。

暴力背景

他成绩很好，从小没跟别人吵过架、打过架。父母觉得他很好，对他特别满意，亲戚朋友也都觉得他好。他们都说"你不要再跟他吵架了"，好像所有问题都在我这边。他们觉得他很关心我、很爱我，但我不这样认为，我认为这不是爱。

我是他第一个女朋友，而且可以说是他的第一个女性朋友。他从小基本上没跟女孩说过话，觉得就不应该跟女生玩。他骨子里很传统，所以说他真是个"极品"。他有关系不错的朋友，但很少跟别人交流，包括跟男生。

我们不是一个学校的，但都在北京。我们是高中同学，他不是我的初恋。我之前谈过一个男朋友，他一直很忌讳，觉得我心里还有那个人。其实我心里已经没有了，但他就很介意，不能提，包括我之前那些朋友，认识我前男友的，都不让我跟他们一起玩。感觉他就是把我放在一个铁窗子里，哪有一点漏，就赶紧补。

我们在一起大概一年后变成这样的。我之前在学校跟同学一起吃饭，他就会问。当时我们俩异地，他给我打电话，就问你旁边是谁啊，有没有男的啊，让他接电话，让我问问是谁。现在在一起好些了，但还是忌讳男人，比如我姐夫，他就不让我跟他说话。他觉得我姐夫心术不正，老是看我啊什么的。他太夸张了吧？我说你是谁啊，凭什么对我这样。

我见过他父母，都挺好的，特别是他爸爸，挺会讲话的，也是干部。但他妈妈是一个农村妇女，没有什么文化。他父母没有教过他怎样和别人交流，但他父母没有暴力问题。他弟弟也很活泼，很会讲话，让人觉得很亲切，什么都很好。但是他性格不活泼，他说话很生硬，不过跟我说话不生硬。

分析

男友观念保守，很少跟人交流，尤其是女性，在两性关系上可能存在一些认知偏差，也可能是有一些不自信，害怕女友抛弃自己，所以导致了这些极端行为。他需要专业的心理辅导，学习如何与人交往，改变无端猜疑的毛病，不再将自己的意愿强加于人，而是通过协商的方式来解决争端。

暴力责任

他也意识到了，比如他不是不让我舍友老公进我们宿舍嘛，他就觉得"哎呀，我这人确实太不成熟了，你不能放弃我啊，你应该看着我一点点成熟起来"。他知道自己有毛病，但是他发神经的时候不管我的感受。我受不了啊，我为什么要纵容你呢？你是一个人，我也是一个人，我没必要服从你。你不成熟，可以等成熟起来再跟我谈。

他确实比以前改变了一点。上学期刚开始的时候，我们同学聚会，只要有男同学，他都不让我去。忽然他发现这样弄得我好像没有朋友，在学校朋友们都玩得很开心，一起约伙，就我很孤单。他就觉得"你为我受好多委屈，其实跟朋友一起出去玩、吃饭也没什么啊"。后来他也会让我去，但我心里不平衡，凭什么我的生活你来决定，你让我去我就去，你不让我去我就不去啊？

分析

男友的占有欲过于强烈，要求女友不得与其他男性接触，甚至正常交往都不同意。不过他也不是铁板一块，在女友的不满和反抗下，偶尔也有反思，觉得自己过分，有时会尝试放松对女友的限制，希望女友能谅解自己，继续陪伴他一起成长。但他似乎没有意识到，这不是不成熟，而是严重的心理问题，他应该积极寻求外界的帮助，做出更切实的改变。

伴侣关系

他跟我说的话，比他从小到大这么多年来说的话都要多。他特别依赖我，像小孩子一样，见了我话特别多，会跟我讨要这个，讨要那个。他是很喜欢我，如果他不是这样对我，我们真的挺好。他对我很关心，很小的事情，我觉得没什么，他都觉得好心疼啊。他心里把我当作一个宝贝，他说我都想把你吞到肚子里，让别人看不到你。

他就想让我做那种背后的女人，不想让我去做任何事。他觉得他能养家，不想让我工作，我跟他说我根本不是那样的。我个性比较强，特别不喜欢被约束。我觉得我可以没有男朋友，但你不能这样对我。我跟他吵，他有时也认识到错误，但就是不改。我再吵再说，他还是来找我，不跟我分手。激烈的冲突？怎么说呢，我觉得基本上每次都挺激烈的。

我学的是人权，想做女性权利的研究，看了很多这方面的书。我不是那种一定要听从男人的传统女性，我不会让你来决定我的生活。我想参加一些女性权益组织，去帮助有需要的女性。我自己是女性觉悟挺高的一个人，在这方面很敏感，只要他一来管我，我那警觉性立马就起来了。我就觉得"不行"、"凭什么"，我俩冲突主要就是这方面。

我一直关注女性权益，也想做研究。然后自己还是受害者，都没调节好，就觉得自己好笨。我体会到传统社会构建的女性角色，对现在的女孩影响太大了，因为跟父母就没有共同语言讲，他们觉得女孩子就该温温柔柔，有个可以依靠的男人，很多女孩子也意识不到这点。

分析

男性是大男子主义，希望女性温柔，一切都听自己的，做自己背后的小女人，甚至希望女方不工作，靠他养活；而女方是女权主义者，追求独立自主，关注女性权益，希望从事相关的工作。这样两个人碰到一起，自然会起冲突。在重大价值观上不一致的人，不可能建立起和谐的伴侣关系。

来电人的态度很坚决，不愿意纵容暴力，这是很好的。许多女性在恋爱中很容易妥协，一步步地丧失了原则，更多地听从男方的要求，逐渐习惯于一种不平等的亲密关系，成为男友的附属品，丧失了自己的独立性。那个时候再想要改变，就更困难了。

目前诉求

我确实不想谈了，挺痛苦的。我认为我可以没有男朋友，自己赚钱，养活自己。就算我很难受，也无所谓，难受也是一种享受。我觉得一个人，如果丧失了自己，就没有资格去爱别人。在这段感情中我已经迷茫了，让我觉得窒息。自我都没了，完全是他的奴隶，这是爱情吗？你是找个保姆吗？找个女奴隶吗？凭什么啊？

他接受不了这种想法，觉得我在骗他，很迷惑，老是觉得我在跟他假分手。他觉得我跟他谈那么久，而且他条件还不错，觉得我以后可能还找不到他那种的。他有点仗势欺人，仗着我爸妈喜欢他，老是给我妈打电话。我一不开心，他就给我妈打电话，让我妈压制我。我现在很大程度上都是为了父母在委曲求全。

我想不明白，为什么非要找个男朋友？找个男朋友天天找我事，管我那么多。我有时候也想，两个人在一块，不可能像一个人一样，总得考虑别人的感受。没有完美的生活，每个事情都有好的一面、坏的一面，关键是我怎么选择。不是说我离开他，我就会生活得很好。我跟他在一起会失去一些东西，会得到一些东西，但是我不想选择他，我想独立地生活。

分析

来电人的男友对她多有干涉，可能有意无意地被稍稍夸大了一些，但男友的行为确实越界了，给她的生活造成了严重困扰。来电人也意识到，独立和自由是相对的，当想要一份亲密关系时，势必要失去一些独立和自由，但或许是因为现在男友过分的限制，使她对独立自由的渴望非常强烈，所以很坚定地要分手，不愿再帮助男友改变了。

来电人对自己的生活似乎还没有想得太深入，比如她好像把有没有男朋友作为两种情况来考虑，但有没有第三种情况呢？或许碰到合适的人，就会慢慢找到第三种可能，既可以有男朋友，享受亲密关系，又可以保持自己的独立和自由。当然这种平衡是有点不太容易的，但可以在以后的生活中慢慢把握。

其他（男友来电）

上半年我们出现问题，闹得比较凶，她说话难听，我动手打了她一下，她心里好像一直过不去。我也不知道怎么处理这个事，因为我那时确实是气得不行。这学期的问题其实是上学期遗留下来的，感觉有时候她知道我有这种倾向，还一直想挑战我似的。比如刚吵完架关系不好，我打电话说"干什么呢"，她就跟我说一些带刺的话，然后我立马就火了。

我是挺敏感的，但没这么夸张，只是说我看着人品不行的人，我会管，出去和同学老师吃个饭，那倒无所谓。我们两边家里都挺同意的，婚也订过，我就想尽量好。但是她说的一些话，真是没法听。她说想分手，说叫了媒体。我也不是缠着的，她今天要是确实叫你们过来了，一大群人在这等着跟我分，我就确定了，她确实是想分，然后我就不会再坚持了。现在我感觉是，她并不是非跟我分不可，就是说气话。

分析

两个人都从自己的立场来看待问题，就很难真正理解对方、包容对方。但亲密关系需要深切地去理解对方，接纳对方，才能够继续下去。如果不能，势必会产生很多冲突。因为两个人都棱角分明的话，彼此就会碰得很疼。这里两个人的感情基础不错，所以不管分与和，希望都不要彼此怨恨，最好是能互相谅解，从冲突中看到一些自己的问题，积极去做一些调整，才是一个成长的过程。

由于男方长期的精神暴力，女方目前感到这段关系给她造成了很大压力和困扰。她想要和男方保持一定的距离，或者说先切断这种关系。因为她现在更渴望独立和自由，甚至愿意为了追求自由而失去一些东西，即使给她的生活带来一些痛苦也在所不惜。那么在这种情况下，男方应该尊重她的选择。

男方可能是对这份关系很在意，很珍惜，但坚持只会给关系造成更大的破坏。很多东西只有靠时间才能够让双方想明白，现在越想抓住，就越难抓住。建议两人先分开，让彼此都冷静一下，有机会去更深地想一想，到底自己想要的是什么。尤其是男方，可以反思一下自己对女友的要求是否合理，在亲密关系应如何平等地对待伴侣，给对方更多的自由空间，避免引发冲突，破坏亲密关系。

整理与分析：方刚、陈亚亚

优秀男友经常对我施暴

基本信息

来电人：女性，二十四岁，本科学历，律师

男友：二十八岁，硕士学历，金融行业

暴力状况

我和我男朋友是去年认识并在一起的。我男朋友是硕士生，在一家不错的公司工作。他学历很高、很温柔、很有教养、对人很有礼貌，一开始根本看不出来他会打人，我后来才知道，他前两任女朋友都是因为他施暴而分手的。

他很上进，公司里人才济济，他压力比较大，每天回家还会学英语。但他生活自理能力不行，基本不做饭洗衣，大事小事都是我打理，平时问个路也是我去。有次车被撞了，对方要求赔偿，都是我在协调。不可否认一些大的主意他会帮我出，像我的职业规划师。他分析能力很好，心思比较细腻，但也很敏感、很自卑，同时又很自负。

他一直比较冷漠，很少主动和我交流，有时我希望他下班以后打个电话，他就认为我是在逼他，不相信他，就会发火。他的手机短信、QQ从来不让我看，他的解释是他有自己的私人空间。我觉得信任是相互的，你要让我感觉你很在乎我，我才放心，但我感觉他对这段感情不是很在意。他喜欢和兄弟朋友在微信里聊个不停，但我要找他谈心很难。

他今年五月份第一次对我动手，是因为一些鸡毛蒜皮的事。当时他先出言不逊，我反驳了他，转身就走，然后发生一些拉扯，他打了我一巴掌。那次之后，他的态度非常好，我就原谅了他。但后续这种现象却像滚雪球一样越来越严重，已经陆续发生了四五次，比较严重的有两次，特别是上星期以来就有两次。

最严重的那天晚上我生病，发短信问他："我很难受，是不是应该去医院？"他没回，我打电话也没回。过了一小时他电话打回来，我让他陪我说说话，他说很忙，把电话挂了。后来他回家了，我打电话给他，可能因为生病，情绪不太好，问他为什么不接电话，他火蹭地一下就起来了，说："你是不是又怀疑我了？"就开始骂人。

第二天下午，也就是上周五，我们一起出来去看病，就在地铁口发生了冲突。我觉得他出来就是为了发泄一下，不是说要陪我去看病的。他打人特别有经验，知道女孩的子宫比较脆弱，就会踹小腹，有长头发就拽住你的头发往墙上撞，他知道你在意你的面部，就会在面部上对你进行攻击，留下疤痕。

他在人流量非常大的地铁站对我施暴，当时有很多人在看，但没人过来帮忙，地铁站里还有工作人员来劝，出了地铁站就没人管了。他对我拳打脚踢，扇巴掌，还用牙齿咬，在我额头上咬出一个一厘米的口子。他对我说："你不是觉得自己漂亮吗？我就让你毁容。"然后用手抓我脸和眼睛。当时压根没想到报警，当晚回到家就十二点了，太累了，也没有去医院。

分析

这个案例中，施暴者学历很高，这充分说明施暴与教育背景无关，高学历的人也完全可能有家暴行为。施暴者对来电人的暴力正在升级，"像滚雪球一样越来越严重"，已经发展到在公共场合施暴，甚至还对其面部进行毁容，显示出暴力的危险等级较高。来电人应该予以高度重视，采取安全防范措施。

施暴者平时很少和来电人主动沟通，作为男朋友，他对来电人不太关心，甚至可说是忽视。他的生活重心是工作以及跟兄弟们联络感情，女朋友更像是照顾他生活起居的保姆。当来电人因此不满，向其索要关心时，施暴者竟然以此为理由对其进行施暴，这体现了施暴者的极端男权主义思想，即你不顺从我，让我烦躁了，我就要打你。

此外，在地铁站口发生的暴力，没有任何人来制止，也没有人帮忙报警。这说明我国公共空间对暴力的容忍度很高，多数人还没有形成对暴力零容忍的认识，可见对公众进行反暴力倡导是迫在眉睫的工作。

暴力背景

他爸爸是个高官，我隐约觉得他爸爸不经常回家，他家里几乎没有一件男性化的东西，我甚至以为他爸妈离婚了。但我问他爸妈关系怎么样，他说他们关系挺好。他妈妈管他特别死，平常上网都会查，还翻他手机，一有短信就会查看。有一次他送我回家，很晚了，他妈没睡觉，一直在家里等他，后来打电话给他，还听到他妈怒吼着说："你是不是要把我气死？！"

他二十八岁了，他妈妈还不让他谈恋爱，一点都不着急，我感觉他妈妈就是能把儿子拴在身边的时间多一点就多一点。之前他妈知道我，让我们分开。我们分开半个月，他回来找我，我心软了，就又和他在一起。他研究生时谈了一个女朋友，也是因为他妈妈不同意，就分了。

上一次分开，他给我说的一个理由是婆媳关系很重要，可我都没见过他妈妈，能知道我们之间就处不好吗？我跟他说可以先见一下他妈妈，相处一下。他说不行，他妈一听我们在谈恋爱，就说要我们分手。他妈妈跟他开出找女朋友的条件：性格一定要好，要非常疼这个儿子。我觉得这些我都做到了，在生活照顾、物质方面，我都是无可挑剔的。

我感觉他妈妈这样和她自己不幸福的婚姻有关。他爸爸很少回家，感觉他妈很寂寞，她控制不了老公，就去控制儿子，然后他儿子再把这种控制转移到我身上来。他对我施暴时说，他就是把对他妈的情绪发泄在我身上了。他觉得男人不回家很正常，女人不应该管太多，在外面养小三也很正常。

我还听他说过，他有一个叔叔经常打他老婆，还有他读研究生时，身边有一个同学也常常打女朋友，这些对他都有一定的影响吧。当时听他说他叔叔的事时，好像也没什么特别情绪；但他说研究生那个同学时，好像有点崇拜的感觉，觉得那样很爷们。

分析

施暴者的家庭环境给他造成了深刻影响。首先是施暴者母亲对他的影响，一方面她的极端控制让施暴者产生了反叛和负面情绪，由于施暴者的这些情绪不能向权威的母亲爆发，只能找其他出口宣泄，最有可能的就是身边的女朋友；另一方面，母亲对其宠溺，使得施暴者的生活自理能力很差，他也需要找一个绝对顺从他、肯服侍他的女朋友。

施暴者的母亲可能是家庭（冷）暴力的受害者，由于在丈夫身上找不到情感寄托，就转而去关心和情感操控儿子。施暴人一边很享受母亲对他的关心、照顾和重视，一边又很反感母亲的控制。但基于现实条件，目前母亲对他的控制是占优势的，所以当他觉得女朋友在重复母亲的角色、要管他的时候，就容易有情绪，会通过暴力来反抗。

其次，施暴者的父亲可能也对他有影响，他也许习得了父亲在官场上颐指气使的态度，将此运用到女朋友身上，忘了女朋友并不是他的下属。施暴人还认同父亲鲜少回家以及对家庭缺乏关心的行为，对有暴力的其他男性有崇拜心理，这些都是父权文化对他的恶劣影响。这也提醒我们，应该去探究施暴者的行为根源，以便对症下药，对其提供相应的心理辅导。

暴力责任

他第一次打完我态度很好，有道歉，之后就觉得理所当然了，"你下次这样惹我，我还打你"。上次吵架，他一句道歉的话都没有，也不打电话，就一直冷着，觉得是我的错。他喜欢命令我，跟我说："你得好好反省，你的问题大了。"他的解释是我长期以来怀疑他，激怒了他，但我自己觉得没有这么严重，并没有把他逼到那种地步。

他冷静时也知道自己这样不对，但他说他改不了，也不愿意改。我们之前去看了心理医生，看完后他也没改，还是觉得是我的问题。心理医生告诉我说这种家暴改的可能性非常小，刚开始他打我，还会害怕我离开，之后就觉得我跟着他占了他的便宜，我是不会离开他的，就更肆无忌惮了。

在我身上，唯一能找到的一个不足就是我是本科生，他是研究生，所以我现在努力考研。有时我想，可能他家庭背景很好，有钱有势，我家只是小康家庭，地位悬殊，他会瞧不上我，所以对我施暴，要是换另外一个家庭背景和他相当的，这种暴力会不会减少？或者他没觉得能和我结婚，所以才会这样。如果是一个他认为能够结婚的、很珍惜的女孩，他就不会这样了。

分析

施暴者认为对来电人施暴理所当然，因为来电人激怒了他，他施暴之后不道歉（除了第一次），把全部责任推到来电人身上，这是对自己施暴行为的开脱，是对受暴者的二次伤害。其实，施暴者用来指责受暴者的"过错"，是以不平等的性别规范来界定的，即认为女人应该顺从男人，否则就是不对，就应该被打。这种认知显然是错误的，是非常荒谬可笑的。

受暴者在遭受暴力时，往往会为施暴者寻找借口，认为自己也有一定的过错。此案的受暴者更是将其归因于对方不爱自己，自己和对方家庭条件悬殊等。这种错误的价值观和认知，导致她们更容易去宽容施暴者，但结果却进一步鼓励了暴力行为。应该让这些受暴者认识到，暴力就是过错，暴力没有任何理由，我们不应该为施暴者开脱，要对暴力零容忍。

男性气质

他特别大男子主义，要求女孩百分之百听话，百分之百顺从。我什么都得听他的，穿衣服穿鞋都得听他的。上次我们在地铁吵架，他一个朋友也在，他发火了就直接骂我，骂得很难听："你像跟屁虫一样跟着我，甩也甩不开，我他妈就是要和你分手，你又能怎么样？"

第一次他打我，我跟他说："你要是再动手，我会直接报警。"他当时就冷笑："你能管得住我吗？"我说："就算你有关系判不了刑，到时你单位同事也会知道。"他就火了，开始骂人。第二次在车里动手，他反而当着他朋友的面边打边说："你看她这样纠缠我，到时我要报警把她抓走。"我觉得他非常享受那种折磨你的过程，你越痛苦，他越想对你施暴。

我之前问他和前女友分手的原因，他告诉我说他俩吵架了。那女的跑去找别的男人，他们大吵，那女孩在食堂里当着那么多人的面给他跪下来了。还有另外一个前女友，最后跟他分手时，也闹到要去跳楼。他说这话时是感觉到很骄傲的，我能够听出来。

分析

施暴者的行为是男权意识的体现，要求女友百依百顺，那是封建社会的通房丫头，不是现代社会的平等伴侣。他的施暴行为实质是想要控制对方，包括他跟来电人讲的前女友讨好他、下跪、跳楼，就是想表达一种她们离不开他，相对于他低人一等的感觉，无论是真实的还是编造的，都不是正常的恋爱关系。施暴者对此感到骄傲，是心理扭曲的体现。

　　来电人在遭受暴力时要懂得保护自己，不要害怕他的恐吓和报复，该报警时就报警。尤其要注意不要被他认同的传统两性关系观念洗脑了，因为他的暴力就是建立在不平等的社会性别关系之上，与传统的性别角色规范密切相关。你认同了他，就会不由自主地将他的暴力行为合理化，暴力就会持续下去。

　　施暴者平时是一个很温柔、很有教养、很有礼貌的男子，仅在对女朋友时才露出狰狞的面目，这说明他对自己的行为是有认知的，是非常清醒的，他能控制自己，但就是不想控制，因为他觉得男人就是可以这样打女人。这种意识如果不改变，他的施暴行为就不会停止。

目前诉求

　　他有个同学是从农村出来的，家里情况很一般，但人非常好，特别单纯，没有一点心机。我们都很喜欢他，我男朋友对他也很好，可以说是无微不至，我就觉得他骨子里是一个纯洁的人，不是唯利是图那种。

　　他上次打完我，建议我们先冷静三四个月。我现在准备考研，他说等我考研结束了再说。但我觉得就算冷静了也没什么用，他这种施暴行为、偏执型人格可能很难改。现在我不知道他这种暴力行为到底能不能改，我是否要离开他。

分析

　　施暴者有复杂人格，并非有施暴行为，就一无是处。但必须认识到，即使他有各种优点，如果不改变施暴行为，伴侣关系最终还是会被破坏掉，所以这不是容忍其暴力行为的理由。当然，因为施暴者的其他优点，认为他本质上不坏，有改变的可能，这是另一回事，但这也需要仔细甄别。

　　一般情况下，除非你看到他确实有改变的意愿，以及有努力的举动，比如说他去接受了咨询，在看这方面的书，他慢慢意识到自己的问题，开始有意识地控制自己的情绪和行为，至少是减少了施暴的频率，否则都不能说明他确实有改变的可能。

　　施暴者的问题是长期积累的，改变自然也需要一个过程。现在施暴者做了心理咨询后，依然觉得是受暴者的问题，没有表现出要改变的意愿。如果他自己都不想改，没有这个意识，那说明他要改变就真的很难。作为一个新时代的女性，应尽量避免被这种不健康的情感牵制住，首先要保障自己的权益，才能在此基础上去帮助他人改变。

整理与分析：邓丽丹、陈亚亚

我的男友以赌博为生

基本信息
来电人：女性，二十九岁，本科学历，事业单位
男友：三十六岁，初中学历，赌博为生

暴力状况
昨天我在外边吃饭，他突然打电话说晚上看电影。我回来八点了，他估计觉得晚，就一个人去看电影了。当时我很生气，我大老远过来，你自己一个人看去了，也不打招呼。他不说话，找各种理由要分手，然后就出去喝酒了。我找到他，几句言语不和，拍了他脑门一下，他就从车上下来打我，踹了我一脚，打我的脸。现在我的脸一半是肿的，腿上一大块是青紫的。

他第一次打我的时候，就是吵架，吵得很激烈。当时我也很激动，然后他就瞪着眼，把我打了一顿。最严重的一次是互相殴打，当时他要参加前女友的婚礼，我不愿意他去，他还是去了。回来我就和他吵架，开始打起来，我就摔东西，然后互殴。打到后来他也不打了，就我打他，打得我筋疲力尽，昏过去了，就这样。每次吵架吵到后来，我会绝望得想自杀。

如果我一直不停地吵吵吵，他会有两种选择，一种是打，一种是出门，拍拍屁股走人了。我感觉我被他刺激的也有这种倾向了，一吵架我也会动手打，会做很极端的事。我以前吵架会生气，但不会这样。现在我会一下子很想不开，会想去死啊，去撞车什么的，很冲动。现在吵架打架，两个人都处于失控状态，互相影响。

我找不出原因，不知道他为什么会这样。他平时很好的，很温顺的，不极端，会煮饭、煮粥，很关心我。但是过一段时间，我把他惹毛，他就控制不

住。一旦暴力，就像变了一个人，像在发泄一样。

分析

来电人和男友之间的暴力有互相殴打的情况，但从男友先动手以及互殴的结果来看，以男友的施暴为主，他是主要责任者，来电人是次要责任者。来电人的暴力行为也可能是从男友的行为中学习而来，然后互相影响，形成了一个恶性循环。现在两人一有争执，发展下去就会失控，已经演变成非常糟糕的关系，彼此都看不到希望。

暴力背景

他家是农村的，父母没什么文化。爸爸身体不好，游手好闲，妈妈在他姐姐的厂里做饭。他卖过车，做过托运，现在靠赌钱为生。我要他做点事，他就说要先赌钱还债，感觉是个恶性循环，我也看不到希望了。但他朋友站在他那一边，老是叫他出去玩。

分析

来电人的男友家是农村的，经济条件不好，自身条件也有限，加之受到不良朋友的影响，现在没有正当职业，还欠了很多债务，依靠赌博为生。这种逆境可能使得他对自己的前途非常焦虑，情绪也不稳定，所谓贫贱夫妻百事哀，两人的关系随之堕入冰点。当然，我们也需要重申，生活压力大，不能成为施暴的理由。

暴力处理

以前他会道歉，觉得自己错了，现在觉得是你活该，你触怒、冒犯了他，他打你是正常的。他一点不觉得自己做错了，而且很冷漠，也不管你，就把你扔在那里。他认为自己很有责任心，一家老小的生计都靠他维持，自己很不容易，很辛苦。他曾经跟我讲过，在外边压力太大了，回来又要和我吵，很烦。

我没有告诉别人我被打的事，我觉得很丢人。我跟他吵架，他如果走出去，我会找他，或者会不让他出去，就想两个人待在家里。其实自己也很讨厌看到他，但他越想出去，我越不让他出去。按常理，这样打闹，不应该在一起了,但是每次都会无缘无故和好,有时是我主动要和好。每次和好,说再也不打了,过一大段时间,又会打。

分析

施暴者对自己的错误行为没有反思,觉得都是来电人的过错,在这种认知下,他自然不可能改变。其实,对家庭和伴侣关系有责任心不等于一心忙于事业,也应该包括在出现争端的时候,用非暴力的方式来解决问题。何况,这里施暴者承担的经济压力与伴侣并没有直接关系,就更不应该用这种方式来发泄了。

来电人处理暴力的方式非常消极,一方面不与外人就此进行讨论,从而封锁了从外界获得有效信息的可能;另一方面,也不积极与对方沟通,不表达自己反对暴力、不接受暴力的态度,也不采取恰当的方式来避免暴力,而是逼迫要求对方留下来跟自己在一起,然后又莫名其妙甚至是主动要求和好,同时对自己的暴力行为也不加以控制,这就导致了暴力行为不断循环,看不到终止的可能。

伴侣关系

我和他同居八年了。我绝望的时候,想不明白为什么跟这样的人在一起,因为父母都反对,但我就这样浑浑噩噩地跟了他这么多年。包括他之前坐牢啊什么的,我也不知道怎么说,可能经历太久了,有些习惯了吧。我觉得有点不甘心,然后会想为什么我放弃了这么多,他还要对我这样?我觉得他很没良心的。

我不知道我这条路是不是走错了。我跟他的生活是两个世界,越拉越远了。他做的事情可能他自己认为以后会有一个好的结果,但是我觉得他是越走越远。他不这么认为,他认为他没办法。他现在不要跟我在一起,觉得我很烦,整天吵也没意思。其实我也不想在一起了,但我想不明白,他为什么要这样对我?这让我很难过。

分析

来电人之所以要坚持这段不如人意的关系,并不是出于爱,而是感觉自己付出太多,觉得不甘心。但继续将自己捆在这段关系中,沉没成本不但没有回报,还会丧失更多。来电人需要好好反省一下,自己真正需要的是什么,两个人是否还有可能走下去，自己有没有能力帮助男友走出困境，关系继续下去会导致什么样的后果……然后做出理性的选择。

男性气质

他坐过两次牢。他赌钱，钱还不出来就开赌场，然后被抓。还有一次是持械斗殴，拿刀还是什么刺伤人家，很失控，有暴力倾向那种。他爸爸反对他赌钱，但他父母管不住他。他对他们也会暴力，一句话不对，就把家里的东西砸烂。

分析

来电人的男友生活在一个有暴力的环境中，赌博、斗狠（斗殴）是他们的一种生活方式，被看成男子汉气概的一种象征。这不仅仅是他容易情绪失控，或者就不是情绪失控，而是自己并不真的想要控制，而是想要发泄出来，表明自己是个男人，具有"英雄气概"，以借此对他人进行控制，比如要求别人不能指责他。

来电人首先要明白，你们是成年人，都要为自己的生活负责。你的男友要为他的暴力行为负责，他要改变或不改变，都是他的选择。你不需要因为他没有向你道歉，没有给你期待的生活，就觉得自己贬值。你的价值由自己决定，你可以选择自己的人生，不要将自己与一个男人捆绑在一起，让他来决定你的生活是什么样。

如果要改善这段关系，男女双方都要做出改变。首先是要达成共同生活的基础，有基本的经济条件，各自有愿意努力的事业，有良好的沟通和共同生活的意愿，否则捆绑在一起是不会幸福的，只能彼此厌憎，成为一对怨偶。如果男方也有意愿调整自己，改进关系，可以建议他也打热线求助，进行一些心理辅导。

整理：田斌
分析：陈亚亚

年轻女孩的婚前恐惧症

基本情况
来电人：女性，未婚

暴力状况
有时候与他吵架，他很生气，就不会注意我的感受，比如会骂我是猪，或者类似不尊重人的语言。有时候，我也知道有些事情我做得不好，但不完全是我的原因。

他是我的未婚夫，我们快要登记了，双方父母也都认可。本来下个月就要登记，因为最近考试的事情，单位要开一些证明，我们嫌已婚要开证明太多，就把这个事耽搁下来。结果这几天，就因为开证明的事情吵架了。这次去开证明，不是很顺利，我就很着急地给他打电话。我一着急，他也很着急，就会骂出来。他一骂这种话，我就会心里很不舒服，觉得很难过。因为快要登记了，发生这样的事，就会特别犹豫。

以前还有一次，我们坐车去另外一个地方。他知道我早餐没有吃饱的话会晕车，就要我一定吃早餐，我答应了他。后来因为早上很赶时间，胃口不太好，不想吃他想让我吃的，想吃别的。他就在卖早餐的地方骂我："是不是又想在车上表演一次？"大声吼起来，当时所有人都盯着我们两个人看。

我现在很担心，以后要成了家，是不是有家庭暴力的隐患？我想了解一下，这样的情况属不属于家庭暴力？如果我跟他沟通后，他认可我的要求，我们还是可以继续吧？如果没有办法理解我的要求，尊重我的独立人格，是不是他这种家暴行为以后会更恶劣一些？

分析

家庭暴力指伴侣中一方对另一方的控制和支配，暴力程度有轻重之分，但其核心是彰显对另一方的控制，要求对方顺从于自己。当对方不想被他支配、不顺从的时候，暴力行为就出来了。比如这里来电人提到的吃早餐，男友一定要她吃自己指定的东西，显然是一种控制欲的体现，属于家庭暴力的一种，只是程度比较轻而已。

一般而言，暴力开始的时候是轻微的，以后会不会愈演愈烈，从言语暴力上升为肢体暴力是很难讲的。可以给当事人的建议是，当任何暴力出现时，都要采取零容忍的态度，告诉对方这个你不能接受。你是一个独立的人格个体，两人在一起是合作关系，有事情应该协商，不能因为是伴侣，就要求对方必须听从自己的。

如果男友能意识到自己的过错，有意愿改变，并有切实的努力，那当然是可以原谅的，因为知错能改，善莫大焉。如果他有情绪难以控制的问题，可以建议他尝试拨打"白丝带"热线，跟专业的咨询师交流，进行心理辅导。

整理与分析：曾嘉炜

是暴力还是一种偏好？

基本情况
来电人：男性，中年人

暴力状况
我和女朋友争执后，经常被女朋友打屁股、扇耳光，打屁股经常用鸡毛掸子一类的工具。我没有反抗，反抗她会更凶。如果我还手，她不是对手。每次争吵都这样，也许吵架只是她想打我的一个借口，打完她就消气了。除了这点，她对我还是蛮好的。

我明确和她提出过，让她别这样，但她说我反抗的话，就会把我捆起来打，会更严重。而且那样她就会不高兴。我要是以暴制暴，可能就会分手，我害怕分手。现在她越打越重，还要脱光了打。我感到这样很伤自尊，很屈辱。这属于暴力吗？

我有时是有些小毛病，她才打的，并不是无缘无故。我小时也经常挨妈妈打，可以接受女友用手打自己，但是觉得用手打可能会让女友手疼，所以让女友用工具。她说SM（虐恋）游戏里很多人花钱愿意让她打，我不忍心拒绝，怕她不开心。如果认真拒绝，她会冷暴力，几天不理我。我感觉暴力只能构成身体上的轻微伤，心理上并不特别痛苦。

分析
这个案例属于女性针对男性的肢体暴力，从来电人的话语中感到该男性的性格比较被动，逆来顺受、缺乏主见，有维护施暴者的倾向，比如认为施暴者有一定的道理，因为他自己也有些毛病等。这是在替施暴者的暴力行为辩解，为她施暴的行为合理化找借口。这样下去，女友不可能认识到自己的问题，也就不会停止暴力。

此外，女友可能是有SM倾向，很享受控制对方的感觉，喜欢看人无助的样子。作为一种性少数人的偏好，这完全没有问题，但是SM应该是与同好之间进行，彼此协商，双方都能从中获得愉悦。来电人与女友之间显然不是这样，他对此虽然不是特别痛苦，但毫无快感，甚至觉得屈辱。

如果来电人不喜欢这种方式，应该明确拒绝对方，而不是一再妥协。如果因为担心分手而继续忍让，累积的负面情绪可能会爆发，比如以暴制暴，导致更糟糕的后果。

整理：志愿者

分析：陈亚亚

情侣四年不再做爱

基本情况

来电人：女性

暴力状况

我最近跟男朋友大吵一架，做了件有点暴力的事情，是我跟他相处四五年来一直不会做的事。我反思当时为什么会情绪失控，自己也有点害怕。我觉得这很不好，很伤人。

当时我们在吵架，他用玩手机的方式来忽视我，我特别愤怒，把一杯水泼到他手机上。我知道他手机是防水的，所以不是完全失控，没有想特别去毁坏一个他喜欢的东西，就是想用这种方式表达不满。然后我们就冷战，我那段时间情绪比较失控，经常大吵大闹，就跟他说分手。我觉得我当时太情绪化了，现在在挽回。

在我发泄情绪时，我们争吵很激烈，我会一边哭一边喊。当时在那种情绪下，不能够和缓。他用冷暴力的形式回应我，我说一大堆，他没有任何反应，这让我更加愤怒。基本上一直这样，我们一个很暴、一个很冷。我们吵得很厉害，但吵的不多，这么大吵就四五次吧，但这种吵法比较伤人。

分手后，我意识到我在控制情绪上的确有问题。我知道这是源于我自己家庭的模式，我母亲也是一有点小事就会情绪暴掉的人。他也意识到自己平时不能把感受跟伴侣说清楚，造成我更加生气。我觉得我们俩现在都对这段关系中相处不好的方式有了觉察，如果能在一起的话，可能会更好一点，所以我才挽回。

分析

来电人的情绪控制是出了一点问题，但偶尔一次的过激行为并不说明就有暴力倾向。关键是两人之间的矛盾要解决，如果不解决，彼此还会有争吵，即使不用泼水的方式，也会用别的方式表现出来，会形成恶性循环。建议不要执着于这一次的泼水事件，而应该努力去沟通，交流你们需要解决的问题。如果两个人谈通了、谈透了，那么自然而然就在一起了，如果没有沟通好，仅仅承诺不使用暴力，是没有用的。

暴力背景

我们第一次吵架时，他立刻就道歉了。问题是他道歉只是为了缓解紧张气氛，矛盾没有解决，以后几次大吵都是同样一个原因，反复吵。最大的原因是我无意中发现他跟其他女生很暧昧地聊天，每次都在我没有任何防备的情况下，突然看到他这样，对我刺激特别大，所以很情绪化。

我知道他有这样的行为是我们关系有问题的结果，因为我们的性生活很不和谐，他跟我当面提过，不是一般的不好，而是很不好。因为我这几年来对怀孕的恐惧，我们做的很少，到后面几乎没有了，这样的情况从同居开始有四年了。我男朋友这方面挺压抑，他觉得这是个问题，但是又不能以这个理由提分手，就用跟其他女生聊天的方式来舒缓情绪。

我当时没有意识到问题有这么严重，只是觉得我们俩的需求不太匹配，那你就让着我吧，但我忽视了他这边已经有压抑的状态。他如果去看片子，或者晚上自己解决，我都没有意见。我们咨询过专家后，我发现了我的问题，我也想改变。但我们俩最后一次争吵就是，我想改变时，他还是有所保留，他忽然发现他没有欲望了，他很害怕。

我们之前异地有一年，那个时候性很和谐。我这几年是做得不好，但我已经在改变了。我是满怀期待的，可我们还没来得及恢复，就被我发现他又跟其他女生聊天。当时有种特别绝望的感觉，就跟他大吵，分手了。

他正常聊天我没有限制，我很放心他的，但他是那种明显的、很暧昧的聊天。可能我对于这个现实的、成人世界的认识还不一样吧，我觉得伴侣之间彼此忠诚蛮重要的。我一直认为他是生活伴侣，这五年只有他，他也把我当成家人。

分析

性爱更多时候是希望与另一个人发生的，看片子、自慰并不能代替真正的性爱，不能增进两个人之间的情感。当伴侣之间有一方在性上总是采取拒绝、回避的态度，时间久了，另一方也会没有兴趣、没有欲望。这个改变是一个漫长的过程，需要双方一起努力，因为已经有过彼此心理上的阴影，不可能说改就改了。

两个人之间的性爱出现问题，情感关系也受到影响，男方开始尝试与其他人交往，获得在原有关系中得不到的东西，一定程度上也是可以理解的。如果两个人对于亲密关系的理解，对于身体、性的理解有不一致的地方，不能达成一个共识，不能互相包容，仅仅承诺在吵架中不使用暴力，不再漠视对方，没有解决分歧的根源，伴侣关系就还是得不到改善。

暴力处理

我男朋友很温和的，之前他可能觉得女生都很任性，需要哄一下，这种模式是不是其实会给男生很大压力？他跟我道歉，并不是认为自己真的做错，只是缓和一下而已，他心里是有委屈的。他现在反而会和我说他的心理状态，比如说他很难过，之前他都不会跟我讲。

我有跟一些男性朋友聊，他们说男人在关系中不太会向伴侣透露自己软弱的一面，一直在硬撑。如果我这时再无理取闹的话，他压力也很大，最后觉得离开你反而更轻松。我感觉我需要学习对情绪的控制，就去参加了一个心理成长课程，还看了一些心理咨询的书，想先把自己的情绪、心理状态调整好。

但我还有一个问题，我们现在可能比其他情侣还有一点复杂的地方，就是在我提分手以后，他很难过，在那个时候有平时对他有意思的女生对他表白，他接受了。他现在很快地在另一段关系中，但同时又对我说他很为难。他一直在跟我有交流，包括现在我会跟他说晚安，他会跟我说早安。

分析

来电人这种属于非常浅层级的暴力，比较好改变，最重要的是找到更好的沟通方式。男友可能是受到性别刻板印象的影响，也可能是因为来电人有要求，他觉得达不到，心里有保留，从而不愿意说出真正想法。当他不在这段关系中时，没有压力，反而愿意讲了。相对而言这是比较好的沟通时机，可以去了解对方，看分歧到底在哪里，有没有改变的可能。

　　来电人首先要去沟通，先解决你们之间的问题。他有其他亲密关系，不过又多了一个变数而已，但不是最根本的矛盾。当然性会是一个问题，如果他们之间的性和谐，跟你又很难有做爱的欲望，确实是一个影响因素。但既然他还愿意和你谈，愿意交流，说明你们之间还有感情基础，还是有希望的。

　　建议先不要考虑他们之间的关系，重要的是你们能不能解决你们之间的问题。而且解决问题的目的也不一定就是要和好、重新回到关系中去，而是双方的一个成长过程，对亲密关系、对性的认知有更深入的思考，这样即使不能和好，对于建立新的亲密关系，也是有帮助的。

整理与分析：方刚、陈亚亚

我爱人被两个女人纠缠

基本情况

来电人：女性，三十八岁

丈夫：四十一岁

暴力状况

我想咨询一下男性被女性性骚扰的情况。被骚扰的男性是我爱人，女性是我们共同的朋友。去年我爱人和我说，他和那个女性有过性关系，那位女性不死心结束关系，希望和我爱人在一起，隔三岔五打电话、发短信，让我爱人觉得很难受。

我爱人跟她的关系没有定性，因为是邻居，持续有几年吧，女方是离婚的。他们的性关系已经结束好久了，但我是一年前才知道的，因为他们后来的矛盾到了白热化程度。他们现在已经没有身体接触了，我希望他们尽早结束，但女方不甘心，不停地用电话骚扰。

去年下半年，她平均每个月一百八十多次电话、短信，短信内容很赤裸的，比如"我想和你上床"、"想和你睡觉"之类。我和爱人建议过很多次，应该直截了当拒绝，但我爱人做不出来，怕那个女的做极端的事。去年她跑到我家门口偷听了两个小时，还在半路上拦截我爱人，特殊情况下还会打他耳光。应该是我爱人被这女人的死缠烂打控制了，他顾虑太多。

他们是去年摊牌的，他当时说了很多好话，并不是不喜欢她，只是觉得这样下去不行。据我所知，摊牌之后他们没见过，但瞒着我的我不知道，我爱人口头上非常明确地表示没有。他心慈手软，说话不硬，所以那个女的总是觉得有希望，不停地打电话。他觉得非常烦，经常在电话里吼"不要再打了"，但他没有用骚扰这个词。

我认为这和我爱人的个性有关系，和那个女的也有关系。她不讲道理，不会为人处世，怎么说她都不接受。我们夫妻可以很坦率地交流，我也不会对这段历史纠结。我是学心理学的，开放性的观点我能接受，性这个东西也不需要非常忠贞。这个事情我是接受的，但我不能接受那个女的用这种方式纠缠，我觉得会影响到大家的生活。

还有另一件事，也是相关的。除了这个女士，几乎在同时还有另外一个女的在纠缠我爱人。这个事情也没解决，就是说我爱人把主要精力放在另一个女人身上，对这个邻居就有点忽略了。他属于那种怜香惜玉的，看到别人经历不好会心疼，让女性觉得他是个可靠的人。

分析

来电人自己也意识到了，这是丈夫与其他人的亲密关系，需要他们自己去面对、去解决，虽然可能影响到了来电人的生活，但对方并没有要与她沟通的意思，如果没有直接干扰到她，她也没有立场来介入。在这件事上，可能并不能只听丈夫的一面之词，将责任完全推给第三方，因为只有他们自己，才能明白那段关系到底是怎么回事，有哪些问题还没有解决。

来电人可以给丈夫提供建议，督促他积极应对，早点把问题解决，不要影响夫妻关系，但不要过多干预，因为她在这段关系中毕竟是个外人，有很多地方不清楚。如果对方有过激行为，影响到了来电人的个人安全，那可以通过报警来处理。

如果感觉丈夫在这方面有问题，跟外面的女性普遍纠缠不清，可以建议他也拨打热线，或者去找心理咨询，解决他的困境。但这需要他自己有这样的意愿，因为旁人没有办法替他做任何决定。至于来电人自己和丈夫的关系，自己有什么想法，可以开诚布公地跟丈夫谈清楚，作为他处理问题的一个参考。

整理：志愿者
分析：陈亚亚

第六辑

涉及性少数的暴力

这一辑主要收录涉及性少数身份的家庭暴力，一共有五个案例。其中一个是有虐恋偏好的女孩被男友暴力，一个疑似同妻的女性被丈夫暴力，男、女同性恋分别被同性伴侣施以分手暴力，以及父亲对同性恋儿子的精神暴力，其中暴力的表现形式是多样化的，有肢体暴力、精神暴力、行为控制和性暴力。

在同性伴侣关系中，由于性少数在当代中国仍被歧视，其身份的曝光往往成为对当事人的（致命）威胁，迫使当事人不得不对施暴方妥协。然而时代在进步，随着社会的进一步开放，性少数身份正在被公众所接纳，至少不是公开排斥。在这一辑的案例中，我们就看到，几乎所有针对性少数身份的威胁最后都失败了，这是一个可喜的现象。

不过，我们同时也需要认知到，以上还只是个案。当事人成功应对身份曝光的威胁，有一些特殊因素，如同学的接纳与支持、形婚模式的隐蔽性，以及当事人自己的坚强。这些都是可遇不可求的，因为不是所有性少数都有这个能力，且正好有这些社会资源。所以，解决涉及性少数的暴力问题，最根本的还是要消除社会对他们的歧视。

此外，同妻遭受婚姻内暴力、同性恋孩子遭受父母的亲子暴力，也是很常见的现象。前者多涉及性冷淡（精神暴力），极大地损害当事人的自尊和自信；后者则可能有行为控制（强制矫正），会对尚没有独立能力的孩子造成毁灭性的打击。对待这一类的受害者，除了常规的心理辅导外，最好是转介给相关的社群组织，他们可以给受暴者提供更多专业的支持，让其不至于感到孤立无援。目前处理家庭暴力的机构，大多没有能力应对涉及性少数者的暴力，也没有转介的资源，这种现象急需得到改变。

虐恋成为男友威胁我的把柄

基本情况
当事人：女性，二十二岁，大三
男友：大三

暴力状况
我与前男友交往两年半，大三上学期正式分手。他有强烈的控制欲，交往期间多次因琐事对我施行言语暴力，有时甚至当着别人的面侮辱我。在我几次提分手时，他都扬言要让全校的人知道我喜欢SP（即spanking，打屁股），以及曾和陌生男人开房。但其实SP属于虐恋的一种，是正常的性偏好，而我也没有和陌生男人发生过关系。

我们有冲突的主因，是和他交往一个星期时发生的事。那时有一个SP的朋友联系我，我和他见了一面，但没有发生实质性的事。后来男朋友问，我如实说了，他也承诺不追究。但以后吵架时，他会把这个事拿出来说，并且说我第一次和他做爱没有流血，就是因为之前和SP朋友发生过性关系。

第一次矛盾是大一上学期期末，我和他去图书馆自习，之前答应他下午去学校外面洗澡，后来我反悔了。他很生气，拿着书走了。我也收拾书包回宿舍，走前看见他把课本忘在桌子上，就开玩笑般拿走了。后来他打电话问我有没有看见书，我说没有。他跑到图书馆，邻座女生说我拿走了，他又给我打电话问是不是我拿走了，我就承认了。

其实只是一个玩笑，但他认为我耍他，让我立马把书还给他，而且把我的高数书也给他，他要把我的书撕掉。我书上笔记记得很详细，肯定不能给他。他说你十分钟不送过来，我就到班级群里说你喜欢SP。我就赶快从澡堂回来，把书给他，但是没有把高数书给他。然后他就一直逼迫我去拿书，一定要撕掉。最后的处理办法现在想想真可笑，我劝他去开房，这个事情就过去了。

后来大一下学期发生的事，闹得全班同学都知道了。那天下午去上第一节课，我出宿舍门时就要上课了，他没有出来，我打电话说我先走，他不让。后来我等到他，就发了牢骚，说这下要迟到了。到教室我没有和他坐在一起，坐在第二排。他给我不停发信息、打电话，叫我当着老师的面走到他旁边坐下，最后一条短信是："我一定叫你身败名裂。"

课间他坐到我旁边，凶我、辱骂我，但声音不大，周围人没有听见。我报警了，他知道后直接站起来，当着全班的面大声辱骂我。老师说你是个男人怎么这样，他就被班里别的男生拉回宿舍了，那些男生也没有去上课，怕他对我做出不好的事。后来警方也没有管，认为是感情纠纷。当时以为终于可以分手了，后来他各种道歉，我就很懦弱地同意和好了。

大一下学期期末考试前一天晚上，他上人人网翻看我的日志，从一篇日志下方评论看到一句："遇见你是我人生最美的风景。"这句留言是我刚上大一时，从新生群里认识的一个男生写的。那篇日志主要回忆我的第一任男友，感谢他教会我在感情中要独立。我认为这句评论对那篇日志非常符合，但他认为这句话有暧昧。事实上，我们从来没有任何交往，都没有面对面说过话。

因为这个，他把我从宿舍叫出去，在宿舍楼下面逼问、辱骂我，还说要去打那个男生，臆想我和这个男生发生了关系。我真的是被他逼疯了，我说我就是和他上床了，你去找他吧，去揍他吧。我们吵得最凶时，一个学长走过来，劝我男朋友不要冲动，有话好好说。劝了一段时间，他慢慢平静了一些，认为主要是他自己的问题，这件事情就这么过去了。

大三上学期，有一天他想下午去看电影，我说我不想，我想上自习，那个时候我在准备雅思考试。他认为我不应该不喜欢看电影，在我拒绝后，拉我到楼梯那边强迫我，下午必须去看。他说他认为对的事情，我就必须听他的。在争吵过程中，他对我的脸啐了一口吐沫，并且在有人的情况下辱骂我。

当时我想找朋友练口语，从贴吧认识了一个英语专业的男生。之前跟男朋友说了，他也同意，后来他说他们宿舍男生认为我是有男朋友的人，不可以再和别的男生接触。然后他逼迫我带他去找那个男生，要打人家。我在他强迫下去了那边，他们单独谈了，最后他也没有打那个男生，但是他一直认为我就是和男生玩暧昧，以此为由经常和我吵架。

大三时有一些留学服务机构，经常给我打电话和发QQ消息。有一次他看我QQ，里面有个老师聊天时叫我"小女人"，他认为那个老师勾引我。老师的资料写的"女"，但他认定这是一个男生，逼迫我必须找出电话号码进行核实。当时是晚上十点，我不想打扰人家，但是他逼我，说我就是在背着他和别的男人交往。

后来我找到电话打过去，是个男人接的。一般留学服务人员都是用公司电话，所以是值班的人接的。于是他更加认定这就是个男人，我对电话里说："请问某某老师是女老师还是男老师，我忘记了。"那个男人说是女老师。因为这个我很生气，他认为我不该生气，他有权管我的一切。如果我不跟他道歉，他就要把我喜欢SP的事情告诉我们班所有人。

还有一次在课堂上，老师给大家放录像。期间因为老师不在，他对我动手动脚、强吻我，我不舒服就小声哼了哼。我舍友坐在我旁边，说了一句："你们能不能不这样。"他认为我是故意哼哼，丢了他的面子，叫我去前面给全班同学下跪道歉。旁边有个男生听见了，劝他说不是什么大事，但他依旧不依不饶。最后我没有理他，一直到下课。

分析

这个案例中，性少数（虐恋）的弱势身份成为施暴者控制受暴者的主要因素，这点是基于社会对于性少数的歧视与偏见，与同性恋伴侣暴力中一方以曝光另一方性倾向相威胁，是同一个性质的，都是一种暴力行为。

受暴者称男友知道SP朋友联系过她，是其后来一系列暴力行为的主因。这种归因是错误的，有替施暴者开脱之嫌。事实上，施暴者的控制欲，才是他施暴的根本原因。从来电人讲述的几件事中可以清楚地看出，施暴者不仅控制欲极强，还有一些人格障碍。他应该去看心理医生，甚至精神科医生，进行相关的心理辅导和治疗。

有人也许会说，报警有些过分，毕竟两人是恋爱关系，但受暴者面对男友咒骂和威胁时所感受到的伤害与恐惧，只有她自己最清楚。暴力不是私人事务，是侵犯人权的违法行为，当感觉有危险时，就应该果断报警。遗憾的是，警察认为只是情感纠纷，没有及时出警。

不过略感欣慰的是，这几次暴力发生时，均有老师或同学阻拦。只是从受暴者的表述中可以看出，这些拦阻者更多是将冲突视为恋人间的吵架，还没有意识到这是不可原谅的暴力行为。这表明公众对暴力的性质认识不足，助长暴力持续的社会土壤依然存在。我们需要呼吁所有人对暴力不要保持沉默，对暴力采取清醒的、坚决的批判和反对的态度。

暴力处理

我们分手时可说是天时地利人和。开始他是因为我上了下好久不上的人人网，认为我是去联系前男友，后来发现我真没有联系。我说你这样我不想原谅你了，咱们分手吧。我说我下学期要学习GMAT，大四会去找实习，就算还在一起也见不了几面。他也因为要考研，觉得时间不多，就同意分手了。

分手后他不断给我打电话、发短信，用他的手机号，用别的手机号，我全部拉黑。他说你再不接电话，我就坐车到你家去找你。他妈是派出所的，我们刚交往时就调出来过我家的户口本，所以他知道我的家庭住址。我很担心，但还是没有理他。他自己觉得无趣，就不再找我了。当时是他有错在先，无端怀疑我，所以也没有拿SP的事情威胁我。

刚分手不久，有一天他叫我去陪他吃饭，我拒绝了。他认为我没资格拒绝，认为我在和他交往第一个星期就和别人见面开房，他原谅我就是对我最大的恩赐，从此我就该全部听从于他。于是他给我舍友打电话诋毁我，我舍友说："既然×××（我的名字）这么不好，你和她分手不是正好吗？"他说不会叫我好过，要去学校贴吧，把我曾经的事情说给别人听，叫我在整个学校都变臭。

我跟舍友商量，她们认为他真有那个胆，根本就不用通知你，而且他又没有你的裸照，又没有你和人开房的证据，他就算说，又有多少人会相信呢？反正你以后也要出国上学，你怕什么，你又不是学生会的人，谁知道你？我想想也是。后来他再发消息威胁我、骚扰我，我也没有理他。他没再找过我，QQ消息他是这么说的："老子贴吧建不了小号，这次放过你，算你运气好。"

他和我分手后，又找了一个女朋友，跟她说我曾经怎么背叛过他，各种我不好。后来他们分手，他也到处说他那个女朋友的不好。然后那个姑娘告诉我，他就是那种分手后会到处诋毁人的男人，开始在一起，他说我各种不好，她还真以为我是那样不好的人。

我之所以和他两年都没有分手，很大程度上是因为我懦弱，不知道怎么反抗，以为只能说好话，求得他不要到处诋毁我。我不是不懂得用法律来保护自己，只是没有法律能够真正保护我。我曾经看过一个案例，男生分手后把女友裸照发到社交网站上，全校都知道了，最后学校的文明单位被取消，女生受不了舆论被迫退学，男生则像没事人一样依旧上学。

我们国家法律没有对非法定伴侣的受暴者有任何保护，甚至法定伴侣之间也一样。这种事情一旦发生，最多对他罚款和拘留，受害的还是女生，她会受到舆论谴责，被冠上不自爱的骂名。我觉得前一段时间大表姐（詹妮弗·劳伦斯）对裸照的处理态度就很赞，她说："我不知道我有什么可以道歉的。"我们不应把性看作羞耻、肮脏的，而是客观理性地对待，是发布裸照者应该受惩罚，而不是把"不自爱"的污名强加给受害者。

分析

虽然机缘巧合顺利分手，但男友的所作所为无疑属于分手暴力。值得庆幸的是，这一次受暴者没有再软弱，即使在男友暴露隐私的威胁下，她仍然坚定地不理睬，这是需要极大勇气的。当然，舍友作为朋友提供的意见和支持，对她渡过难关起到了至关重要的作用。

这个案例再次提示我们，有些施暴者是纸老虎，如果因为害怕而对他们的威胁妥协，受暴者便永远没有出头之日。而当我们不再惧怕的时候，我们就会变得更强大，重新站在阳光下，享受新生活。在这种情况下，无视他、蔑视他，不失为一种好的对策。

男友利用对方的性少数身份来威胁受暴者，让受暴者不得不容忍，这是因为他知道，社会主流文化对她是不宽容的。正是因为对性别暴力的认识不足，对性少数的各种污名化，使得施暴者能不受惩罚或者只受到极轻的处罚，受暴者反而"身败名裂"，所以更多的受暴者不敢反抗，只能忍气吞声。

这是本个案中施暴者揭示现代社会的困境，也是受暴者对父权文化、对男女两性的双重性道德标准以及主流文化对性少数的歧视的控诉，要改变这种糟糕的现状，需要我们一起来努力。

整理：闫嫕
分析：方刚

女同性恋伴侣的分手暴力

基本信息

来电人：女性，四十岁，公司职员

同性伴侣：女性，三十六岁，无业

暴力状况

我们相处了两年，我不能接受她极端和任性的性格，提出分手，但她一直没办法接受，对我死缠烂打。我已经表示出我并不爱她，她心里也明白，但就好像抓住生命中的救命稻草一样，不愿分手。她经济上没有太多压力，因为家里有资助，但在感情和生活方面对我有依赖。她不是很会照顾自己，比如身体不舒服了，就得由我告诉她吃什么药，应该怎么调理。

现在她动不动跟我闹，比如说会给我发消息说她在家砸玻璃，还威胁要去我单位闹，公开我的身份。有一次我跟她谈了很多，她答应分手，但后来她翻看我手机，看到我发给朋友的消息："她答应分手，我感到开心轻松"，受到刺激，说跟我没完。我看她情绪不稳定想避开，她不依不饶；我想出去走走，她把我鞋子扔了；我想去厨房煮东西吃，她把吃的扔了。她一直逼我，我最后一巴掌打过去，她才静下来。她接受我打她，但不同意分开。

有一天在我家里，无论怎么沟通，她都坚决不分手，把我逼得想把拳头打在枕头上，结果她凑过去，打到她脸上了。打完我想去上班，她让我送她回家，我就请假送她回去。结果她把门反锁不让我回去，我摔了几个杯子吓她，她任我摔。我说要弄死自己，她也没反应。最后我用手砸桌子，她过来按住我，我知道这样有效果，就继续演，她终于放我走了。

转天她打电话给我，让我陪她两天。我在我妈妈住的地方，说不见，她就在我妈妈家门口守着。我妈妈在另外房间睡觉，她一直敲门，我不愿意惊扰到我妈，只好妥协跟她走。她要求这两天必须按她的想法做，说了很多伤害我的话，我没还口。后来她开始说我们可以继续在一起的理由，我什么都不回应。她累了，就罢休了。晚上她对我进行性虐待，我也是闭着眼睛接受。她一共软禁了我两天，加一个晚上。

那天我走后，她又给我打电话。因为我QQ对她隐身，不想让她掌握我的行踪。她不让我隐身，一直不依不饶，又说不同意分手，我崩溃了。她再次推翻之前同意分手的话，我努力与她沟通了断断续续两个小时，但是到了晚饭之后，已经没办法沟通了。

分析

此个案是典型的同性恋伴侣分手暴力，施暴者因为不想结束关系而向来电人实施了一系列的暴力，包括肢体暴力、精神暴力、性暴力。而受暴者在压力下，也有一些暴力的行为回应，如摔杯子、打人等。这种分手暴力间的互动，值得深入观察和研究。

同性恋伴侣的暴力由于其同性恋身份而具有更大的隐蔽性和伤害性，受暴者常因担心身份被曝光，而不敢轻易提出分手，也更难以向他人乃至相关机构求助，施暴者则因此更加肆无忌惮。在性别暴力的研究与干预中，应该对此给以高度重视。

暴力背景

她在家里的时候是教师，家人只有她姐姐知道她的同性恋身份，八九年前因为初恋女友来这边打工，她跟着来了。她在初恋女友后还跟别的女孩子恋爱过，都是别人追她，她在感情上没有被拒绝过，都是她主动提分手。她在家里最小，家人比较宠她，所以她个性比较要强、任性，从小到大她想要的和认定的东西，就会不顾一切去得到。

我形婚五六年了，算比较成功，两地分居。她觉得在我这里能得到很多经验，我丈夫是个顾大体的人，处理事情能力比较强，就像她大哥一样。她并不是没有一个人生活的能力，只是害怕独处，胆小，她也不愿意回老家，因为家里会逼婚。

分析

施暴者是被家人宠坏的孩子，任性、有强烈的控制欲。作为同性恋者，因为爱情而孤身处于异地，要躲避家里逼婚的压力，亲密关系的终止不但令其失去伴侣，也使得原本计划好的未来成为泡影，这些确实会给当事人很大的打击。但这不是施暴的理由，暴力从来不是因为爱，而是想要控制对方。

受暴者对施暴者的照顾，以及提供的一些生活资源，可能是施暴者非常需要的，这应该也是她不愿意离开的一个因素。如果有可能，尽量帮助她独立起来，让她不再在生活上依赖于自己，则两人关系的解决也就不成问题了。

暴力处理

我觉得她有自虐倾向，比较担心她会因为分手受到伤害。她在我家住，因为她没工作，在这边又没亲人，考虑到她没有地方去，所以告诉她愿意住多久都可以，但是关系不再继续，这样她也不能接受。她在找工作，我也不可能把她赶出去。我通过她朋友去劝她，她就去外地同学那里住了半个月，回来后还是没有效果。

我试过找所有能求助的朋友去劝她，她听不进去。她暂时不大可能找到其他女朋友，因为真的很难，如果找异性会简单点。我们分了半年，她需要什么我都答应她，因为我就想分手，她说什么、做什么都无所谓了，我受了两天虐待都认了。我觉得自己的忍耐力已经到极限了，她再逼我的话，我再动手，那是我自己也不能接受的事情。

我求助了圈子里的两个朋友，都说她这种人不会死，让我淡定，闹就让她闹，因为没办法沟通，只能由着她。她让我陪她吃午饭，我不答应，说可以送她回去。去车站的路上她说回去调整自己，也想去看心理医生，希望我给她机会，调整好之后还能在一起。她说这些我一句没回应，我已经对她厌恶至极，不想理她，只想分手。

我朋友给她打电话，她被说得很痛苦，就打电话跟我说，不要让朋友去伤害她，但我不理。我现在底气足了，不怕她去单位闹。我是形婚的，她要闹，我就把老公搬出来，看看相信她的人多，还是相信我的人多。她再闹，我就报警，让她家人领她走。因为想好这些，我不再受她要挟了。我现在知道她早就不再爱我这个人了，只是爱我们原来规划好的生活。

分析

显然，受暴者一开始的忍让并没有使施暴者停止暴力，也没有使她同意分手，反而暴力愈演愈烈。受暴者一开始以为施暴者是爱她，没有冷静地分析应该如何应对，只想着忍让、顺从，让施暴者接受分手，但事实证明这样没有用。看清这些后，受暴者不再忍让，就像她自己所说的，不怕施暴者"闹"了，事情的解决就变得容易一些。

不过，来电人这样有底气，是因为与一位男同性恋者有形式婚姻，这是其不受施暴者要挟的重要原因，而并非她真的对同性恋身份曝光不在乎。而形式婚姻不是每个没有出柜的同性恋者都能成功经营的，所以在同性恋的亲密关系中，身份曝光仍是重要的控制手段。

施暴者对于这段亲密关系投入太多，所以当来电人坚决要分手时，施暴者是痛苦和绝望的。她自己找不到方向，没有平衡点，导致情绪失控。建议来电人不要过于刺激她，慢慢与之拉开距离，让施暴者逐渐适应分手。如果有可能，可以推荐施暴者也拨打"白丝带"热线，或者找同志中心的心理咨询，做一些情绪上的调整。

整理与分析：董晓莹、陈亚亚

男同性恋伴侣的分手暴力

基本信息
来电人：男性，四十二岁，公司职员
同性伴侣：男性，三十五岁，无业

暴力状况
　　五年前我们通过网络认识，聊天后发现初衷都不是玩玩，就见面了。后来我们比较草率地发生了性关系，之后他就以"我是处男，发生了关系就要一直跟着你"的理由要跟我在一起。当时我觉得他和我一样，对感情比较认真，就答应了。
　　之后他来到我的城市，和我一起住。起初我们有一些感情，但是他后来变得好吃懒做，整天抱怨，还常以爱情的名义对我进行胁迫。这五年来我们经常打打闹闹，他对我不断施暴，我想让他慢慢对我产生腻烦的感觉，主动离开我，但我后来发现这只是我的幻想。
　　他觉得我对他没有当初那么好了，就变本加厉对我实施暴力。比如我脸上长个包，把它抠破了，他就给我一巴掌，认为太脏了。他还说让我去住宾馆，他待在我家里。他还逼我卖掉这个房子，买新房子。周围邻居对我们有异样的眼光，我想我们的关系邻居肯定知道，但没有人当面跟我提及。如今这对于我来说，和他的暴力相比，都是可以忍受的小问题了。

分析
　　施暴者以"处男"作为理由，要求与来电人建立伴侣关系，这本身就是不理性的。成熟的伴侣关系应该建立在互相了解和彼此尊重的基础上，两个人在同居前缺乏了解，同居只能令关系变得更加复杂，而不是更稳定。

一方想要结束伴侣关系，但没有明确提出，而是逐渐冷淡对方，希望对方主动分手，这种做法往往是错误的。在这个案例中，当施暴者感到伴侣态度转变后，不仅没有主动提出分手，反而利用这一点对来电人实施了进一步的暴力，使之发展成为分手暴力。

施暴者住在来电人单位的房子里，邻居大部分可能是同事，这对来电人隐藏同性恋身份很不利。不过对于这段关系而言，同性恋身份的暴露已经不是施暴者控制受暴者的关键因素，来电人自己也说外界的异样眼光不是大问题，因为遭受暴力的痛苦比身份曝光带来的影响更令其难以忍受。

暴力背景

他有洁癖和强迫症，比如家里的门、柜子的抽屉，他关完以后还要关很多次；经常拧牙膏盖，拧到自己的手长出泡来，甚至把牙膏盖拧烂。他性格非常孤僻，缺乏谋生和与人交往的能力。他在学校里面也没有朋友，他以前不愿意上学，家里让他上学，他就吃安眠药自杀，已经不止一次自杀了。

分析

施暴者存在一定的心理问题，比如强迫性心理。他以前曾经因为不想上学，用自杀的方式来逼迫家人，达到了目的，这使他感到暴力是有效的，是对其暴力行为的一种强化。总体来说，该案例中的施暴者生活自理能力差，难以与他人建立良好关系，以至于在这段关系中他没有能力爱对方，表现出来的是暴力和控制。

暴力处理

我觉得我毫无保留地、很真诚地对他，一开始我想慢慢改变他、感化他，但我发现我错了，我现在非常后悔。我曾经给过他五万块钱来分手，他拿了却不走，一直吃我的、用我的。他说等他感情慢慢淡化了，就会离开。现在他还让我拿九万块给他，我想过同意，但后来我想清楚了，他即使得到那九万块，也不会跟我分手。

这个事情几年前我已经和他母亲、妹妹打电话说过，想让他母亲劝一下。他母亲也没有办法，让我们自己处理，还暗示我可以用暴力制服他。但这是行不通的，因为他不怕死，非常歇斯底里，闹大的话我甚至要担心我家人的安全，因为我母亲跟我住在一个小区。

有一次我们在大街上吵起来，我报警了，警察来了之后，他跟警察说我们俩是夫妻。警察听到这些就觉得可笑，我想让警察多逗留一会儿，好把情况向警察解释一下，他居然跟警察说是我缠着他。警察把我们两个拉开之后，就匆匆走了，好像也不愿意管这种事，所以我放弃了这种求助方式。

分析

对于施暴者来说，其暴力不受惩罚，或施暴时提出的条件被满足，都是对其控制欲和暴力行为的强化。所以忍受不仅不会消除暴力，反而会使施暴者变本加厉，给受暴者造成更大的痛苦。

来电人知道不能以暴制暴，否则可能造成更严重的伤害。因为来电人的母亲和他住在同一个小区，该因素对于来电人来说非常不利。因为首先他可能要向母亲隐瞒自己的同性恋身份，其次他害怕施暴者做出威胁自己母亲安全的行为。

目前，反家暴的相关法律还未出台，异性恋婚姻中的家暴处理都还没有正规的法律依据，同性恋伴侣间的暴力就更没有人管了。警察对此没有处理经验，也不愿意介入，这种现状是令人失望的，也是需要改变的。建议来电人与当地的同性恋组织取得联系，看能否通过第三方介入的方式，对施暴者进行心理疏导等。

通过此案例也可看出，同性伴侣间的关系暴力比一般的家暴更难以解决，因为面临同性恋身份被歧视的可能性，以及缺乏有效的法律和社会支持。我们希望社会能够增进对于同性伴侣关系暴力的认识，执法机构对此同样介入，各地同性恋组织也能提供相应的支援，情形可能就会好转。

整理与分析：董晓莹、陈亚亚

军人老公是同志？

基本信息
来电人：女性，三十岁，事业单位
丈夫：军官，疑似同性恋

暴力状况
　　我们是经人介绍认识的，他是军官。当初我怀着对军人特有的崇拜，相识不到半年就结婚了，很仓促。结果结婚五年，有四年的持续性家庭暴力。最严重的一次他把我打伤，以致我手腕处缝了七针。还有一次他打碎玻璃，我眼睛里进了玻璃渣子，造成了伤害。刚开始的时候施暴是一个月一次，之后是经常性的，越来越严重。

　　他在部队，我一个人带孩子，因为多年的劳累和压抑，我的身体每况愈下，本来就只有一个肾，去年还得了肾炎。结婚以后他比较嫌弃我的病体，从来不关心我。一回家就挑我的毛病，拿结婚之前身体好好的，结婚以后身体不好的事，说我欺骗他，没有按他的要求带好孩子。

　　他从来不给家用，我看病治疗几乎花掉所有工资，问他要家用，他就跟我动手，对我恶语相向，拳打脚踢。目前我们分居将近一年，他把家门钥匙也换了。之前他有一次把我钥匙抢走，不让我回家，我就把孩子留下，回了娘家。一想到如果我要跟孩子在一起，就得忍受他的暴力，我就非常痛苦。他现在折磨我、刺激我，逼我离婚，说我是个负担，会拖累孩子。我想去看孩子，他就打电话骂我、恐吓我。

　　我现在经济状况不是很好，没有住房，每个月要吃药治疗，花销挺大的。他转移了所有的共同财产，我尝试向他示弱，希望他给点帮助，但他拒绝了我，态度十分强硬。我内心很愤怒，作为他孩子的妈妈，他非但不爱护关心我，反而在我生病时多次提离婚，实施家庭暴力。我万万没想到他竟是这样没有人性、品行恶劣的人，对我这么狠心，看不出有一丝感情。

分析

这个案例中的暴力类型有身体暴力、精神暴力和经济控制，求助人面临巨大的困境，急需得到救助。孩子是来电人身陷暴力却保持容忍的重要因素，她难以下决心离婚，因为她经济状况不佳，可能导致离婚后孩子判给父亲，而以目前状况来看，将来见孩子很难。来电人很怕失去孩子，但她也提到，一想到为了见孩子要忍受丈夫的暴力，就非常痛苦，可见即使是这个因素，也难以令她继续忍耐下去了。

伴侣关系

我怀疑他是同性恋，发现过他浏览同性恋网站。我们一直没有正常的夫妻生活，他厌恶我的身体，每次我主动亲密接触，他都把我推开。他和我结婚，就是为了要个孩子，当他发现孩子妈妈不能给他当免费保姆、当老妈子看孩子时，就觉得我的存在没有任何价值。

他朋友同事对他的看法都是："离他越近，危险系数越高；爱记仇，对人特别心狠手辣；爱贪小便宜；千万不要惹到他……"

分析

本次热线的一个特殊之处，在于来电人认为丈夫很有可能是同性恋。双方结婚后，好几年都没有夫妻生活，且基本上没有一次是成功的。来电人虽然没有实际的证据证明丈夫跟其他男人有关系，但她觉得有很大理由相信丈夫是同性恋。如果丈夫真是同性恋，那么来电人就是一个同妻受暴者，更容易在家庭中遭受性冷落、性漠视。

来电人提到，这段婚姻对丈夫而言有重要意义。一方面，双方有一个孩子；另一方面，婚姻经历会让周围的人认为他是异性恋。这可能是丈夫选择结婚的很大原因，但这对来电人而言非常不公平，对她造成了很大的伤害。

此外，丈夫是一个爱贪小便宜、对他人很无情的人，连他的朋友同事都对他嗤之以鼻,这说明丈夫在人品上有问题。他对妻子家暴,并不是因为他的"同性恋"倾向,而是他品德不好。很多人反对同性恋骗婚,但未能意识到使得他们骗婚的根本原因不在于性倾向,而恰恰是多数男性都有的男权思想,以及个人品质上的问题。

目前诉求

他对我家暴不是一年半载了,从结婚第三年开始打我,把我赶出门以后,我才有意识地去收集证据,包括报警录音、去医院做检查等。我可以离婚,但是我要争取我应得的东西,把夫妻财产归属的问题处理好,再离婚。

我想想之前的种种经历,真是越恐惧什么,生活越是什么样子。我从二十五岁到三十岁和他在一起,最重要的五年青春,落得这种下场特别的委屈。我想为自己去争取点什么,想去他部队,递份材料,和平办理协议离婚,但那是不可能的。

目前我精神状态不好,晚上经常失眠、想孩子、精神紧张,工作压力又大,经常和同事发生摩擦,做事情力不从心。我内心特别特别恨,我的愤怒和压抑根本发泄不出来。我现在特别渴望被理解、被照顾,渴望有人陪伴,有一份健康的感情。

分析

该个案中比较特殊的一点是军婚。法律对于军婚有特别规定,《中华人民共和国婚姻法》第二十六条:"现役军人的配偶要求离婚,须得军人同意"。但仔细阅读最高法院对这条的解读,可以发现当军人一方有重大过错、婚姻不能继续的,还是可以提起离婚。

与军人离婚有困难,对来电人是一个挑战,但同时也是可以把握的机会。由于军人的职业特殊性,使得丈夫对政治仕途比较看重,军队领导能发挥较大作用。正如来电人所说,如果离婚协商不行,可以求助部队领导,得到领导支持后,会有利于自己的离婚。

来电人对自己的未来很迷茫,认为自己身体状况不好,离过婚有小孩,不太相信还有另外的人可以接受自己,担心自己要孤独一生。我们理解来电人的担心,但也许正是这些担心束缚了她的手脚,让她身陷泥潭。这种无力感可以理解为一种习得性无助，长期家暴让她觉得自己很无能，内心压抑甚至抑郁。

来电人需要学习一些调整情绪的技巧，如不要把身体疾病想象得太严重，可以有意识地告诉自己，"我是优秀的、值得被爱的"，敢于突破"身体不好，不能工作量大，不能把孩子照顾好，老公嫌弃我，不配好老公"的误区，多感知自己的优点，保持良好的心态。

改变需要过程，这期间可能会有反复。有时来电人会发现自己下了很大决心，做了很多努力，事情还是没有进展，会非常丧气。这时候我们需要多去鼓励她，让她意识到不要着急，慢慢地、一步一步地往下走，总会有一个结果。有时候，我们还需要把目标分解，分成小目标，也许就更容易看到我们的进步，更有动力往前迈进。

这个案例可能还涉及同妻问题，来电人有一些特殊的心理困扰，有一些情绪需要处理。如果有需要，可以转介给一些帮助同妻维权的组织，她们会给来电人提供她所需要的支援，比如帮她介绍一些相同处境的朋友，也许跟同妻姐妹在一起，大家互相交流，互相打气，会给来电人带来更多的力量。

整理与分析：金建水、孙楚歆、陈亚亚

父亲对同性恋儿子的精神暴力

基本情况

来电人：男性，二十一岁，学生，同性恋

暴力状况

我是同性恋，我早就对我高中的一些朋友出柜了，他们支持我。我大学同学和班主任、其他几位老师，我都陆续对他们出柜了，他们不接受同性恋，只是态度比较温和，至少不会伤害我。比如他们会说："这是你的事，和我没关系。我不支持，也不反对，我中立。"

我爸爸知道后，对我施行了家庭暴力，他说："如果你不改变，我就和你妈离婚，和你断绝父子关系，我永远不理你，还诅咒你。"然后又说了一些恐怖的事情，比如说他要自杀。他对我实施的大多是精神暴力，包括辱骂、诅咒、呵斥，还有借我妈来要挟我。他希望我愧疚，觉得一切都是我的错，但我不是傻子，我知道该负什么责任，不该负什么责任。

如果性倾向可能改变，我还会告诉他们吗？正是因为无论如何不能，杀了我也改变不了，我才和他们说的呀。我准备对父母出柜时，已经做了最坏的打算。我看过很多出柜后发生的惨痛故事，比如被囚禁在精神病院。我出柜是慎重的，妈妈对于我的性倾向曾经是接受的，但是我爸前几年得了癌症，她就说："你父亲身体不好，为了他，你也得想办法改。"

我爸爸已经把我逼到底线了，我估计下一步他就会要求我去治疗，或者要我领个女朋友回家结婚。对我来说，那就意味着对我产生不可弥补的创伤，我没有多少力量了。他真的很厉害，让我深深感到恐惧的，不仅是他的暴力，更是原来的感情、原来的家庭，被揭开的一桩桩黑幕。我现在每一秒钟都害怕有电话打进来，甚至害怕和熟悉的人说话，反而不怕陌生人。

分析

这是一起比较特殊的家庭暴力，是父亲针对孩子的，而且是因为他的性倾向。针对同性恋家庭成员的暴力，也可以体现为精神暴力、肢体暴力、经济控制和行为控制，目的只有一个：逼他"改"。施暴者认为这是为了受暴者"好"，但他们对同性恋的无知与恐惧，强行的"治疗"和"惩罚"，才会真正害了孩子。

针对性倾向的暴力普遍存在。许多时候人们会说："同性恋？我不支持，也不反对，那是他们自己的事。"但是，这种貌似"价值中立"的表态，本身就是对暴力的纵容。仿佛你去看你的外祖母，房门开着，她正在和一头熊搏斗。你倚着门说："我中立，我不管。"正因为社会中普遍存在这样的态度，同性恋者的处境才异常艰难。

来电人由于受到极大的心理压力，情绪极其不稳定。如果在家人和朋友处能获得的支援有限，建议向有关的社群机构求助，比如北京同志中心等。来电人的家庭似乎还有其他问题存在，跟同性恋的问题纠结在一起，使得事件更加复杂，这需要进一步厘清，对症下药。

这个案子也提示同性恋者，对父母出柜前，必须做好充分的准备，认真评估他们的接受程度，循序渐进，不能操之过急。对于那些思想比较顽固的父母，要一点点影响他们，让他们有一个思想准备和过渡过程。

暴力处理

我希望和爸爸交流，给他讲同性恋的知识。任何人问我同性恋的任何问题，我都会回答，但他根本不问我，不让我说话，这是我始料未及的。我给他一些同性恋的材料，他不看。我试图和他沟通，他就打断我，不让我讲。我愿意给他时间，但他不打算给我时间。

我需要主动应对，而不是被动等待。因为面对暴力，任何人都不应该无动于衷。我在"白丝带"网站学了一些，但是我才疏学浅，还应付不了这样的局面。我比较担心他会囚禁我，把我关起来，即使我死在那里，也没有人知道，因为我爸爸是一步就会做到绝的那种。

我知道，在我力量弱的时候和他起冲突，会导致一些无法挽回的后果，所以我不会和他冲突。我已经转移了财产，短时间内不会有经济问题。一个同学说我可以到他家住几天，但是如果我父母跑到他家去要人的话，我没办法不回去，而且对同学的影响也不好。我不想连累别人，躲出去不是解决之道。

分析

来电人认真学习过"白丝带"的反家暴资料，思考过与自己性倾向相关的问题，准备向包括父亲在内的任何人讲解。他对于经济控制和行为控制有所担心，做了一些必要的准备。他还懂得，面对暴力，不要与施暴者正面发生冲突，这是对自己的一种保护，也是对包括父亲在内的家人的保护，这点难能可贵。

然而父亲扮演着权力拥有者的权威角色，压根不听孩子的话。来电人描述父亲"根本就不问我，不让我说话"，还声称"如果你不改，我们就断绝父子关系，我和你妈离婚"等，以威胁恐吓等手段实施精神暴力，这让来电人内心感到极大压力和恐惧，急需得到外界支援。

一般人可能认为，解决此类家暴的关键是让父母接纳来电人的性倾向。比如母亲更包容，就可以先从母亲入手，让母亲接受后，由母亲去慢慢影响父亲；或者向同志亲友会求助，带父母去参加他们的活动，让同性恋的父母互相影响；或者找机会让父母看一些类似《天佑鲍比》的支持同性恋的电影、资料等，帮助他们了解相关知识。

这些都是可以尝试的，但我们也要看到，来电人在这方面已经做过一些努力，然而效果不佳。如果建议主要从这个角度展开，未必合适。因为即使是在至亲之间，也不能强迫对方接受自己的理念，即使明知道他的观点是错误的。对于父亲这种家庭中的权威而言，要改变他的认知尤其困难。加之他现在身患重病，要争取其他亲人的理解也不容易。

其实，在父母是否接受自己的性倾向上，不必强求。应该从如何独立自主，从原生家庭的影响下脱离出来为突破口，只有让父母认识到来电人有能力独立生活，对自己的生活有计划、有目标，父母才会逐渐接受他。不必为了一定让父母接受自己的某个合理倾向，过多地花费精力和时间，从而实质上更深地跟原生家庭纠缠在一起，不得解脱。

整理：张凌华

分析：方刚、陈亚亚

第七辑 性暴力

这一辑主要收录性暴力的案例，一共有十三个。主要是女性受暴者的来电，共有九个案例，其中三个是亲属实施的性侵犯，施暴者包括大伯、表哥、丈夫和父亲，四个是熟人、认识的人实施的，只有两个是陌生人进行的性侵犯。此外，有三位男性施暴者来电，希望帮助自己改变，其中一位是骚扰自己的女邻居，另两位是骚扰陌生女性。最为罕见的是女性对男性的性骚扰，这里有一个案例。

这些案例充分说明性暴力主要是男性对女性施暴，其中不少是亲属和熟人。在之前丈夫对妻子的施暴中，也有一部分存在性暴力，可见性暴力在伴侣关系、亲属关系和熟人关系中并不少见。这类暴力相对于陌生人之间的性暴力而言，更具隐蔽性，不易被发现，更需要警惕。

同时，我们也注意到，即使是陌生人的性暴力行为，女性受暴者也几乎没有报警，这可能是社会文化对性的污名和对性暴力受害者的偏见所致。也正因为此，当受暴者在遭受性暴力侵犯过程中，产生正常的生理反应（快感）时，会有很强的羞耻感，从而给其心理带来许多困扰。

此外，一些女性受暴人遭受的身体伤害比较轻微，但由于传统贞操观的影响，造成了极大的心理阴影，多年后仍难以解脱。这也提醒我们，消除性暴力、减少受害人的心理创伤，不仅需要倡导反暴力的理念，也需要提倡科学的性观念、性别平等理念，积极去除对性的污名，以及专门针对女性的性道德要求。

在这里，三位施暴者的来电显得难能可贵。消除性暴力，与消除家庭暴力一样，重在预防。所以，如何帮助施暴者将暴力行为扼杀在萌芽状态，成功阻断性暴力，是一项非常有意义的工作。我们欢迎施暴者积极向外界求助，在专业人士的辅导下，实施行为矫正，避免继续伤害他人或对自己的生活造成毁灭性的打击。

暴力传承与性侵的困扰

基本信息
来电人：女性，已婚

暴力状况一
　　小时候我和爷爷奶奶一起住。我转学后成绩不好，我爸爸及时发现问题，主动把我接回去。他暑假每天给我补课，后来我成绩很好了。那一年我特别爱爸爸，非常崇拜他。可等我上初中时，爸爸妈妈开始频繁冲突，我一次又一次地目睹我爸的家庭暴力，经历了从很爱他到瞧不起他、鄙视他这样一个过程，为此深受打击。
　　在我临近高考时，他俩离婚了，我和父亲一起生活。母亲重新组建了家庭。我结婚时，原本妈妈要给我办婚宴，日子选好，亲朋好友都通知了，突然来电话说婚宴取消。原来她二婚丈夫有了婚外伴侣，还对她肢体暴力。因为二婚丈夫扬言要在我婚宴上给她难堪，婚宴不得不取消，这对我打击非常大。现在她和二婚丈夫离婚，和娘家亲人生活在一起。
　　我妈妈绝对是一个好女人，特别勤劳，擅长持家，相貌身材都不错，在工作上以及处理社会关系上都非常出色。现在母亲生活还算稳定，没有再婚的打算。我特别想不明白，为什么她两度遇到家庭暴力。

分析
　　来电人在青少年时期目睹了父亲施暴，心理和情感上都有创伤。母亲在第二次的婚姻中再次受暴，也对其造成伤害。来电人有疑问，为什么母亲两次婚姻都遇到家暴？从这个角度出发的思考，很容易进入误区，即认为母亲本身有过错，才导致家暴。其实在一个性别不平等的社会，家暴具有普遍性，女性有更多概率会遭受暴力。

来电人对父亲的态度很纠结。施暴者有很大过错，对孩子造成了负面影响，但他并不是十恶不赦，也对孩子付出过爱心。如果他对自己的错误有认知，有悔改表现，应该给予其改正的机会。建议与父亲深入地谈一次，坦白说出自己的感受，也许可以打开一些心结。

暴力状况二

在我三四岁时，有个年轻人，是我爷爷朋友的孩子，大概二十来岁的男孩子，常来我家串门，我爷爷奶奶对他完全没有戒心。他每次都会背着我爷爷奶奶，抱我啊、摸我啊，把手伸进我裤子摸我下体，亲我的嘴。这样持续了一段时间，直到我们搬家才停止。那时候我很小，不太懂，但本能地觉得这事不能让任何人知道。

现在我家人包括我丈夫，没有任何人知道这事，我也弄不清楚这事对我有没有深远的影响以及严重危害。我感觉它对我的影响就是小时候特别早熟，很早就产生了对性的萌动。我现在有个女儿，两岁了，看到她，我经常会想到这件事。

分析

有些人在童年时遭受性侵犯，可能会对性产生恐惧与厌恶。从来电人的叙述中，可以看到这件事对她的身体没有造成严重伤害，也没有让她产生特别恐惧的心理，可见对目前生活没有太大影响。这就好像我们小时候被石头绊倒过，不需要一辈子去记着它，以后走路绕开就可以了。让过去发生的事情成为生活经验，比成为思想包袱要好得多。

不过，这是来电人第一次向人透露这段经历，她对此还没有彻底消化，叙述可能不是非常全面。建议先帮助来电人厘清这段个人经历，再进行积极引导。在此过程中，要尽量避免过分强调性侵犯的不良影响，否则会加深来电人的心理负担。很多性侵受害者的心理问题，不但来自施暴者的侵犯，也来自社会舆论对性和受害者的污名，这是需要警惕的。

目前诉求

我觉得我父亲对我有影响,比如脾气急躁。我找对象时,特别注意找脾气好的男人。我先生性格很温和,对我没有任何暴力倾向。但我发现自己特别容易生气,点火就着。事后我会意识到自己的问题,也会很后悔。目前,这种急躁脾气没有对我的家人和朋友造成很严重的伤害,但我觉得自己的生活不是很美满,不知道跟这些有没有关系?

分析

来电人虽然在暴力环境中长大,却对暴力深恶痛绝,她在经营自己的婚姻生活时虽然有愤怒,却能意识到可能带来的不良后果,时时自省,这是值得肯定的。人的性格有急躁、和缓之别,可以学习一些情绪控制的办法,来应对此类问题。

该个案信息量大,但属于低风险性的。来电人的母亲脱离了暴力环境,父亲也停止施暴。来电人目前不再受到暴力侵害,自己也没有施暴行为。如果仍有困扰,可以通过学习有关家庭暴力和儿童性侵犯的资料,加深对这些问题的认知,以便更好地探索自己内心,重新审视原生家庭对自己的影响,积极面对现在的生活。

整理与分析:王玲

小孩子的"性骚扰"

基本信息

来电人：女性，二十一岁，大三，未婚

暴力状况

小时候我遭受过性骚扰，至今有很重的阴影。那是上小学时，男生自己不注意，打闹玩，说些那方面的脏话，可能想引起我的注意。我就非常敏感，刻意保持距离，尽量躲着他们。他们经常这样子，我很压抑，可是自己胆小，不敢说什么，只能装作没听到，忍着。

我出过两次事。有一次是放学后，被一个男生堵在学校楼道边上，他想摸我，当时周围没有人，我直接吓哭了，赶快跑了。还有六年级时，一个朋友骑自行车带我，下车后我一没注意，一个男生跑过来摸了我裤裆一下，还说脏话骂我。我当时感觉太痛苦了，至今都觉得很难过。我从来没有招惹他们啊，他们这样子对待我，我又怕又委屈。

我周围人还有更过分的，甚至听说有小学没毕业就怀孕的，太可怕了，真的是太可怕了！当时我觉得丢人、害怕，因为要面子，没有跟老师、父母交流过，就一直深深压抑着。后来上中学，学习压力大，整天忙于学业，也没有多少时间去想这些。现在上了大学，经常想起这事，忍不住回忆，感觉压力非常大，特别影响我的生活。

长大后，我跟那两个男生分别谈过，感觉他俩挺喜欢我的。可我不会原谅他们，也不原谅我自己。语言骚扰或者侮辱，我勉强可以接受，但是触摸身体绝对不行，这是我的底线。虽然他们跟我道歉了，态度挺诚恳的，表面上我也装作很宽容，但实际上还是很愤怒。我看电视、电影上类似的事，别人大都原谅了，可我对自己要求挺高的，对此很纠结。

那两个骚扰我的男生当时大概十二三岁，是小学高年级学生，不是我同班同学。我不认识他们，不清楚他们为什么这样子对我，难道就因为我长得比别的女孩子好看？

分析

一些女孩子潜意识深处的传统贞洁观根深蒂固，往往是诱发偏激认知的导火索。来电人在青春期发育阶段，意外地遭受了异性的性骚扰，给她带来很大的心理伤害，由于担心面子、非议等问题，错过了处理伤害的最佳时机。如果再不及时采取措施，可能会继续受到伤害。

其实很多创伤是女孩子自己给自己戴上的"紧箍咒"，在不敢面对或者求助无门的苦闷压抑中，将伤害不断地升级。随着时间流逝，这种痛苦的记忆并没有减弱，而是在不同环境的刺激下不断重演，导致痛苦的感受反复强化，久而久之形成难以愈合的内伤。

在这件事上，首先要明确女方没有错，并不是你本身有什么不妥，才引得对方如此对待你。其次，两名施暴者都未曾想过要伤害她、侮辱她，反而有些爱慕她、喜欢她，这是青春期男孩子表达"爱"的特有方式。这种不成熟的表达方式客观上是一种轻微的性骚扰，会给女孩子造成伤害，由于一些传统贞洁观念的影响，会在女孩内心逐渐加重受伤感。

青春期的孩子处在懵懂萌芽的性意识阶段，这种不明确的认知与身体发育的荷尔蒙感受，会使其产生某些"行不达意"的行为。尤其是青春期的男孩子，也许出于好奇，也许出于宣泄，加之有一些性别刻板印象乃至性别歧视……会释放出一些带有一定的攻击性和恶意的性信号，常会不经意地伤害到别人，但男孩子本人可能并不自知其严重性。

暴力处理

回到事件发生的那个当下，我可能会说出来，还会打他们，努力表现得强硬一些。我曾想去伤害、报复他们，但又觉得不好，做不出来。对方的道歉态度很诚恳，我也不忍心了。

我认为这是男人的错，不是对我的爱，是一种伤害。我感觉太委屈了，好难面对啊！我感觉双方都有错，那时候小，不会处理很正常，可就是不能原谅，忘不掉。我觉得很丢人，想知道别人遇到这种事是怎么处理的。我想说出来，很想说出我的委屈，但我现在还是感觉这个事情不能给别人说。

小学有这种教育该多好啊，我听说现在小学还有怀孕的，初中生更多，太可怕了！女孩子非常非常受伤害，而且随着年龄增长会越来越强烈。我会善意提醒家长注意这方面的保护。我自己有了孩子以后，也会特别注意，尽量避免这种伤害。

我现在上大三，有个挺不错的小伙子追我，但我迟迟没有表态。我的眼光并没有因为小时候的事而降低，没觉得自己是低劣的。我也有喜欢的男孩子，但是人家拒绝了我。我现在不太乐意表达自己的感受以及对周围人的关爱，有时会控制不住自己，偏激地敌对异性。

分析

来电人并不知晓自己到底求助什么，却一再诉求咨询师给她解决方案。她想过以暴制暴来宣泄，但知道这样不好，不会去做。然而她内在深刻而强烈的委屈积压太久，很想向周围人倾诉这件事对自己造成的伤害。现阶段，她没有足够的能力面对这一事件产生的连锁反应，更多是希望得到社会的理解和支持。

这种受伤害感的积累了漫长的时间，消除也需要一个过程。第一步可能是要多谈，讲出自己的感受。如果现实中没有朋友分享，也可以通过网络来匿名分享，与其他人沟通交流。在这个过程中，如果获得好的反馈和社会支持，来电人的心理压力会得到缓解，会对自己重新产生信心，不再苛求自己，觉得自己也有问题。

岁月的流逝，并没有淡化女孩的心理阴影。不经意间，她已经将与异性间的交往贴上了某些微妙的标签，甚至有点泛化到对所有人的态度，自卫防御的机制比一般人要强烈。这与早年的创伤没有得到及时有效的处理是有关系的。建议通过自我调整或者找心理辅导的方式，把经历过的创伤事件与男女正常交往分离开来，这样才能展开健康的恋爱。

亲子关系

　　后来我把事情跟母亲说了，母亲认为是小事，事情过去了就过去了，我心里却始终过不去。他们那个年代的人我也可以理解，不懂也不太愿意面对这种情况，但我还是觉得是她不重视。她希望我忘掉这些事情，有时候母亲会跟我一起哭。

　　我知道她很爱我，我也知道这个世界上没有人可以真正帮助到自己。我处理这种事情，就觉得自己很另类。我从小很坚强，生活中的艰辛都不算什么。真的，什么苦我都能吃，我可以坚持，但是精神上的伤害我会非常难受，久久不能平静和忘记。

分析

　　女孩多次与母亲就此事进行交流，但结果并不令人满意。女孩觉得母亲不理解自己，没有很好地支持自己，对母亲的态度很失望，感到委屈。当亲密关系的支持力量不足时，受害者会感觉到委屈和无助，从而将旧有的创伤再一次强化、深化。

　　建议换一个角度来思考。人生中很多事情我们都需要独自面对，不可能有一个人满足我们的所有需求，尤其是心理需求，即使是母亲也难以胜任。我们需要自己来消化一些伤害，要相信自己有能力面对，而不是过多地对母亲寄予期待。

整理与分析：康悦、陈亚亚

虐恋是正常的性偏好

基本情况

来电人：女性，硕士学历

暴力状况

有一次我和心理学老师单独相处，我有一种被惩罚的潜意识欲望，但是并没有表现在行动上。他主动对我示好，第一次把我带向这种行为之中，所以这并不是我的妄想。现在想起来那时都可以告他，真是一个衣冠禽兽。那个时候他的诊室，包括他的办公室啊，都有着各种很丰富的用具、器具。

如果说我生来就是这一方面的偏好（受虐倾向），那我也能接受，可我是被催眠、被诱引的。那个时候一方面是欣赏这个男人，另一方面自己确实有被催眠、暗示的潜质，再加上自己内心确实也符合，被他这么一指引，就慢慢地……现在一直没有走出来，还是有纠结，没有痛苦就不会打电话，关键还是一种恨呐。

我跟一个精神分析的老师说了这事，他给我采取催眠、脱敏啊这种疗法。在那个情境之中，一直以来的一个意象就是我跪着，有一个阴茎塞到我嘴里。这个情景是真实的，然后他就一直扮演这个情景，但这简直是又一次伤害，而不是系统脱敏。

我希望自己不要走得太偏，尽管走太偏也没有什么，毕竟每个人都可以保持自我、自信。

分析

来电人第一次的虐恋行为虽然是受引导，但不一定就是性侵、性暴力，因为来电人提到自己有这方面的潜意识，而且对方也没有采取强迫等手段。需要厘清的是当时双方对性行为认知的成熟度，对性关系处理的成熟度，以及两人之间是否有权力关系等。注意不要加重来电人的受害者情结，因为这显然已经给她造成了一定的困扰。

  来电人对虐恋的认知有限，比如她提到先天/后天的区分，其实很多时候分不清，而且谈先天/后天也不该是为了区分责任。在讨论是谁的责任时，其实已经将虐恋污名化了，认为这是不好的行为，所以更关键的是要去除对这种行为的污名化，要认识到有受虐倾向并非坏事，它是一种正常的性偏好。

  这里提到的脱敏疗法不知道是否专业，是想象性脱敏还是实践性的，是否存在一些伦理上的问题，或者不规范的地方，可能还需要进一步探讨。但无论如何，任何治疗方法都不会对任何人有效，觉得不舒服，就应该及时停止。

  就来电人的叙述看，她的不良情绪反应主要是认知上的纠结引起的，建议来电人阅读有关文献，了解虐恋的相关知识，赋权于自己，以抵御舆论的污名化。如果有意愿，可以考虑接触相关人群，获得社群的接纳和支持，也许对减少心理痛苦有一定的帮助。

整理与分析：陈亚亚

遭遇性骚扰我依然纯洁

基本信息
来电人：女性，二十四岁，本科学历，办公室文员，未婚

暴力状况
我跟同事去汗蒸时，认识了一位四十多岁的男性。他自称是心理咨询师，向我们灌输各种为人处世的道理，我觉得听起来蛮有道理的，对他有好感，就加了他的微信和QQ。

最近我对公司一位男同事有好感，特别在意他。他年龄比我大点，但不是很成熟。有天这个同事跟我开了个大玩笑，我在路上走，他把车开过来吓我，好像要撞到我一样。我之前被车撞过，所以特别不喜欢这个玩笑。当时他车上还有一堆人，其中一个女的说："他故意的。"我心里更生气了，但当时没有发火，憋在心里很难受。

回到家里，由于我没有整理房间，我母亲看到我房间的样子，就把我东西全扔在地上，很愤怒地连续骂了我两个小时。在心情很差的情况下，我找那个男人聊天，希望得到一些开解。

那天中午，男人约我从公司出来，说见面聊天效果会更好。我原以为是找个茶楼聊，结果他开着私家车，把车停在一个比较偏僻的地方。下车时，害怕被强奸的念头从我脑海里一闪而过，但我还是选择了信任。这期间他一直讲各种做人的道理，怎么调节心情，我觉得方法和效果一般，后面他提出要帮我分析人格，在车上进行测试。

一开始他抱了我一下，问我有什么感觉？我说没感觉。他说这样都没有感觉，就是性冷淡。下次你穿个紧身裤，一起看个黄片。接下来，他提出像父亲

一样牵手。最后要走的时候,让我坐在他的大腿上,他用手揽着我,说要帮我突破人格。中间我想挣扎,潜意识感觉有点不对,但他说,就像抱着爸爸一样,我就没有挣扎了。他用手摸我的胸,开始隔着衣服,后面用手伸进去摸,最后还亲了一下。

这个男人送我回公司时,我清醒过来,整个人僵在那里,满脸热泪,很后悔,感觉这辈子完蛋了,有一种濒死感。我容易轻信别人,刚认识时加他微信和QQ,他就问:"您这么信任我吗?"我说"交人不疑,疑人不交",现在想起来觉得汗颜。我认为他利用了我对心理学的好奇心,自己怎么就这样被骗了,特别不能接受这事,整个人都崩溃了。

我现在头发掉了很多,感觉这是我二十多年最后悔的事。我希望早点忘掉,但痛苦和创伤会反复,今天想开了,过两天又想不开。我特别烦,特别压抑,走在大街上会突然很难过,胸闷头痛,持续悲伤,有羞辱感。我可能有忧郁症,每天八小时里面有三四个小时很难熬,莫名其妙地头疼,止也止不住地去想。晚上睡眠还可以,白天想到这事会头痛。

以前生活单调,虽然工资不高,但是挺开心的。发生这件事后,有时候在公司看到那个男同事,我也会特别头疼,更加抑郁,有时候甚至会有幻觉,觉得他说了什么似的。在这种情况下,我辞掉了工作。我真的很恨那个男人,想找人打他一顿,甚至做梦在梦中杀了他。我希望找到像催眠一样的心理治疗,能够得到治愈。

现在我对四十多岁的男性感到恐惧,不敢单独在一起,但凡中年陌生男性问路,我都不理。包括我去面试,工作地方只有一个女性,其余都是中年男性,我就特别不想要这份工作。我不赞成婚前性行为,之前没有和男性发生过肢体接触。我觉得自己的纯洁被破坏了,哪怕有男生来追,都暂时不想谈恋爱了。现在当男生说我很纯洁时,我心里就很难受,感觉纯洁对他们来讲很重要,这个社会还是蛮封建的。

分析

咨询过程中不可能发生肢体接触,有肢体接触的脱敏疗法是跟自己的爱人发生,而不是跟心理咨询师完成。这个男人是借心理咨询来猥亵妇女,满足他个人的欲念,这是一种很卑劣的行为,应该被揭穿,并受到相应的处罚。

当来电人意识到自己受到性骚扰后，陷入了多重心理矛盾中，认为自己的纯洁被破坏，有了心理阴影，甚至产生了抑郁症状，急需得到治疗。来电人可以试着反思一下，为什么别人一说那些话，自己就会难过？其实还是观念的问题。这些心理负担来源于传统的、保守的性观念，觉得被欺负了是女人的错，但其实这是对方的错，跟你没有关系。

如果整个社会包括女孩自己，都树立起"即使遭遇性侵，还是好女孩"的观念，就不会再有这样的事件发生，大家会一致去谴责骚扰者，追究他的责任，同时给受害者提供帮助，让她早日恢复身心健康。

暴力背景

我母亲对我期望很高，她身体不好，脾气很大，经常啰嗦，有时候像神经病一样。我遗传了父亲的性格，比较敏感内向，跟不熟的人不爱说话，哪怕别人欺负我，也不会跟人吵架。我之所以去向这个人咨询，就是因为和父母关系不好。如果当时我妈少说两句，不那样骂我，我可能不会这个样子。

我家人比较传统、保守，认为女人一定要守贞操。我不敢跟我妈说这件事，担心她会把事情严重化，说一些难听的话，往我伤口上撒盐，反而增加我的心理负担，所以只告诉了平时关系比较好、思想比较开放的两三个人。

分析

母亲对孩子期望较高，由于生活不如意，积累了许多负面情绪需要倾诉和发泄，有时态度比较激烈，对来电人造成了精神暴力。这种母女关系是不健康的，需要改善。来电人可以参加一些心理辅导，学习如何调整母女关系。如果改变母亲比较困难，可以暂时选择避开，尽量少受影响。

来电人现在的心理压力，可能跟家人特别重视贞操有关，从小潜移默化受到影响。那么尤其在这方面，要注意避免继续接收到负面信息，增加自己的思想负担。可以多和思想开明的朋友交流，从积极正面的方向来思考和应对这个事件，可能是更有效的办法。

暴力处理

案发后两天，我去医院的精神科看病。医生说是应激反应，只是摸了胸，没有真正强奸，晚上睡眠也还可以，就没有开药。医生建议我忘掉这个事，把此人的联系方式删掉。

前两个星期，我害怕他来找我。有一段时间想报警，可朋友说没有人证物证，最多关进去两三天。我也担心报警后，对方会报复我的家人。这个人还在约我出去看黄片，我表哥说可以跟在后面取证，但我很顾忌，没答应这样做。我觉得我没有那么多精力去报复，他这种人坏事做多了，总有一天会有报应，但我心里面、脑海里还是深深地希望他得到惩罚，我认为我的抑郁就是没有发泄出来的愤怒。

后来我花了两百多元找网络心理咨询。因为我收入一般，心理咨询的费用太高，就没有再做了。我一直在想要不要报警，但咨询师说我没有证据，有点哑巴吃黄连的感觉。咨询师还建议我不要告诉母亲，说可能更糟糕，而且家长也帮不了我。再后来我通过百度，了解到白丝带，拨打热线三次了，第二次的女咨询师开导了我很多。

分析

如果这个男人还来找，来电人可以报警。因为你越恐惧、越忍让，坏人就越是会欺负你。如果勇敢一些、理直气壮一些，那人可能就望而却步了。也许报警达不到来电人希望的惩罚程度，但起码表明了一种态度，而且会留下报警记录，可以算是性骚扰的一个证据。

性骚扰取证确实困难，有时除非当事人自己承认，否则很难认定，要追究对方责任不容易。来电人可以咨询律师，看如何保留相关的证据，是否报案或者提出民事诉讼，要求对方做出经济赔偿等。在做这些事情的过程中，也是一种赋权，当来电人感觉到自己有能力时，情绪可能就好转了。

当然，心理上的问题，最终调节还是要靠自己。如果内心强大了，就会从容面对一切。现在因为来电人内心脆弱，才会被这些烦琐的事情困扰，有太多恐惧和担忧。专业的心理辅导可能更有效，如果经济上不能承担，可以寻找一些免费的咨询，以及自学一些心理学知识，给自己做心理辅导，也能一定程度上减轻忧虑和压力。

整理：徐立
分析：陈亚亚

小时候亲戚对我的性侵犯

基本情况

来电人：女性，二十九岁，未婚

暴力状况一

我有一个女性朋友，受到单位其他部门领导的性骚扰，约她吃饭，被她拒绝了。具体情况呢，她也不好意思和我说，可能对方举动没那么严重，至少身体上没有太大接触。之前她和领导一起出差，住同一家酒店，期间领导多次给她打电话。还有领导送她回家，在车上可能有对她动手动脚，我这个朋友感觉很不舒服，这样的情况持续有一两个月。

我觉得遇到这种情况应该在开始就表明态度，可是我这个女朋友性格比较内敛，不知道怎么拒绝。我教过她，也教不会。而且这个是单位领导，还牵扯到工作的问题，就算她有胆量想拒绝，也不知道怎么说。我就想和您咨询一下，我能帮到这个朋友什么？

分析

遇到这种情况，确实应该坚决表明态度，如果一直含糊不清，对方一来会误解，二来觉得你好欺负，就可能有一些进一步的行为。当然，考虑到工作关系，在回绝对方的时候，表达坚决的立场即可，不必用太严厉的语言刺伤对方。

如果女友不擅长拒绝，可以在私下演练一番，比如来电人演领导，她演那个女孩，让她进入那种情景，把心中的不舒服表达出来。这在心理学上叫情景模拟，一方面可以帮助当事人修复可能的心理创伤，另一方面也可以增强其反抗性骚扰的能力。

暴力状况二

我经历的比这个女朋友多一些。大概是我上高一时，我爸爸同父异母的兄弟，我叫他大伯的，对我有过不正常行为。第一次是在过年的时候，一家人聚在一起。当时我和我大伯、表弟在我爷爷的一间屋子里待着，大伯就摸我的脚，那种动作让我感到很不正常、很不舒服。我就离开屋子，从那以后对这个人有了戒心。

第二次发生在第二年春节，当时我一个人坐在屋子里听收音机，他进屋坐在我身边，我想走，他一把拉住我，手绕到我腰后，摸我的胸。我想逃也跑不了，想到家人就在外面，就对他说："再不放开我就喊了"，才跑了出去。再后来没接触过，去他家，我也离他远远的。

我和其他人交流过，她们说也遇到过这种情况。但我还是很难受，就是想我当时做了什么，让他有那样的举动，是不是我给了他某种信号？我表哥也和我说过，如果我不去招惹那些人，他们怎么会来招惹我呢？我表哥也对我做过类似的事。他比我大两岁，发生在我小学时，比我大伯的事情要早，比我大伯做的还要严重。

那时我奶奶家在学校里，平常我和表哥到奶奶家午休，小姑睡屋里小床，我和表哥睡大床。有时小姑在，表哥就拿床单挡住姑姑视线，让我脱光衣服给他看；姑姑不在，他就咬我的乳头。当时不明白，但知道不好，感觉恶心。我拒绝过他，但是没有力气，他又高又壮。我不敢反抗，也怕周围的人对我有看法，怕丢人。多少次记不清，但应该有很多次。

以前我很内向，大学后参加工作，才慢慢建立一些自信。现在想通了，知道当时自己没力气反抗，但一直有阴影，是不是我对亲密关系这个度把握不好？我试着去理解，尽可能不把它当回事。我和一个三十多岁的男人聊过，他说他小时候也对其他女孩做过这样的事，说男孩有这样的冲动很正常。我说我可以理解，但毕竟是自己的亲人，感情上接受不了。

分析

来电人当年很勇敢，对遭遇的性骚扰做了积极反抗，这点值得肯定。我们应该明确一点，性骚扰不是受害者个人有问题，不是她处理某种关系失败了，或者不得当，而是对方的错误，是他没能尊重受害人的性自主权。如果有羞耻感，可能来自于性压抑，来电人可以调整认知，但不必加重自己的心理负担。

总体而言，不必将这个事看得太严重，一来它已经成为过去，不可能再伤害到你；二来人际冲突是常见的，性骚扰也可以看作人际冲突的一种，只是冲突的责任在对方。一般来说，及时被阻断的性骚扰不会给以后的亲密关系带来阴影，只要自己能够坦然面对，对性有正面的认知，就不会出现心理问题。

整理与分析：陈亚亚

父亲曾经对我性骚扰

基本信息

来电人：女性，四十一岁，硕士学历，医生，有一女儿

丈夫：四十二岁，硕士学历，医生

父亲：六十多岁，副厂长

暴力状况

我小时候得过小儿麻痹，性格懦弱，初中时被父亲偷窥隐私部位。上大学后还被他骚扰，就是接吻、摸胸部。当时他动作很快，我妈不在家，我懵了，觉得不舒服，感到很烦。我有时也纳闷、自责，觉得自己怎么没有激烈反抗。

小时候我挨过父亲打，不经常。父亲有外遇，但没有打过母亲。母亲说我像父亲，不喜欢我，说我命里克她。我觉得母亲保护不了我，跟她说也没用。她为了维护这个家，只可能骂我，而且她在家里说了不算。

我先生对我有家庭暴力，主要是打脸，打了好几次。我和家里说了，家里不管。我好几次想逃，逃到深山里躲起来或什么的，也不行。我后来就说，你们必须给我还回来，打他一巴掌也好。有一次我父亲喝了酒，壮了壮胆，给了他一巴掌，以后他就收敛了。

我先生后来调到远处的城市。我小时候缺少父爱，不想女儿也这样，就和女儿跟过去。我对先生的家庭暴力没有报警，但我跟先生说，"你再这样，我一定要离婚"。警告他之后，身体暴力没有了，但更严重的是精神上的伤害。

我先生不是我喜欢的那种人，不内敛稳重，太随便了。他对我精神暴力，这个也不能干，那也不行，干什么都干不成，老是嫌弃我。我老是反抗他，我好累，精力都放在反抗上了。我想过离婚，但又觉得孩子在青春期，

需要父亲。

分析

来电人因为性格懦弱，与母亲关系不好，且母亲在家里没有地位，所以被父亲性骚扰之后，处于求助无门的困境，这可能给她留下了心理创伤。此外，她觉得自己可能也有错，当时没有激烈反抗，因此产生了自责的情绪。但这是没有必要的。性骚扰不是受害人的过错，而是父亲的过错，应该是他感到自责、愧疚才对。

来电人的生活比较不幸，不但在原生家庭中遭受暴力，自己的家庭中也有暴力。她父母对此不管不问，让她非常失望。最后在来电人的激烈诉求下，父亲打了丈夫一巴掌，加之来电人以离婚警告丈夫，这才使得肢体暴力减少了。虽然来电人对这次暴力进行了反抗，但方式可能欠妥（如以暴制暴），效果并不是太好（精神暴力仍然持续）。

来电人对父亲的性骚扰行为，敢怒而不敢言；对丈夫的家暴，也没有报警。这些都可能给施暴人错误的信息，认为这些行为没有多大不了，不会给来电人造成太大伤害，因为没有外力能够处罚他们，所以他们也就认识不到自己的行为有多么糟糕，没有动力去改变。

暴力背景

我父亲兄弟姐妹好几个，他和他妹妹在外婆家养大。外婆对他很严厉，会打他。他早年上山下乡，后进工厂工作。我上大学时，他还是副厂长。正厂长和一个女副厂长是情人，联合起来，让他觉得有压力。具体情况我也不清楚，他不和我们说。

我们小时候，他在厂里，母亲在农村。他有婚外情，大概维持了三年左右。母亲没有离婚，而是忍下来了，说为了我和弟弟不离婚。母亲还说过，父亲骚扰过我小姨。

每年暑假，我都担心。因为我不回去，我女儿回去，不知道会不会被我父亲骚扰。有时候，他会来我们这里，我也不能天天陪着我女儿。

分析

父亲从小在有家庭暴力的环境中长大，可能给他造成了负面影响。他工作的环境中，两性关系比较开放，他自己有外遇，还骚扰小姨子，在个人作风上不是很严谨，有一些错误行为。因为母亲的经济条件不好，对丈夫采取了隐忍的态度，使得其性骚扰行为没能及时被惩戒，所以他才会继续犯错，甚至骚扰自己的女儿。

关于性骚扰，来电人需要和父亲开诚布公地谈谈，要让他知道，这件事错的是他，而不是自己，让他承担起相应的责任，至少有悔过的态度。不管他是否接受、是否愿意，来电人都要表明自己的立场，绝不接受这种骚扰，也不会轻易原谅这种行为。

如果担心女儿也会受到骚扰，可以不让女儿去父亲那里，或者去的时候自己陪着她去，避免让父亲和女儿单独相处。另外也可以和女儿谈谈，或者给她一些相关的阅读资料，教会她一些预防和应对性骚扰的措施，增强她的自我保护能力。

整理：田斌
分析：陈亚亚

性生活不和谐？不，这是性暴力！

基本信息
来电人：女性，五十一岁
丈夫：五十一岁

暴力状况

我和丈夫二十多岁结婚，他性欲特别强，在这件事上没完没了。我虽然不乐意，但丈夫其他都很好，我挺崇拜他的，想和他长长久久，就尽量迎合他，比如他会通过一些虐待的游戏方式，让性更刺激。丈夫工作很努力，事业蒸蒸日上，那时我们关系很好，生活也很平静。尽管到了晚上要受性虐待，但想到这可能是自己的问题，是我在这方面不够好，就忍了。

如今我们生活上该有的都有了，丈夫在性方面势头正旺，雄风不减当年，对我的暴力也在升级。他现在会使用器械模仿色情片的情景打我，用罚跪、烟头烫、绳子捆绑等方式折磨我，令我备受屈辱。我年龄大了，感觉无法再配合，一想到很多男人的性欲望可以持续到老年，就无法想象将来怎么过，甚至感觉很恐怖，内心翻江倒海。

我曾担心丈夫年龄太大，身体吃不消，又担心他性欲那么强，会不会在外面惹事，事业会受影响。我对他在外面找女人并不吃醋，甚至还尝试过给他找人，来满足他的需要，但他怕失去眼前的一切，怕嫖娼会影响钱程和前程，不愿意接受。也就是说，我老公只想和我进行那种性行为，他不要别人。

丈夫很要面子，要求我每天都收拾得很光鲜，穿着高跟鞋，出去还要拉着手，不这样就不行。我曾经也给他讲道理，希望解决性虐待的问题，但没有效果。他白天承认自己有错，到了晚上就反悔，求我帮帮他，说他压力太大，就这么点爱好。但我觉得自己迁就不了，也不想再迁就了。现在我身心都无法再承受，曾有一次在河边来回走，有自杀的念头，内心充满了对丈夫的恨，甚至想杀了他。

分析

来电人的丈夫性欲强，有特殊性偏好，这都没有问题，但是伴侣间应该相互尊重，在性上也一样，不能勉强对方。来电人愿意牺牲自己的意愿配合你，这是爱的表现，丈夫也应该体谅对方，不能总是我行我素，强迫对方来满足你。来电人现在有自杀和杀夫的念头，可见这件事对她的困扰和伤害很大，夫妻关系已岌岌可危了。

来电人年轻时还能勉强配合丈夫，但随着年龄增长，性欲减退，已经到了无法再忍受的地步。她内心的屈辱感日益增强，甚至开始憎恨丈夫。以前配合的时候，还可以从夫妻性生活不协调的角度来思考，而现在对于来电人来讲，已经是彻头彻尾的性暴力了。

伴侣间的性暴力，除了一方不想做，另一方强行做，也包括要求对方以其不喜欢的方式做。来电人的丈夫多年强迫妻子按她不喜欢的方式做爱，等于是把妻子当作性工具，是对妻子的一种物化，更是对她的不尊重，是一种赤裸裸的性暴力。我们主张不要对暴力保持沉默，要对暴力零容忍，对伴侣间的性暴力也是如此。

在这个案例中，丈夫的改变是解决问题的关键，建议劝说丈夫拨打热线咨询，或者去做心理辅导。如果来电人感觉帮助或改变丈夫几乎不可能，或者不愿做这方面的努力，那就要从自己的角度出发，看怎么改变这种状态。比如暂时分居，促使丈夫认真思考，有所改进。如果以上这些做法都行不通，就要考虑是否要结束伴侣关系，重获自由。

整理与分析：丁少星

高一女生遭遇性侵之后

基本情况

来电人：女性，本科学历，未婚

暴力状况

那件事发生在我高一的暑假，八月底的一天。那天下午四点多补课结束，我骑自行车回家，经过初中校门口，停车去买东西，余光看到有个穿白背心和深色裤衩的人骑车经过，看了我一眼。我有点奇怪但没在意，上车继续骑到我家楼下，准备拐弯进单元楼。这时那个人骑到我前面，回头看了我一眼，奇怪地笑了笑，但我没多想，就拐进去打开单元楼的防盗门，锁车过程中我观察到，那人看起来三十岁左右，衣服很破旧，但不脏。

我停自行车时防盗门还开着，那个人骑着车也回头拐进来，把车停在单元门外，趁我锁车先上了楼梯。我们小区很大，但只有两个出入口，我家离其中一个很近，出入口有岗亭，有保安值班。那个年代有防盗门的单元楼不多，所以也不是很有警戒心，有陌生人上楼我只是感觉有点怪。他"噔噔噔"很快就上去了，我以为是找楼上哪家邻居的，就没多想。

我上到三楼，看到那人在一家门口站着。他看到我走上来，就往下匆匆地走，我正诧异，他突然回头把我抱住，一只手伸下去，并拢五指，隔着内裤使劲往我阴道口插。他的指甲很长，掐得很痛，但位置不对，没有插进阴道。我第一反应是愤怒，由于手在推开他，只有嘴可以做武器，就怒气冲冲地咬他的肩膀。我使了很大力气，他因为疼，掐在阴道口的力气更大了。

那一刻我觉得这人已经失去控制了，感觉这不是办法，于是放声大喊，没有喊救命，就是愤怒地嘶吼。那个楼道很小，邻居都是我父母的同事，夏天有的人家只是关着纱门,我那个声音应该很多人能听到,但没人出来。不过我这一喊,他松手,放开我就往下跑。我满腔愤怒还没消,忍着痛怒骂着追下去。他自行车没锁,下楼上车飞驰而去,我一路追出去两百米,但跑不过自行车,而且身体也痛,就停下来了,上楼回家。

分析

在这个案例中,让我们吃惊的是这个女孩子的镇静。多数突然受到陌生人性侵的女孩子的反应是吓呆了、吓傻了。当然这不是她们的错,因为父权文化从这些女孩子很小的时候,就开始培养她们对男人的恐惧意识。父母会说:男人很强大,女人很弱小,女人打不过男人;天黑的时候不要一个人出去,遇到坏男人就糟糕了……于是,女孩子被"吓"怕了,当她们遇到性侵时,恐惧的念头就占了上风,自然不可能进行有效的抵抗。

然而这个女孩子,却是"愤怒"占了上风,所以才可能那么冷静地跟歹徒搏斗,丝毫没有慌张。她对外界求助,也不是喊"救命",而是在大声嘶吼,这是正确的选择。如果喊救命,施暴者可能在极度恐慌中更强地伤害受暴者,如果有刀具,甚至可能夺其性命;但大声嘶吼,一样可以起到唤起别人注意的目的。然而遗憾的是,没有邻居出来查看,这也提醒我们,需要在公众中倡导反抗暴力、人人有责的意识。

暴力处理

回家正好我妈在,我跟我妈说我被人性骚扰了,快点报警。我妈报了警,我不知道她说的什么,警车五分钟就开到了,小区保安带着警察来我们家,保安们也神色慌张地问发生了什么。当时警察神色很关切,问了大致经过,就叫我妈带我去医院验伤,然后拿验伤病历去派出所报案,做笔录。

警察走后,我妈叫了出租车带我去最近的医院。女医生看了一下,说发现几处外阴掐伤,擦了碘酒,翻了一下跟我妈说处女膜完整,还给我做了肛门指检,填写了病历交给我们。我们拿了病历去报案,警察做笔录,听我描述经过。当时我应该还是应激状态,有点亢奋,说了很多话,还是怒气未消,不停地强调他就是想捅进去。

现在回想起来,他就是想捅进去,但没找对位置,还有内裤挡着,才没有造成更严重的伤。我回去看内裤上真的有好几个血印,后来还在小阴唇靠阴道口处留了块疤痕组织,稍稍有点凸起。后来男朋友摸到会问,为了避免被认为是什么疾病,我跟男朋友说了这事。

当时做完笔录,警察给我看一个惯犯的照片,问是不是他。我看照片上的人四十多岁的样子,就说不是。后面警察说了很多这时候应该怎样应对,说我当时处理不太对,比如说咬肩膀,不能给他留下可见伤疤,不容易辨认,应该抓脸。当然,他们强调保命才是重要的,应该在第一时间就喊,我的反应有点激怒对方,幸好他没带刀,否则后果会更惨。

回家后我做的第一件事是给初中班主任打电话,因为我是在初中门口被盯上的,我要告诉她这件事,让她提醒学生注意安全。我说我被侮辱了,在校门口被盯上的,已经报警,警察也说那附近要小心,有人尾随女学生,所以打电话希望她提醒学生注意。她就问了句还好吧,我说还好,就没多说了。

那个时候词汇匮乏,也不知道该怎么形容发生的事,所以我跟班主任打电话时,说的是我被侮辱了,挂了电话我觉得用词很不妥,但当时有点激动,脱口而出了,也没办法。给老师打完电话后,我第二个告诉的人,是住在对街的闺蜜,一方面提醒她小心,另一方面我觉得复述这个事件,对我平复心情有帮助。

分析

应该为处理这个案件的所有人点赞。女孩子勇敢镇静,母亲及时报警,小区保安立即关注,警察认真接待,医院配合验伤,警察最后还提供了一些实用的建议。当然,最需要点赞的是受到暴力攻击的女孩子,她回到家后仍然很镇定,首先做的是报告老师、告诉闺蜜,让更多的人提高警惕,以免再有人受到伤害。

个人反思

我不能非常确定地说一点心理创伤都没有,但现在回想起来觉得除了头几天的应激反应外,没有受到创伤。首先,我明确知道是对方在犯罪,错在他,我没错。其次,我觉得这是随机事件,罪犯是临时起意,是我运气不好,不用太害怕。

高二我开始学习跆拳道,在临近高三时,我父母还能同意我去练武,应该跟这个事件有关。另外一个影响就是，我对性社会学产生了兴趣，大学毕业论文写的就是性骚扰。

我觉得事情本身是严重的，但是因为我从小对性知识比较感兴趣，十一岁就通过"青少年生理知识丛书"开始了解，后来又偷看家里的性医学书，所以发生事件时有知识储备，应激状态过去后还算冷静，我想性知识对减轻事件后果是有帮助的。

我父母除了带我去报警以外，没有做其他处理。他们应该也不知道要做怎样的心理疏导，所以只是不主动提起。那个时候我因为知识储备够，能够自己消化掉这件事，所以也没什么影响，我对他们也没有怨言。

分析

这个女孩子为何会如此勇敢？一部分原因就是她对自己进行了性教育，自学了相关的性知识，所谓知识就是力量。所以性教育多么重要，就不需要再重复讲了。

从这个案例中可以看到，性侵犯是否带来长期深远的伤害，很大程度上取决于我们如何来理解性侵。如果认为这是一件"天大的事"，那它就真的可能是"天大的事"，而如果像这个女孩子一样想："我没有错，这是施暴者的错，我什么也没有损失，我还是我。"那么，这件事就不会给当事人留下不可弥合的创伤，就仅仅是成长过程中的一个意外。

有人可能会说，这个女孩子没有留下创伤，是因为性侵没有"成功"。然而事实上，许多同样"没有成功"的性侵受害者，还是出现了严重的心理问题。所以，更重要的还是女孩子自身拥有科学的性知识，没有"谈性色变"的保守态度，这些才是免受伤害的关键。

整理：小冰
分析：方刚

我和强奸犯同流合污了？

基本信息
来电人：女性，二十八岁，单身

暴力状况
某个晚上我走在路上，遇到两个二十多岁的陌生男性，他们把我强行带到偏远的地方实施轮奸，还进行录音。当时比较晚，没有人发现。我没有报警，也没有告诉任何人。这次性侵没有对我的身体造成伤害，但精神上感觉受到了侮辱，感觉自己特别不干净，没有尊严。

他们告诉我，只要配合就不会伤害我，我只能顺从。他们扒光我衣服，把我双手绑起来挑逗，时不时问我是否有快感，对我进行语言和身体上的羞辱，并让我央求他们实施性暴力。中间我一个女朋友打来电话，他们让我接，朋友听出我声音不对，问我是不是在做爱。我没法说，后来生理上实在受不了，就挂了电话。最后他们拿走我的内裤，才放我走了。

事件发生后，我经常会梦到被强奸的情景，但回忆起来，恐惧并不是最主要的感受。我无法原谅自己的是，在被强奸的过程中我竟然产生了强烈的快感和第一次性高潮，我觉得无地自容，感觉自己和强奸犯同流合污了。

后来我交了个男朋友，在和男友做爱的过程中，会幻想被强奸。男友不能让我达到想要的性体验，我挺难受的，但也不好意思说我喜欢受虐的方式，怕男友觉得我变态或不纯洁。有一次做爱我假装高潮，叫得很大声，以为男友会喜欢，结果他说我很淫荡。

我和男友分手后，在网上买振荡器。买前和客服人员沟通，当时以为客服是女性，就把遭受强奸的经历告诉了客服，包括自己的性幻想。客服表示晚上买肯定是很想用，争取当晚送过来。结果送货的是位男性，就是与我网聊的那个客服。当晚他多次性侵我，第一次我拒绝了，后面几次没有。我觉得自己有点陷进去了，沉溺于被强奸带来的性满足。后来睡觉时，他抱着我睡，我居然还有一些温暖的感觉。

分析

缺乏社会性别视角的公共空间设置可能给女性带来伤害。在该案例中，一名女性在路上被两名陌生男性劫持并实施轮奸，整个过程时间不会很短，但没有人发现，更没有人出来制止。防止此类事件不应该警告女性不要晚上独自出门，因为这是对她们使用公共空间权利的侵犯，应该由国家和社会承担起建设对女性友善、可减少性侵可能的公共空间的责任。

两名男性在性暴力实施上可谓肆无忌惮，完全无视法律，甚至不担心受害者报警。这可能是因为在他们看来，被轮奸对于一个女性是无法说出口的羞耻，不可能报警闹得人尽皆知。事实也是如此，在强调"女性贞操"的文化下，被强奸的女性报警可能让自己遭受二次伤害。我们在呼吁司法、舆论做到为当事人保密的同时，也要积极消除受害者的污名，这样才能鼓励受暴女性更多地用法律维护自己的权益。

在受到性侵犯时，受暴者为了保护自己的生命安全，顺从施暴者是不得已的选择。遭受强奸的受害者一般痛苦不堪，但来电人生理上却产生了强烈的快感和第一次性高潮，这种情况是不多见的，但也并不奇怪。也许来电人所偏好的性行为模式存在暴力成分，或者当时的情境刺激了来电人，使之感到了性愉悦，这并不说明来电人就喜欢被强奸。

我们要强调的是，受暴人完全不需要因受暴时的生理快感而自责。许多时候，我们的生理反应与意愿本身没关系，比如当您被迫饮酒时，也可能感到飘飘然、有快感，这并不说明您就喜欢被强迫喝酒。所以，无论受害者是什么样的生理感受，都无法改变此次施暴者轮奸的犯罪事实。这次事件同样给受害人带来了很大的伤害，因为她需要处理的不仅仅是遭受性暴力后普遍面临的心理创伤，还包括因为产生了生理快感而带来的自责。

来电人在事后有强奸幻想，她觉得无地自容，跟强奸犯同流合污了，但强奸幻想是许多女性都有的，这并不可耻，也不代表她就喜欢被强奸，可能只是喜欢一种"强奸"模式的性爱。真实强奸中常伴随身体伤害，后果不可控，为了安全起见不宜尝试，但和充分信任的性伴侣之间，可以采取强奸角色扮演的方式来满足这种欲望，也能获得性愉悦。这只是一种性偏好，不必为此有太大的心理负担。

在后来的亲密关系中，男朋友不能满足自己，来电人却羞于表达，这是因为女性的性需求在社会文化中通常是被压抑的，女性如果有性需要，就会被认为不纯洁、淫荡。在符合主流标准的性爱都被极大压抑的环境下，更不用说来电人所希望的虐恋型性爱模式了。

一般性行为以男性的勃起为起点、射精为终点，这种以男性为主导的性对女性来说，不能获得高潮和性满足是很普遍的。很多女性会假装高潮，以让男性得到有征服感的满足，是对性伴侣的体贴。来电人的男朋友对此的反应，显示他对来电人不尊重，未能体察到对方的好意。女性在和男性的性关系中要争取自主权，得不到满足要说出来，如果得到不尊重自己的回应，就应该考虑是否要继续恋爱关系。

在第二次的性侵中，我们要指出社会对于购买性玩具者，特别是女性购买者的污名。个人在网上购买性玩具，是为了利用器具来满足自己的性需求，并不表示个人想要或者喜欢被强奸。即便此案例中的来电人存在被强暴的性幻想，也不能说明她现实中真的想要被强奸，因为性幻想与现实生活并没有必然的关联。

施暴者以来电人晚上购买性玩具则表示当前很有需求、很想被强奸为借口，计划并实施了性侵犯，显然是一种违法犯罪的行为。至少在性侵犯开始时，它确实是强奸，并不因为受暴者曾有过幻想被强奸而改变。因为幻想被强奸，不等于真的要被强奸，这是两回事。

不过在受暴过程中，受暴者表述自己"陷进去了"，除第一次拒绝外，后面几次都没有拒绝。所以后面几次严格地讲，可能不算强奸，属于灰色地带，双方形成了类似协商的性模式。在处理性侵犯案件时，我们需要尊重主体的真实感受和认知，注意不要对当事人进行道德评价，但要引导她评估自己的安全，选择更安全可靠的性爱方式，提高自我保护的能力。

整理与分析：董晓莹、方刚、陈亚亚

拒绝性骚扰≠不够开放

基本情况
来电人：男性，二十五岁，单身

暴力状况
我们合租一个房子，离得很近，平时也很合得来。熟了之后开始聊天，逐渐地我就开一些玩笑，然后动动她的身体，倒没有去摸她啊或者怎样，就是像朋友一样开玩笑，有时候拍她一下。其实我也不太记得这些玩笑了，都是随口乱编的，倒不是说黄色玩笑，但有时候会有一些性暗示的味道在里面。

我不是喜欢她，就是想骚扰一下她，想跟她发生关系。她觉得我在开玩笑，所以没理，她没什么过激反应，没有反抗，没有跟我吵架。她有时候会说，"你注意点"，但就是没说明。我没有在意她，平时打打闹闹的事多了，咋理啊？后两天就开始触摸她身体，抱过一次，没摸胸部，摸过臀部。她觉得我很黏她了，然后就觉得可能是性骚扰了吧。

连续好几天她不好意思跟我讲，那天突然写个条子给我，说你越来越过分了，再这样我就不会给你面子。然后我就说算了吧，人家都这样说了，我以后注意点。我就想我们还是好朋友，然后那天她做事情，我开玩笑式地说了一句你不开放啊怎样怎样，走时又拍了下她肩膀。就这样一个不经意的动作，她觉得我还是没有放弃。

我不知道她会反应那么大。之后她朋友来，用一种很严厉的语气指责我，那些话我完全忘了，当时脑子一片混乱，大致是说你怎么会这样，以后再这样会出什么问题。后来她跟我讲，我完全没有考虑到她的感受，我才知道她跟我想的完全不一样。我给她们道歉，她原谅了我，然后说她下个月初就搬走。她之前也准备要搬走，可能因为这件事，想提前走吧。

其实我的道歉是被逼的，本来我觉得是件小事，朋友之间可能有点误会，然后她们这么认真，我觉得自己好像受到了一些创伤。她说原谅，但感觉她还是有点生气。我现在心里很内疚，一直无法集中注意力去做事情。今天我觉得别人看我的眼神好像很奇怪，我心里很不舒服，觉得有了污点。我不知道该怎么处理，这已经超出我的心理承受能力了。

以前我没有类似经历。我自己分析，可能是因为两年没有谈恋爱吧，有点无聊，自己手贱。我也不知道为什么一时冲动，我平时对自己要求挺严格，不这样的，现在好像控制不了。我感到不安、害怕，晚上睡不好觉，害怕影响到我以后的生活，别人会知道，我会很没面子。我跟她说了，你以后不要再去说这些，本来就不是什么大事。

分析

性骚扰曝光后往往给双方都带来心理压力，这是因为性骚扰在某种程度上被污名化了，会给当事人（无论骚扰方还是被骚扰方）造成严重的影响，我们需要呼吁对这类行为保持冷静和理性的批判态度，不要过度攻击和谴责。作为当事人，可能很难与大环境对抗，但在一定程度上可以通过心理疏导缓解这方面的压力。

其实除去"性"的因素，性骚扰与其他骚扰一样，就是一种不尊重对方的行为，并没有特别之处。看到异性有性冲动，希望跟对方发生亲密关系，这都没有问题，但应该建立在双方都同意的前提下，当对方已经反感了，就不应该再继续。这里当事人在对方拒绝后，不但不道歉，反而讲对方不开放，继续动手动脚，这种行为就非常不尊重对方。

通常情况下，女孩子在被性骚扰后和男人想的不一样，男人可能觉得这点事儿不算什么，但女孩子处于相对弱势的地位，她不知道对方之后会做什么，有可能会被吓到，产生恐惧的感觉。建议来电人多考虑对方的感受，如果可能，最好是写一封正式的致歉信，这有两重作用，第一是彻底解脱，通过这个释放压力；第二对女方来讲也是一种告慰。

当然，女方未必就很紧张、很害怕，也可能只是愤怒。比如这里的当事人，她找女性朋友来谈这个事，可以看出并没有多恐惧，因为她并没有去求助更孔武有力的男性来帮她摆平。同时也说明她认为男方并非无可救药，因为她也没有选择直接报警。总的来说，她没有恐慌到失去对事物的判断，而是在很理性地处理这个事。

来电人的担忧主要有两个，一个是自己是否变态？因为他询问这类案例多不多。另一个是担心这件事会泄露，对他造成不良影响。前者其实不必太纠结，这种性骚扰的程度是比较轻的，而且在对方阻止后，已经停止了。对于后一个问题，确实女方（以及她的朋友）有可能将此事讲出去，如果双方的朋友圈有交集，这样的风险总是存在的。

来电人感觉对方没有完全原谅自己，这很可能是事实，而不是过度担心。这里应该告知来电人，一个是努力反思自己，更有诚意地道歉，以获得对方的完全谅解，这样也就不会说出去了。二来必须明白自己没有权利要求对方。如果措辞不是请求，而是要求对方不讲，其实是不妥的，对方会感到不舒服，留下芥蒂，反而可能会讲出去。

来电人必须意识到，你能做的是诚心道歉并改过，对方能否谅解属于不可控因素。你只要做到无愧于心，也就没有什么可后悔的了。即使这件事在一定范围内被曝光，只要你的为人大家看在眼里，就会更愿意相信你只是一时的举措失当，不会造成太大影响，所以坦荡面对即可，不必给自己太多的心理压力。

对来电人而言，这也是一个成长的契机，可以通过这件事更深刻地理解性骚扰对女性的负面影响，以后再遇到类似的情况，就知道怎么处理更妥当了。许多养成了性骚扰习惯的人，就是因为不警醒，觉得这是小事，才会继续发展下去，越来越严重。如果来电人不积极反思，以后再出现这种情况，那才是最值得担心的。

暴力责任

我觉得性骚扰其实是在性试探。之前有试探过，她也没有特殊的表现，没有说"你离我远点啊"。每个人反应不一样，有些女孩子反应慢一点，或者她大意一点，或者你跟她很熟了以后，你摸她胳膊她可能也无所谓，你摸她头她也无所谓，但是你摸她敏感部位她就很在意了，比如说你摸她胸部、屁股，对不对？

我以前谈过好几次恋爱，没发现女生会说性骚扰。你的意思是说，绝大部分女性都非常反感这样的行为,对吧?那为什么开放的女生不会这样呢?

分析

来电人应该清楚地知道,每个人是不一样的,在亲密关系、性关系中,每做一步都要确信对方同意,无论是你的女朋友还是室友,否则就可能涉嫌性骚扰。

来电人对性骚扰的认知不足,将性骚扰和性试探混为一谈了,当然这两者之间有时难以分辨,但多数时候能辨别。比如在这个案例中,女方已经明确表达不满,来电人非但不停止,还去讲对方不开放,这就是性骚扰,而不是试探,因为你的试探已经被一再地拒绝。

另外还需要明确的一点是,这跟对方是否开放也没有关系,即使是很开放的女孩,也不会对所有人都是开放的。所以当你的行为被拒绝时,最好先自省为何没能吸引到对方,而不是去评判对方有什么问题。

整理与分析:陈亚亚

如何避免再次猥亵妇女

基本信息
来电人：男性，三十二岁，本科学历，未婚

暴力状况
我刚从监狱出来，因为长期猥亵妇女进去的。前面一年左右的时间，我有过十几次这样的行为，被判刑了。可能是因为生活上各种压力，或者自己观念上的问题，导致我通过不正当的方式去发泄。我回来之后，在网上看到"白丝带"，觉得需要咨询一下。我要如何去避免，怎么解决自己心理上的这个问题？

初、高中时我就有这个倾向，比如在公交车上碰触一下别人，但没有很明显的粗鲁动作，后来就停了。从十七八岁到二十八九岁这段时间是没有的。这段时间也正式谈过恋爱，有过性关系，最后以分手告终。

我大学毕业后做过老师，因为受不了压力跳槽出来，在新单位做了两年，又感觉没价值。那时候一年多近两年时间，有各方面的压力，经济上也出现问题，处于卡奴状态，再加上跟家里关系不好，整个人非常焦虑，感觉什么都没有意义。

当时感情也不顺利。恋爱中女孩子脾气大，比较"作"，喜欢无理取闹。我就到网上去找对象，但感觉很复杂。有种人出来随便吃个饭，看你情况不怎么样，就不跟你交往了，有种干脆是纯金钱的交易。我充满了失望，感觉她们都太虚假，就把情绪发泄到素不相识的异性身上。

我对女性进行猥亵一般是晚上十点多的时候，那时处于一种孤独焦虑的状态，什么事都提不起兴趣，就在马路上逛，找刺激。我知道不应该，但我还是出去了，控制不住。一开始是摸一下，后来满足不了，就打她们。没有进一步的性接触，我知道进一步是违法的，强奸属于严重违法。我用这种方式去满足自己，既有性的需要和刺激，也有情绪的宣泄。

她们报案以后，警察布警监控，我就被抓了。在这过程中还发生过一起抢劫，是变相抢劫，不是单纯为钱，是人家提出给我钱，我拿了。这个案子判了我两年，加抢劫两年半，合并执行四年。然后我假释，提前一年四个月出来了。现在刚出来几天，社区里面有帮教，还没有正式见面，在司法所见过，是个女孩子，跟我差不多大。

分析

来电人有一定的分析能力，对自己的行为有认知，且有较强的改变意愿，这些都是积极因素。由于社会竞争激烈，对有服刑经历的人员可能有歧视，他在找工作、继续恋爱中相对以前会遇到更大的困难，容易重新陷入不良情绪中。这一方面需要来电人积极反思，努力改变，另一方面需要社会给予一定的支持和关爱，为他们改过自新提供必要的条件。

暴力背景

我和家人关系不太好，特别厌烦他们唠叨。小时候他们对我有过暴力，父母都有，平均算算，两个月会有一次，打得很凶。

以前我还发生过这样一件事。有一段感情结束后，我受伤很深，然后我会不停地打她手机，比如在深夜，我醒过来会打电话骚扰她，持续了两年。我一面是痛苦，一面是满足，交织在痛苦和满足当中。

分析

来电人从小生活在暴力环境中，习得了用暴力来发泄不良情绪。后来因工作和感情上的不顺利，对女性产生了怨恨和愤怒的情绪。由于个人性格内向，能交流的朋友少，压抑的情绪没有出路，就通过性骚扰、暴力等方式发泄到更弱势的女性身上，获得性刺激和心理满足。这里面有环境影响的因素，也有来电人认知的错误，以及自控能力不足等问题。

暴力处理

前天晚上我坐在家里，听到女士穿着高跟鞋走来走去的声音，又勾起我以前的想法。我感觉蛮恐怖的、蛮危险的。我就听广播，然后跟自己说这是不对的，就慢慢过来了，然后这两天就没有这个事情。

我现在也慢慢培养爱好。在监狱里面看书、听广播比较多，我想把这种习惯延续下来，把自己的精力分散出去，不要执迷在这个里面。我去找了一些强迫症和完美主义人格调整的文章，打算给自己定个目标和计划。也许不一定能马上有工作或者自己创业，但至少每天生活规律一点，把关注点放在正当的兴趣爱好上。

分析

来电人现在懂得要有意识地控制自己，比如通过转移注意力、培养健康的兴趣爱好，定立新生活计划等，给自己找事情做，避免重蹈覆辙，继续犯错。这些都是很好的开端，值得充分肯定。但这也仅仅是开端，还需要更多的鼓励，自己也要付出艰苦的努力，才能重新走上正轨，开始新生活。

男性气质

我也遇到过不错的女孩子，但她们有时爱发小脾气，或者无理取闹，我失望的情绪马上又出来了。我属于完美主义者，关系越好可能要求越高。记得有一次，我最后一个女朋友到我家来，我说是我妈叫她来，她不信，说我没主见。过了一段时间，我说是我请她来，她又不开心，说我父母不接受她。我就崩溃了，这样讲不行，那样讲也不行。

现在不是相亲节目很多嘛，我刚进监狱时，看到这些女嘉宾，就会一下子很烦躁，一种怒气、怨气就出来了。感觉她们在上面骗人，反正越漂亮越完美的，我就越看不惯，觉得不真实。我也不知道该怎么表达，就是一种情绪。现在两年多过去了，再看到这种节目，心态就稍微好点。

分析

来电人的性侵可能与恋爱中不愉悦的经验有关，因为他除了欲望之外，更多的是有一种对女性的怨恨情绪。建议来电人积极反思，了解到不论男人还是女人，都是各种各样的。遇到一个女孩比较矫揉造作、物质势利，并不等于所有女人都那样。其次，对异性的观感和攻击，千万要避免变成一个强迫行为：内心觉得不应该，但就是控制不了，不这样就难受。

此外，来电人可能还要解决完美主义的问题。在人际交往尤其亲密关系中，有时对方说话比较刻薄，有点伤人，但可能不是恶意的，只是当时情绪不太好，随便那么一说。这种时候需要从那种情绪中跳出来，想一想平时她的整体表现，可能就会有一个新的认识。没有人是完美的，我们对其他人不妨更包容一些。

目前诉求

我想我应该尽快让自己的生活稳定下来、规律下来。关键不想老在家里，待的时间长，压力太大。我在想怎么从根本上避免这种问题，或者说改变自己原来的观念，怎么能变得健康？我希望有正常的生活。

另外我还有个问题，就是类似于色情片的这种影片，我对它也有一种依赖性，好像对我的行为也有点影响，因为我看得还蛮频繁的。

分析

来电人想要改变的意愿是很好的，但需要坚持下去。在以后的日子里，如果一旦发现自己情绪不好，控制不住，有犯错的可能时，就及时拨打"白丝带"热线，接受心理辅导，或者主动去找帮教聊一聊，听取她的意见，当然这是最后一步。首先还是要自己调整心态，建议来电人把精力、时间投入到做事情中，比如尽快工作，避免整天自己在家的状态。

色情片一般来讲没什么问题，但很多有过猥亵或者性骚扰行为的人来说，色情片可能还是有一点影响，因为里面有很多对性暴力的错误认知。建议适当控制，不要沉湎于其中。空闲的时间，看一些相关的书籍，比如描述性侵受害者内心痛楚的书，也许会对来电人有帮助。如果能引导他认识到，对女性施暴是一种倚强凌弱的行为、是一种性别暴力，就更好了。

整理与分析：陈亚亚

性侵还是艳遇？

基本情况

来电人：男性，三十岁

暴力状况

我一直有很强的偷窥欲望。有时候走在大街上，或者晚上路过别人家，看见女孩子换衣服，或者穿裙子露出内裤，就会很兴奋，有头脑充血的感觉。后来发展到去公共厕所里面偷窥，一边紧张得不行，一边又感觉很刺激。

有一次我在公共厕所偷窥，发现有个女孩子很漂亮，上完厕所在那里自慰。我就很冲动，一边看一边自慰，有想冲进去强奸她的欲望。后来我进入女厕所，骗那个女孩说，她刚才的行为被我看到了，已经用手机拍下来了（其实并没有）。女孩要我删掉，我就说，"那你必须和我发生一次性关系"。当时女孩子只是说用手帮我弄出来，不能发生关系，但后来两人身体接触，女孩的性欲望也被挑逗出来了，就实际发生了。

从那以后，我偷窥的欲望更强了，天天盼望有这种好事发生。偷窥令我有一种特别兴奋的感觉，一种占有欲得到满足的感觉，而和女朋友在一起就没有这种冲动，反而觉得做爱很累，不想做爱。现在跟女朋友做爱很勉强，很难勃起。为此我心里一直很焦躁、很矛盾。

我还有暴露癖，也十几年了，这也一直是我的困惑。我走在路上看到漂亮女孩时，有时会故意装作尿尿，把生殖器露在外面，女孩子看我的时候，我会有一种刺激感。现在我有时会在网上和别人裸聊，两个人通过语言挑逗，什么粗鲁的话都可以说出来，然后各自自慰，双方都达到高潮。这种方式让我感觉特别舒服，超过了和女朋友在一起的那种感觉。

分析

性爱是多元化的，每个人都有自己的性偏好，这很正常，关键在于是否用合法、合理的途径去获取。来电人在公共场所暴露生殖器、在公共厕所偷窥显然是非正常途径，侵犯了他人的隐私权，干扰了他人的正常生活。尤其是欺骗、胁迫女性发生性关系，涉嫌猥亵和强奸，如果被报警抓住，就得承担相应的法律责任。这点需要及时警醒，努力做出改变。

在性侵过程中，如果受害者没有明确反抗，性侵者就会以为女性喜欢，至少是不反感这种行为，内心会逐渐强化这种扭曲的认知，从而将性侵行为合理化。我们要帮助施暴者认识到客观真相：第一，绝大多数女性非常讨厌被性骚扰、性侵，偶尔遇到不声张、不反抗甚至配合的个例，是非常态的；第二，事件一旦败露，你可能会身败名裂，一切都没有了。

至于喜欢裸聊，这是正常的爱好，只要双方都自愿，完全没有问题。如果与女朋友之间的性不和谐，可以通过沟通找到一个双方都可以接受的模式，比如通过角色扮演、做性游戏等，或者就采用来电人喜欢的裸聊，提高性生活的质量。

男性气质

男人在这个社会里，我的期望是能独当一面。朋友觉得我很仗义，觉得我还可以。事业上能养活一个家庭，不用为物质条件去担忧。我苦点累点无所谓，只希望一家人都和和睦睦的。说句实话，我把家庭放在一切之上。父母年纪大了，我不想再让他们操心，他们该享福了。以后的老婆嘛，她能开开车，带着孩子上学，买买菜，出去逛逛街啊，就可以了。

我很理性，遇到原则问题我不会让步，就是在自己私生活方面，有时候很难控制这些怪癖。在人前的话，我做事很稳重、很理智的。

分析

来电人认为男人对家庭有很大责任，不管多苦多累，也要赚到足够的钱，让家人过上幸福的生活。同时还认为对朋友应该仗义，也要付出。来电人将养家的责任、在外打拼的责任全部归诸自己，设置了太多压力，这样他会过得非常辛苦，在日常生活中感觉很沉重。

来电人通过一些不健康、违法的渠道去发泄性欲，是否也跟压力太大有关？如果发现自己在压力大时更容易出现这类行为，可能就有一定的关联性，要想办法采取阻断措施。例如当压力过大时，通过一些健康的爱好（如跑步）来舒缓一下，调整心态，避免继续犯错。

目前诉求

我以前偷窥很频繁的，现在少点了，就是一个人的时候会，所以我现在尽量和女朋友在一起。我尽量去克制，但有时候感觉那种行为不受大脑控制，不知道怎么克服这些毛病。冷静下来的时候，就感觉当时不像自己一样。

我想改变有两三年的时间了，尤其是今年这种想法最强烈。现在女朋友怀孕了，我打算下个月结婚。我想过一种平常的生活，想改掉自己的这些毛病，但是自控力太差。

分析

来电人要认识到，恶习不是一两天养成的，改变需要漫长的过程，坚持才有效果。来电人现在有成家的打算，从而增强了改变的动力，这是一个积极因素。性侵的实质是无法正确处理某种情欲幻想，实施过程一般是：幻想—对幻想的合理化—计划实施—未及时停止—行动，所以关键是帮助来电人打破这种思维模式，同时帮助他去了解受害者的心理和感受，增强对受害者的共情，从而避免继续实施性侵。

对来电人自己发现的一些自控技巧，应给予充分肯定。同时建议他学习一些自我监测的办法，如写下自己的性幻想，并分析这些幻想是扭曲的、错误的，从而及早中断幻想，终止性侵行为。或者尝试建立外部监控系统，当克制不住时，就拨打"白丝带"热线。总之要有一个发现危险因子的技巧，及时控制住，不要去实施性侵。

整理与分析：陈亚亚

她对我是性骚扰吗？

基本情况

来电人：男性，二十八岁，银行职员

暴力状况一

我在银行工作，已经一年半了。上边有个女领导，是我的主管。她离婚了，比我大十二岁。她有性暴力的倾向，对新来的男性都有点那方面的暧昧，怎么说呢，有性骚扰的嫌疑。

如果没有人在办公室，她一般会把我单独叫过去。她主要是说臀部还有腿部，当然臀部是最主要的，说我"臀部紧"，反正我觉得挺恶心的。她还喜欢拍打我的身体，在办公室摸人大腿。我说："你这是干什么啊？"她就在那儿笑。一共有六次，我一般会扭头就走。其他同事我没问过，我估计有，但是谁也不敢说啊，这种丢人的事。

分析

性骚扰并不一定就是男性骚扰女性，也可以是女性骚扰男性。在这个案例中就是这样。虽然女性在体力上大多不如男性，但凭借身份的优势（上司对下属），也可以对男性进行性骚扰，让对方难以拒绝和摆脱。从性质上而言，女性骚扰男性也属于一种性暴力，一样可能对男性造成心理上的伤害。

来电人认为这是"丢人的事"，是对性骚扰常见的错误认知。受害者没有任何过错，为何要觉得丢人呢？一方面可能是因为性污名的存在，受害人常被指责为自己不检点；另一方面，也可能被骚扰的事实使得他感觉自己的男性气